말랑말랑 멜랑콜리

– 멜랑콜리 문화사로 살펴보는 멜랑콜리의 중요성 –

말랑말랑 멜랑콜리

멜랑콜리 문화사로 살펴보는 멜랑콜리의 중요성

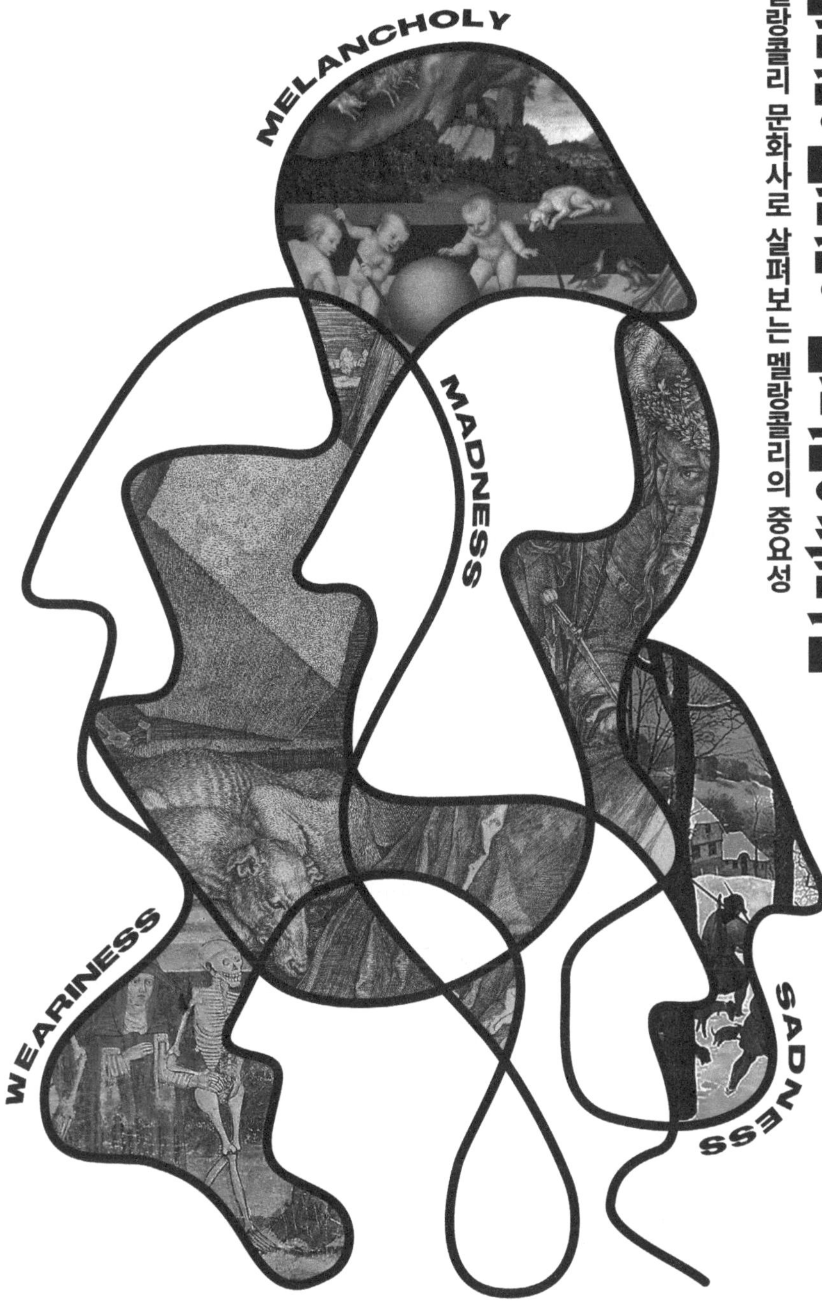

김성현 지음

HU:iNE

멜랑콜리를 위한 송시

- 존 키츠

아니, 아니, 레테의 강으로는 가지 말아 그리고 독한 수액을
얻으려 땅속 깊이 뿌리박은 지아비꽃을 비틀지는 말고;
거기에 너의 창백한 이마를 포르세피나의 홍옥색 국화인
가마중 독초에 닿게 하지는 말아;
너의 수송열매를 묵주로 만들지 말고,
또 딱정벌레나 해골나방이
너를 슬퍼하는 프쉬케가 되게 하지 말아 줘, 또 솜털로 뒤덮인 올빼미가
네 슬픈 비의의 짝이 되게 하지는 말고;
그러면 그림자가 그림자에게로 너무나 졸린 상태로 찾아와
영혼의 각성된 고통을 잠기게 할 테니까.

하지만 멜랑콜리의 발작이, 고개 숙인 온갖 꽃들을 키우고
4월의 수의로 푸른 언덕을 가리는
흐느끼는 구름처럼 하늘에서 느닷없이 쏟아질 때면;
그땐 네 슬픔을 온전히 알게 되겠지, 아침 장미에서
혹은 소금 같은 모래물결의 무지개에서
혹은 동그란 양귀비꽃의 무리에서;
혹, 네 연인이 몹시 화를 낸다면,
그녀의 가녀린 손끝을 잡고, 미친 듯 소리를 지르게 하겠어.
그리고 깊이, 깊이, 깊이, 그녀의 비교할 데 없는 눈을 보겠어.

멜랑콜리는 아름다움과 함께 사는 것—언젠가 스러질 아름다움;
그리고 또 함께 있는 환희는 언제나 작별할 수 있도록 늘 손을
입술에 대고 있지; 그리고 꿀벌의 입이 빨고 있는 동안에
독으로 변해 버리는 고통의 쾌락 가까이에
그래, 바로 환희의 신전에
베일로 가려진 멜랑콜리는 성단을 갖고 있어,
정열적인 혀로 환희의 포도를 예민한 입천장에
터뜨릴 수 있는 그 말고는 그것을 볼 수가 없지;
그의 영혼은 멜랑콜리의 힘이 가진 슬픔을 맛볼 것이고,
멜랑콜리의 구름 같은 트로피들 사이에 매달리게 되겠지.

Ode on Melancholy

- John Keats

No, no, go not to Lethe, neither twist
Wolf's-bane, tight-rooted, for its poisonous wine;
Nor suffer thy pale forehead to be kiss'd
By nightshade, ruby grape of Proserpine;
Make not your rosary of yew-berries,
Nor let the beetle, nor the death-moth be
Your mournful Psyche, nor the downy owl
A partner in your sorrow's mysteries;
For shade to shade will come too drowsily,
And drown the wakeful anguish of the soul.

But when the melancholy fit shall fall
Sudden from heaven like a weeping cloud,
That fosters the droop-headed flowers all,
And hides the green hill in an April shroud;
Then glut thy sorrow on a morning rose,
Or on the rainbow of the salt sand-wave,
Or on the wealth of globed peonies;
Or if thy mistress some rich anger shows,
Emprison her soft hand, and let her rave,
And feed deep, deep upon her peerless eyes.

She dwells with Beauty—Beauty that must die;
And Joy, whose hand is ever at his lips
Bidding adieu; and aching Pleasure nigh,
Turning to poison while the bee-mouth sips:
Ay, in the very temple of Delight
Veil'd Melancholy has her sovran shrine,
Though seen of none save him whose strenuous tongue
Can burst Joy's grape against his palate fine;
His soul shalt taste the sadness of her might,
And be among her cloudy trophies hung.

[서문]

현대문명은 정신과 물질의 길항작용을 여실히 보여주고 있다. 물질적 풍요 속에서 정신적 피폐함이 독버섯처럼 자라는 문명의 역설은 우울과 멜랑콜리라는 사회적 현상 속에서 선명하게 목도된다. 아무것도 부족하지 않은 풍요와 윤택함 속에서 왜 현대인은 늘 결핍과 부족, 불안과 염려, 우울 속에서 메말라 가는가?

전 지구적 세계화, 글로벌 사회, 국경 없는 문화는 점점 더 현대적인 삶의 조건을 획일화하고 있다. 편리함으로 무장한 획일적인 욕망은 이케아에서, 코스트코에서, 백화점에서 때로는 명품브랜드로, 때로는 브랜드 없는 브랜드로 현대인의 일상을 매우 균일하게 잠식해 간다.

모든 것이 똑같이 충분하다는 사실은 역설적으로 실체 없는 공허감을 만들어낸다. 빈틈없이 가득 찬 물병은 찰랑거리지 않는다. 빈 곳이 있어야 퍼즐을 맞출 수 있는 것이다. 완벽함은 그것을 지향할 수 있을 때 비로소 의미가 있다. 이미 이루어진 완벽함은 더 이상 완벽하지 않다. 현대사회는 삶의 거의 모든 면에서 완벽함을 추구한다. 그 불가능의 도정에서 지쳐 쓰러지는 것은 개인들이다. 완벽함은 성과와 성취라는 가면을 쓰고 다가온다.

공간이 남김없이 소진되는 아파트의 구조는 모든 것이 완벽하게 갖추어져 있기를 바라는 현대인의 획일적인 욕망을 상징한다. 비효율적으로 낭비되는 공간이 거의 제로에 가깝게 설계되는 아파트는 실용적인 목적 이외의 공간은 모조리 배제한다. 100%의 효율이라는 것은 매우 끔찍한 말이다. 성과 중심 사회가 만들어 놓은 21세기의 자화상이라고 할 수 있다.

한병철은 피로사회에서 성과 중심 사회에서 개인들은 자신의 에너지가 제로가 될 때까지 지속해서 일할 수밖에 없다고 말한다. 경쟁사회에서는 자신의 경쟁자를 이기면 충분했지만, 성과중심사회에서 등장한 새로운 막강한 적은 바로 자기 자신이다. 결국, 자신과의 싸움은 "자발적인 자기 착취의 병리학적 결과"라고 할 수 있는 번아웃으로 귀결된다.

삶의 속도가 빨라지면 그만큼 삶은 주체적으로 통제하기 어려워진다. 잠깐 속도를 멈추고 성과에만 지나치게 매달리지 말고, 조금 부족하게, 조금 더디게 나아가는 삶을 한번 생각해 볼 필요가 있다. 멜랑콜리는 속도를 멈추고 사색하게 하는 힘이다. 우리는 더 깊이 사색하고 더 진정하게 홀로 있을 때 외로움을 견딜 힘을 얻는다. 우리는 홀로 있지 않아서 더 외롭다. 누군가의 곁에서 느끼는 외로움은 홀로 느끼는 고독감보다 훨씬 치명적이다. '홀로 고독할 때, 덜 외롭다'라는 누군가의 말은 현대사회에서 더욱 진실하게 들린다.

멜랑콜리는 자신의 고독과 마주하는 의지라고 할 수 있다. 멜랑콜리를 통한 사색으로 삶에 대한 성찰이 깊어지고, 자신이 선택하는 삶의 풍경이 달라질 수 있다고 믿는다.

이 책은 서양 문화에서 멜랑콜리가 어떤 의미와 유래를 하고 있는지를 살펴보며 현대사회에서 더욱 선명해지는 그 의미를 대중문화적 관점에서 살펴보고 있다. 주제의 방대함에 비하면 지면이 턱없이 부족하지만, 간략하게나마 현대인의 일상 속에 멜랑콜리가 어떻게 나타나고 있는지를 살펴보고 싶었다. 중간에 몇 챕터는 학술지에 발표되었던 논문을 부분적으로 수정, 보충하여 재수록하였다. 이 책으로 멜랑콜리가 좀 더 대중적인 관심을 갖게 되어, 현대 대중문화 속에 나타나는 멜랑콜리의 중요성을 살필 수 있는 계기가 되면 좋겠다.

오랫동안 원고 상태로 있었던 글들을 한데 모아 책으로 출판하는 것을 흔쾌히 도와준 한국외국어대학교 지식출판콘텐츠원에게 감사의 말을 전한다.

[목차]

Chapter 4. 예술 속의 멜랑콜리 142

Chapter 5. 영화와 멜랑콜리 214

나가며 301

: 곤도 마리에의 정리의 법칙과 멜랑콜리, 그리고 애도의 형식

참고문헌·이미지 출처 308

MELANCHOLY

Chapter 1.

현대사회와 멜랑콜리

- 현대인의 멜랑콜리
- 4차 산업혁명과 일상의 우울
- 멜랑콜리는 결코 환영받지 못하는가?
- 현대인의 우울증

현대인의 멜랑콜리

"사람들은 오랫동안 우리 시대의 무심함에 대해서 말해 온 바 있다.
나는 지금이야말로 우리 시대의 멜랑콜리에 대해서 말해야 할 때라고 생각하며,
이와 연관된 모든 것이 설명되기를 희망한다.
멜랑콜리야말로 무사태평한 웃음 속에서 메아리치는 이 시대의 질병이며,
우리로부터 명령과 복종과 행동과 희망의 용기를 빼앗아 간다."

_키르케고르, 『이것이냐 저것이냐』, 364쪽

"멜랑콜리는 내향적인 역사를 가지고 있다.
멜랑콜리는 한 시대의 문학적 표현의 특성에 관여한다.
그것은 문학 텍스트의 혈관 깊은 곳에서 흐르고 있다.
멜랑콜리의 에로틱한 재현과 그 변용, 그것의 문법,
질병과 통찰에 대한 본질적인 문제들은 모두 하나의 거대한 성좌를 구성한다.
거기에는 인식론적인 것과, 리비도적인 것, 의미적 정형성들이 한데 모여 일종의 형태를 구성한다. 이러한 방식으로 크리스테바는 멜랑콜리아와 글쓰기의 내적인 연관 관계를 살핀다.

> 모더니즘 문학은 멜랑콜리 그 자체이다. 바꿔 말해서,
> 멜랑콜리적 글쓰기는 그 자신의 내부에 아주 괴롭지만
> 부정할 수 없는 현대성을 품고 있는 것이다."
>
> _막스 펜스키, 『멜랑콜리의 변증법』, 2쪽

키르케고르가 예언한 시대는 이미 과거가 되어 버렸다. 라디오와 텔레비전의 시대를 지나 인터넷과 인공지능의 시대를 넘어 가상현실은 이미 현실의 일부가 되어 가고 있다. 대부분의 문명화된 세계 속에서 스마트폰과 SNS는 개인들의 정체성을 대신한다. 텔레비선이 가지고 있었던 무자비한 중독성은 이제 페이스북과 인스타그램으로 대체되었다. 텔레비전이 내뿜었던 공허한 화이트 노이즈는 인터넷에 남긴 내 발자국 뒤로 붙는 꼬리표 같은 댓글과 악플이 대신한다.

지금 우리가 사는 이 시대와 사회는 온갖 유흥과 오락거리로 넘쳐난다. 유튜브와 인터넷을 비롯한 온갖 방송 매체는 소비와 향락에 대한 것으로 넘쳐난다. 일종의 중독과 같은 상태를 가져오는 텔레비전을 켜는 순간부터 우리는 어떤 빠져나오기 힘든 공허 속으로 이동하게 된다. 조너선 크레리의 표현처럼 이것은 "테크놀로지 중독 시대의 결정적 특징"이다(『24/7 잠의 종말』, 138쪽).

현대인은 강박적으로 우울한 것, 멜랑콜리한 것을 멀리하려고 한다. 제라르 마크롱은 현대인들이 점점 더 고독을 견디지 못해 고독의 상태를 더욱 악화시키고 있다고 설명한 바 있다(『고독의 심리학』, 44쪽). 멜랑콜리가 환기시키는 것이 우울, 슬픔, 무기력, 권태, 침잠과 같은 매우 정적이고 활력 없는 상태를 의미한다면, 현대인들은 점점 더 이러한 멜랑콜리를 받아들이고 견뎌 낼 수 있는 면역 체계를 잃어 가고 있다. 사람들은 서로 다른 환경과 생각을 갖고 있으면서도 지향하는 욕망은 점

점 순일해져 가고 있다. 마치 어느 지역에 가도 24시간 편의점의 내부는 똑같이 생긴 것처럼 각기 다른 개성과 사고를 가진 사람들이 동일한 욕망을 가슴에 품고 살아간다. 그것이 미디어가 만들어 낸 조장된 욕망이고 작위적인 교육이 부추기는 헛된 비전이다.

텔레비전을 비롯한 많은 대중매체는 고독과 우울한 시간들을 마치 인간에게 치명적인 해악처럼 묘사한다. SNS, 페이스북, 유튜브와 같은 온라인 기반의 대중매체들은 혼자 살아가는 사람들에겐 필수적인 위안이 되었다. 온라인 앞에서는 아무도 고독해서는 안 될 것처럼, 마치 개인의 행복과 자아실현의 가장 큰 장애이기라도 한 것처럼 고독은 그렇게 다뤄진다(『고독의 심리학』, 44쪽). 하지만 고독이나 멜랑콜리는 그렇게 부정적이고 피하기만 해야 할 대상은 아니다. 고독 속에서 그리고 멜랑콜리적인 정서를 통해서 인간은 자기 성찰의 진지한 시간을 가질 수 있고 정신적으로 성숙해질 기회를 얻을 수 있다.

에릭 윌슨의 말처럼 "현대인은 강박적으로 행복해지려고 한다. 행복을 지나치게 강조해서 오히려 불행해지는 시대에 살고 있는 것이다"(『멜랑콜리 즐기기』, 14쪽). 행복의 상태는 지복의 상태이고 또 그것은 인간에게 다른 그 무엇보다 바람직하다. 하지만 강박적인 수준에 이를 때까지 개인들이 추구한다는 데 문제가 있다. 행복해지기 위한 공동의 확고한 목표가 있고 그 행복의 대열에 참여하지 못할 때 상대적으로 더 깊은 침잠과 고통을 맛봐야 하는 현대사회의 행복 메커니즘은 윌슨의 지적처럼 "집단적인 사기"(『멜랑콜리 즐기기』, 19쪽)일 수 있다.

이러한 현대인들의 행복은 더 이상 욕망의 충족 여부에 의해서만 결정되지 않는다. 20세기 초 에밀 뒤르켐이 지적한 것처럼 "개인은 자신의 욕망에 어떠한 한계도 가지고 있지 않은 사회"가 된 것이다. 한계 없이 증식되는 욕망 앞에서 현실적으로 충족시킬 수 있는 능력과 가능성은 한계가 있다. 이러한 한계와 욕망의 좁힐 수 없는 간격은 현대인들을 더욱더 큰 절망과 우울 그리고 무기력함으로 몰고 간다. 뒤르켐이 말한 아노미적 자살은 이런 욕망의 간극에서 생겨난 끝없는 절망에 대한 예감으로 이뤄진 선택이다.

함께 어울리고 즐기기 위해서 개인들은 자신의 슬픔과 아픔을 감추고 웃음과 명랑함으로 일상을 포장해야 한다. 저마다가 가지고 있는 굴곡진 삶의 편린들은 화려하고 풍요롭고 사치스러운 이미지로 가득한 도시의 쾌활함과 명랑함에 어울리지 않는다.

4차 산업혁명과 일상의 우울

세상이 편리해졌다고, 더 좋아졌다고 사람들은 말한다. 정말 그럴까? 기술의 발전이 많은 사람에게 큰 혜택을 준 것은 사실이다. 왜냐하면 실제로 많은 사람이 생활에 많은 변화를 겪고 있으며, 그로 인해 생활이 많이 '달라'졌고 또 그러한 실질적인 변화를 근거로 사람들은 삶의 환경이 많이 좋아졌다고 '믿기' 때문이다. 그런데 일반적으로 생각되는 편리와 혜택이 과연 얼마나 실질적으로 이어졌는지 간단하게 따져보자.

한 예로 한 기업의 사장과 사원의 관점에서 살펴본다고 했을 때 과연 누구의 입장에서 얼마나 세상이 좋아졌는지 생각해 보자. 먼저 사장의 주된 업무와 생활은 어떨까? 사람을 만나고, 결제하고, 직원을 격려하고, 비행기를 타고 여기저기 돌아다니는 것, 뭐 그런 일들일 것이다. 그럼 여기에서 열거한 사장의 일상 속에 21세기의 과학기술이 바꿔 놓은 차이는 뭐가 있을까? 비행기가 좋아졌을 것이고 교통수단이 편리해졌을 수 있다. 하지만 교통 체증은 더 심해졌을 것이다. 전자 결제로 더 편해졌거나 이메일 덕분에 더 빨리 더 많은 지시 사항을 보내게 되었을 것이다. 하지만 그런 일들은 비서가 할 확률이 높다. 컴퓨터가 발달하고, 자동차의 성능이 좋아지고, 스마트폰이 생겼어도 기본적으로 사장의 일상은 큰 변화가 없을 것이다. 뉴스를 보거나 인터넷 서핑을 즐긴다 해도 그건 자신의 여가 시간에 할당될 수 있는 아주 사소한 범위에 해당할 것이다.

반면 말단 사원은 어떨까? 사원들의 업무라는 게 서류 작성, 이메일 수신, 발신, 온라인에서 정보 검색, PPT 작성, 스마트폰과 연동된 프로그램 활용 등 사원급의 입장에서는 이메일이나 스마트폰 그리고 파워포인트 따위가 없었다면 하지 않아도 되었을 일들이 생겼다. 서류 하나를 작성하는 데도 워드가 없었다면 점 하나, 글자 크기, 색깔 따위의 문제로 두세 시간을 허비하지는 않을 것이다. 게다가 더 놀라운 구글은 얼마나 '생산적인' 프로그램을 무료로 제공해 주는가? 구글 캘린더는 1년도 모자라 10년 치 중장기 플랜을 빽빽하게 저장해 주고, 때가 되면 알려 주기까지 한다. 온갖 서류 작성에 필요한 장치들은 세계 곳곳의 자발적 노예들에 의해서 늘 업데이트되고 있다. 프린트해서 회람하던 시대도 지났다. 이젠 여러 사람이 만나지 않고 온라인에서 실시간으로 함께 작업한다. 사람들은 환호한다. "야, 이렇게 편리한 프로그램이 있구나!" 하지만 그 프로그램으로 하는 대부분의 일은 그 프로그램이 없었다면 안 해도 됐을 것들이다.

실생활에 관련된 기술적 진보는 열심히 일하는 사람들의 삶에 큰 변화를 가져왔다. 이메일을 비롯한 업무향상을 위한 프로그램은 다양하다. 이제는 초등학생도 배우는 파워포인트부터 엑셀을 비롯해 다양한 스케줄 관리 프로그램, 회계 관리 프로그램은 많은 직장인의 업무환경을 바꾸어 놓았다. 자율주행 자동차는 장롱면허를 가진 많은 사람들에게 자신도 운전할 수 있는 희망을 불어넣는다. 하지만 부자를 위시한 상류층 사람들의 삶도 역시 많이 달라졌을까? 그들이 직접 파워포인트를 만들 일이 있을까? 복잡한 스케줄을 직접 관리할까? 이메일이나 스케줄 관리 프로그램은 단지 비서의 업무를 더 편하게 했을 뿐이다. 자율주행 자동차가 현실이 되었지만, 대부분 부유층은 예전부터 자신이 직접 운전하지는 않았을 것이다. 철갑상어알이나 송로버섯, 푸아그라 같은 음식을 대체할 요리는 별로 생겨난 것 같지 않다. 오히려 사람들의 인식이 달라지면서 예전에 진미로 취급받던 요리들은 야만적인 것으로 금지되고 있다. 그런 면에서는 부유층들은 자신의 삶이 더 불편하고 질적으로 저하되었다고 느낄 수도 있다. 예전에는 마음껏 즐기던 것들이 사회·문화적인 이유로 하나둘 제한되고 있으니 말이다. 그들이 겪을 수 있는 이런 변화들은 평범한 사람들에겐 좀처럼 체감되지 않는다. 샥스핀을 금지하고 철갑상어를 보호하는 것이 애초에 평범한 사람들에겐 너무나도 먼 이야기다. 마치 위고가 당시 프랑스 정부의 무분별한 정책을 이렇게 풍자한 것과 비슷하다. "프랑스 정부는 부자든 가난한 사람에게든 똑같이 다리 밑에서 자는 것을 금지한다"

결국 컴퓨터나 스마트폰, 전자기기의 발전을 통해 삶의 변화, 더 구체적으로는 업무 환경의 변화를 겪는 사람들은 대부분 하루하루를 늘 열심히 살아야 하는 사람들이다. 그들은 얼핏 그러한 기술적 진보를 환영하는 것 같지만 곧 깨닫게 될 것이다. 그것이 더 새롭고 견고한 족쇄에 불과하다는 것을, 결국 이 많은 IT 산업의 신기술들은 21세기의 "자발적 노예"들을 위한 새로운 쇠사슬과 같다는 것을 말이다.

기계가 인간의 일자리를 대체한 것만은 아니다. 기술은 인간을 더욱 더 교묘하게 예속하고 있다. 현대인의 삶은 더 나아지지 않았다.

멜랑콜리는 결코 환영받지 못하는가?

도시에서 병과 죽음은 점점 사라져간다. 많은 사람들에게 병과 죽음은 화려한 그래프와 온갖 수식으로 무장한 통계적 데이터일 뿐이다. 도시의 휘황찬란한 아파트 불빛들, 밤이 늦도록 꺼지지 않는 네온사인의 화려한 눈부심 속에, 병과 죽음이 내려앉을 어둠은 존재하지 않는 것 같다. 실제로 아파트에 살고 있는 현대인의 대부분은 집에서 죽기 어렵다. 대부분, 죽음이 임박했을 때, 혹은 치료의 희망을 갖고 병원으로 이동된다. 집에서 떠나는 그 순간, 환자들은 다시 집으로 돌아올 수 있을 거라고 생각할까? 환자의 가족들은 집을 떠나는 환자가 완치되어 건강하게 다시 집으로 돌아올 거라고 진지하게 믿고 있을까?

아파트라는 주거환경은 삶과 죽음의 풍경을 완전히 바꾸어 놓았다. 사람들은 아파트에서 죽지 못한다. 현대사회의 많은 장소들이 그렇듯이, 죽음에게는 죽음의 장소가 따로 마련되었다. 병원마다 장례식장이 딸려 있을 뿐만 아니라, 장례식장만 전문적으로 운영되는 곳도 있다. 애도와 슬픔은 장례식장의 할당된 구역에서만 제한적으로 이루어진다. 조문은 일상이 되었다. 빈소 옆에 마련된 ATM의 지폐 세는 소리는 희미해진 애도의 소리를 압도한다. 애도의 문자가 복사와 붙여넣기로 오고가고, 상주의 계좌번호를 카톡으로 주고받는다. 조문을 마치고 일어서면서 주차증을 어디서 받아야 하는지를 엉거주춤하게 묻는 것은 아무리 반복되어도 익숙해지지 않는다.

특유의 슬픔과 통곡의 장소라는 이미지를 벗어 버리고 카페나 편의점 같은 분위기로 탈바꿈한 병원과 장례식장 때문에 사람들은 해당 공간에 있으면서도 병과 죽음의 치명적인 멜랑콜리를 느끼지 못한다. 병원과 장례식장엔 깔끔한 제복을 차려입은 전문가들이 항상 대기하고 있으며 그 익숙함 때문인지 사람들은 언제든지 캐러멜마키아토를 마시고 치아바타 샌드위치를 주문하고 있다. 병원과 장례식장은 죽음과 슬픔의 제의적인 공간에서 점점 편의적이고 일상적인 공간이 되어 가고 있는 것이다.

에릭 윌슨은 명랑한 행복을 일방적으로 지향하는 현대인의 모습을 매우 잘 지적하고 있다. 그에 따르면 현대인들은 멜랑콜리가 비정상적이고 잘못된 것이며 사람들이 믿고 있는 행복에 직접적인 해악을 끼치기까지 한다는 것이다. 사람들은 그것이 외면적인 것에 그친다고 하더라도, 일단은 행복해 보이길 원한다. 이것을 그는 "미국식 행복의 개념"이라고 부르며 많은 미국인들은 "행복에 대한 맹목적인 사랑에 빠져 삶의 슬픔과 상실의 정서가 지닌 풍부한 의미를 모른 채, 여하한 불편을 모두 제거한 무균질의 행복, 밤의 어둠 없이 365일이 대낮처럼 환한 상태만을 행복으로 알았을" 것이라며 일방적인 행복 추구가 미국 사회의 거대한 기만과 집단적인 사기일 수도 있음을 지적한다(에릭 윌슨, 18-20쪽). 사람들은 일상적인 행복, 기계적이고 정확하게 짜인 패턴으로 얻어질 수 있는 안정과 행복을 원하기에, 가장 기본적인 원칙인 낮과 밤, 삶과 죽음 그리고 빛과 어둠 같은 자연의 리듬을 애써 무시하며 산다는 것이다. 행복과 멜랑콜리는 그렇게 서로에게 가까우면서도 멀다.

고독과 멜랑콜리는 인간 존재의 근본적인 정서라고 할 수 있다. 썩 환영할 만한 것은 아니지만 그렇다고 반드시 나쁜 것만도 아니다. 사람들이 함께 사는 세상에서 누군가를 만나서 행복해졌다가 또 그와 헤어져서 슬퍼하고 안타까워하는 것은 너무나도 당연한 일이다.

세상은 점점 더 개개인의 자유를 보장해 주는 것처럼 보이지만 엄밀히 말해서 현대사회는 개개인들의 자유를 잘 보이지 않는 방식으로 훨씬 더 정교하게 통제하고 있다. 그것은 제도적인 차원에서 명백히 이뤄지는 부분들도 있지만 문화적·심리적 차원과 같은 아주 미시적인 차원에서도 그렇다. 특히 주변 사람들의 이목을 이전보다 훨씬 더 민감하게 고려해야 하는 21세기 첨단 도시 문명 속에 사는 현대인들은 이전보다 훨씬 더 자신의 말과 행동에 많은 책임을 지게 된다. 온라인에서 무심코 던진 말 한마디나 가볍게 표현한 희로애락의 순간들이 언제 어느 때고 SNS의 파도를 타고 돌아와 자신을 공격할지 모르기 때문이다. 그러다 보니 대중적으로 널리 알려진 사람뿐만 아니라 모두가 일상에서 자신의 감정을 자유롭게 분출하지 못하고 있다. 아무도 없는 방에서 서럽게 울거나 혼자 있는 차 안에서 큰소리로 마음껏 웃어야 어느 정도 감정의 정화가 일어날 수 있을 뿐이다.

행복할 때 그 행복감을 충분히 표현하지 못하는 것은 안타까운 일이다. 마찬가지로 슬플 때 충분히 슬퍼하지 못하는 것도 문제가 있을 수밖에 없다. 인류의 문화가 진화해 온 역사를 살펴보면 거기에는 매우 분명한 역설적인 측면이 존재한다. 기본적으로 사회는 다양성을 추구해야 건강해질 수 있다고 믿고, 교육하고 또 그렇게 실천하려고 한다.

하지만 기본적으로 인류의 문화는 점점 더 균일해지고 비슷해져 간다. 일단 나라와 인종과 언어를 초월해서 대다수 현대인의 외모는 평균적으로 비슷해졌다. 일본과 중국과 한국의 고유 의복은 제각기 다르다. 전통의상을 입고 있으면 누가 어느 나라 사람인지 한눈에 알아볼 수 있다. 하지만 요즘 한, 중, 일 젊은이들을 한자리에 세워 놓으면 누가 어느 나라 사람인지 외모만으로는 구별하기 거의 불가능하다. 특히 청바지에 간편한 티셔츠 한 장 걸치고 선글라스를 쓰고 있다면 더욱 그렇다. 청바지와 티셔츠, 선글라스는 아마도 가장 광범위하게 보편화된 현대인들의 복식에 해당할 것이다. 자본주의의 첨병이라고 불리는 맥도날드는 단순히 정크 푸드로 한 끼를 때우는 것 이상의 문화적 상징을 가지고 있으며, 동시에 현대인들에겐 문화적 위안의 장소가 되기도 한다. 생전 처음 가 보는 낯선 이국땅에서 맥도날드의 황금 아치를 발견할 때의 그 심리적 안정감은 멀고 먼 이국땅에서 고향 사람을 만나는 것과 비견할 만하다.

점점 더 비슷해져 가는 문화의 이면에는 미디어와 광고, 사회적 가치체계의 획일성, 문화적 기준의 인위적인 보편성 등이 존재한다. 예전에는 남과 다른 자기만의 삶의 가치를 추구하던 경향들이 있었다. 아이가 꿈을 꾸면 그것이 어떤 것이든 부모는 아이의 꿈을 지지했고 또 그것을 통해 아이는 성숙해지고 또 종래에는 그 성취에서 삶의 의미를 찾기도 했다. 하지만 현대사회가 제시하는 삶의 방향은 점점 더 제한적이고 편협한 것이 되어 간다. 대부분의 젊은이들은 이제 꿈과는 별 상관없이 안락하고 편안하고 안정된 진로를 찾으려고 한다. 평범하고 행복한 삶에 어느 정도 평균화된 모델이 존재하게 된 것이다. 그렇기에 현대인들은 "전 지구적 도시 사회의 온순하고 고분고분한 거주자"가 되어 간다.

영화 〈매트릭스〉(The Matrix)에서 모피어스가 지적한 것처럼 사람들은 외적인 강제가 없을 때조차도 스스로 노예처럼 살아간다. 조너선 크레리는 현대인들이 자신이 “구매한 것에 관해 자발적으로 피드백을 남기고”, 뿐만 아니라 “모든 방식의 생체 측정 및 감시를 통한 침입에 굴복하며 아무 불평 없이 유독성 음식물을 섭취하며 원자로 옆에서 살아가는 순종적 주체”라고 표현했다. 삶에 대한 이러한 순종적인 방식은 베스트셀러 목록에도 반영되어 있다. 사람들은 선택과 책임을 최대한 회피하면서 삶을 즐기려고 한다. 그 결과, 서점에는 온통 내가 죽기 전에 해야 할 것을 알려 주는 책들로 가득하다. 죽기 전에 봐야 하는 영화, 죽기 전에 가 봐야 하는 관광지, 죽기 전에 읽어야 하는 책, 죽기 전에 반드시 해야 하는 목록은 차고 넘쳐난다. 그 모든 목록은 결국 현대인들의 자율적인 선택과 책임은 교묘하게 피하면서 삶의 외적인 안정과 행복을 보장해 주는 것 같은 착각을 일으킨다.

한참 길을 가다가 갈래 길이 나왔는데 반짝거리는 커다란 표지판에 “가난”과 “풍요”라는 팻말이 붙어 있다면 누가 “가난”의 길을 가려고 하겠는가? 사람들은 팻말과 길 끝의 목적지를 동일한 것으로 착각한다. 하지만 표지판이 길 끝에 있는 것을 보장해 주는 것은 아니다. 그런 착각은 문화적인 가치를 매우 순일하게 만든다. 이런 팻말은 천문학적으로 다양해진 수많은 매체를 통해서 제시된다.

텔레비전, 인터넷, 스마트폰, 길거리 광고, 하다못해 거리를 지날 때 내가 지나치는 모든 사람의 말과 행동과 외모가 그대로 광고가 되어 나에게 메시지를 보낸다. 그 메시지는 한결같이 “먹고, 마시고, 즐기고, 노래하고, 춤추고, 여행하고, 웃고, 다이어트하며 열정적으로” 살아야 한다고 말하는 것 같다. 피터 콘래드가 사회의 여러 가지 비의료적인 문제들이 질환이나 장애로 다뤄지고 정의되는 것을 “사회의 의료화”(에릭 메이젤, 19쪽)라고 진단했던 것과 비슷하게, 사회는 점점 "편의점"처럼 되어 가고 있다. 24시간 불이 꺼지지 않는, 항상 눈부시게 밝고 언제든지 간편하게 먹을 수 있고 마실 수 있고 잡담을 즐길 수 있는 백색의 공간, 편의점엔 우울이 없다. 하지만 역설적으로 오로지 단순 소비와 편의만을 제공하는 편의점은 가장 우울한 공간이다. 거기엔 물건을 파는 사람과 사는 사람 사이의 대화가 존재하지 않는다.

우울을 몰아내려고 작정이라도 한 것처럼 텔레비전엔 온갖 먹고 놀고 마시고 노래하는 것 일색의 프로그램이 가득하다. 인터넷은 말할 것도 없다. 케이블 채널이며 드라마며, 대중을 대상으로 한 모든 미디어는 기본적으로 명랑하다. 혼자 사는 사람이 집에 들어가서 제일 먼저 하는 일이 대부분 텔레비전을 켜는 일이 되는 이유는 그 혼자 사는 삶의 적막함을 텔레비전이 덜어 주기 때문일 것이다. 텔레비전은 그만큼 일상 속의 적막함과 쓸쓸함을 은폐하는 힘이 있다.

> "텔레비전은 매우 흔히, 분산된 주의력과 반자율 운동을 포함하는 강력한 습관적 양식에 따라 이용되는, 현재 우리를 둘러싸고 있는 특정 범주의 기기들 가운데 가장 앞선 것이었을 뿐이다. 이런 의미에서 그것들은 대중 기만을 목표로 하지 않고 오히려 우리의 시간이 박탈당하는 무력화와 불활성화의 상태를 목표로 하는, 권력의 더 커다란 전략의 일부다. 그러나 심지어 습관적인 반복 안에도 희망—헛된 희망임을 알고는 있지만—의 끈은 남아 있는데, 그것은 한 번만 더 클릭하거나 터치하면 우리를 익사시킬 법한 저 압도적인 단조로움에서 우리를 구원할 어떤 것이 눈앞에 나타날지도 모른다는 희망이다."
>
> _조너선 크레리, 139쪽

사회는 온통 밝고 명랑하게 돌아가는데 유독 자신만이 고독과 쓸쓸함을 느끼고 있다는 생각이 든다면 삶과 일상은 제대로 돌아가기 어렵다. 집단 문화적 최면의 결과로 일단 자신이 느끼는 고독과 쓸쓸함을 정상적인 삶의 일부라고 인정하지 않기 때문에, 그런 상태에 처하면 악순환이 시작된다. 고독하고 쓸쓸하고, 급기야 그런 자신의 인생이 서글프게 느껴지기까지 한다. 알 수 없는 슬픔이 가슴속에 차오르고 인생은 점점 서럽게 느껴진다. 그럴 때 손을 내미는 유일한 도움은 프로작이나 팍실, 에더럴, 졸로토프가 된다.

아시아는 점점 더 항우울제의 거대한 소비 시장이 되어 가고 있고 그러한 경향은 현대로 올수록 높은 수준으로 증가하고 있다. 여기에는 막대한 이윤을 창출하는 제약업계의 문화적 마케팅과 자신의 정신 건강을 스스로 의심하고 진단하게 만드는 터무니없이 높은 수준의 건강 지식과 관계가 있다. 그러한 지식의 유포는 당연히 텔레비전과 인터넷을 통해 대부분 무료로 아주 간편하게 이뤄진다. 지식을 통해 건강해지기보다 오히려 아는 것이 정말로 병이 되는 매우 기이한 구조가 생겨난다. 미국의 경우 이미 수많은 대학생이 자신의 선천적인 지적 능력보다는 약물의 힘을 빌려 학업을 수행하는 것으로 보고되고 있다. 처음 ADHD 증상에 대한 처방으로 개발된 에더럴(Adderall)은 집중력을 높이고 산만한 경향을 줄여 주는 것으로 알려져 있다. 그러다 보니 일종의 공부하는 약으로 알려져 당장 좋은 성적이 급한 학생들이 의존하고 있다는 것이다. 에더럴은 다른 약물에 비해 비교적 쉽게 처방받을 수 있다. 처방받은 약을 학생들은 함께 나누거나 판매한다. 물론 한 연구에 따르면 에더럴 복용 여부가 실제 성적과는 큰 인과관계가 없는 것으로 밝혀졌지만 말이다.

"수천 년 동안 인간은 특정한 이유 때문에 슬픔을 느끼는 것과 '아무 이유도 없이'

> 슬픔을 느끼는 것, 즉 예부터 울병이라고 불리던 상태를 합리적으로 구별해 왔다. 어떤 사람들은 이따금씩 슬픔을 느꼈고 어떤 사람들은 만성적으로 침울해했다. 오늘날에 와서는 모든 종류의 불행이, 이따금씩 나타나는 것이든 만성적인 것이든 모조리 정신 건강 상업의 먹잇감이 되었고 장애로 둔갑하고 말았다. 제약, 심리치료, 사회복지, 목회라는 강력한 업계와 그들의 시녀인 광고, 대중매체, 정치권 유력 인사의 세력이 커짐에 따라, 불행이 불쾌한 사실과 상황에 대한 정상적인 반응일 수도 있다는 생각을 하기가 점점 더 어려워지고 있다. 문화적인 힘이 거의 모든 슬픔을 우울증이라는 정신장애로 바꿔 버린 것이다."
>
> _에릭 메이젤, 24쪽

고독과 우울감은 삶의 본질적인 정서의 한 부분인데, 현대사회는 그것을 일종의 정신적인 장애로 만들어 버렸다. 역사를 살펴보면 애꿎은 평범한 사람을 정신병자로 몰아갔던 사례는 어렵지 않게 찾을 수 있다. 중세의 마녀사냥이나 냉전시대의 메카시즘 광풍 그리고 지금처럼 우울증이 범람하는 시대에 정신장애를 진단하는 것은 매우 쉬운 일이다. 정신장애를 만들기는 어렵지 않다. 메이젤의 말처럼 그럴듯한 라틴어를 하나 골라서 거기에 "병적인" 혹은 "기능 저하" "기분 장애"와 같은 몇몇 병리학적인 냄새가 나는 단어를 갖다 붙이면 금방 새로운 병명이 하나 만들어지는 것이다. 그리하여 결과적으로 "이메일 주의산만 장애" 혹은 "은퇴 후 기분저하증"과 같은 병명이 생겨나고, 누군가는 그러한 병명을 갖게 되는 최초 환자라는 영광스러운 타이틀을 갖게 될 수도 있다. 에릭 메이젤은 이것을 "이윤이 많이 남는 이름 짓기 게임"(에릭 메이젤, 38쪽)이라고 불렀다. 정신장애를 진단하고 정의하고 병명을 부여해 이윤을 남기는 정신 건강 산업의 기만적인 행태는 많은 학자에 의해서 연구되어 왔다. 토마스 사스는 『정신병의 신화』, 『광기의 제조』, 『일상생활의 의료화』와 같은 대표적인 저서를 통해 정신 건강 산업의 실체를 폭로해 왔다. 심리치료 자격을 가지고 있는 많은 의사는 실제로 심리치료를 실행하지 않는다. 열 명 중 아홉 명꼴로 정신과 의사들은 환자에게 약물을 처방해 줄 뿐 진정한 의미에서 심리치료를 시행하지 않는다. 경제적으로 수익이 불리하기 때문이다. 한 시간에 서너 명의 환자에게 약물을 처방해 줄 수 있지만 심리치료는 훨씬 더 시간이 많이 걸리기 때문이다(에릭 메이젤, 61쪽). 의사의 입장에서 대화는 불필요하다. 그리고 의사들은 직관적으로 자신들이 다루는 것이 인간의 보편적인 감정과 슬픔, 불행 같은 것이지, 그것이 진짜 정신장애가 아니라는 것을 알고 있다. 당연히 의사들은 심리치료 같은 것을 충분히 신뢰하지 않는다(에릭 메이젤, 61쪽).

> "문화적 차원에서 보자면 우리는 날마다 매 순간 최면 상태로 떠밀려 들어간다. 국기 앞에서 경의를 표하지 않거나 다른 사람들이 박수갈채를 보낼 때 혼자만 박수를 치지 않기란 쉽지 않다. 어떻게 해야 우리를 조종할 수 있을지 예측하는 게 일과인 사람들이 만들어 낸 계책을 꿰뚫어 보는 일은 또 얼마나 어려운가. 그들은 포커스 그룹의 도움을 받아, 실은 누구에게도 필요 없는 전천후 차량이나 실제 몸에는 맞지 않는 디자이너의 옷, 적들을 모조리 해치우는 본능적인 쾌감을 제공하는 비디오게임 등을 우리에게 팔기 위해 딱 맞는 메시지를 만들어 낸다. 그 사람들이 자부심을 느끼는 것은 자신들의 제품이 아니라, 자기네 형제자매를 조종하는 능력이다. 그 결과 우리는 가장 취약한 부분인 원초적 본능을 겨냥한, 화려하게 포장된 상업광고를 만난다. 거세게 몰아치는 샛강을 건널 수 있는 자동차를 구입하지 않으면 우리 아이들의 생명이 위태로워질 수도 있다는 암시를 받는다. '최고의, 최신식, 향상된, 명성 있는' 등의 말들이 우리 귀에 쏟아진다. 우리는 얼마나 좋은 영화인지가 아니라 그 영화의 개봉 첫 주 관객 수가 얼마인지 듣는다. 이렇게 마구 쏟아지는, 정교하게 다듬어진 메시지의 공격을 막아 내는 것은 몹시도 어려운 일이다…. 인간의 불행에 관해서는 개인적 최면이 문화적 최면과 결탁한다. 그리고 그 결과는 호황을 누리는 산업이다."
>
> _에릭 메이젤, 190쪽

메이젤의 지적은 현대 의료체계 전반이 매우 위험한 종교와 같다고 지적했던 로버트 S. 멘델존의 주장의 연속선상에 있다고 볼 수 있다. 멘델존은 현대의학은 그 자신이 일종의 종교적인 권위에 의지해 환자들에게 부당한 권력을 행사하고 있음을 지적한다.

> "현대의학이 종교라는 사실을 알면 보다 효과적으로 자신을 지킬 수 있다. 물론 현대의학은 절대 스스로 종교라고 말하지 않는다. 병원도 종교가 아니라 사람을 고치는 의술 또는 과학을 위한 건물인 것처럼 가장하고 있다. 현대의학교는 환자의 신앙이 아니면 존재할 수 없다. 모든 종교가 그렇겠지만 현대의학교의 경우는 신자들의 신앙심에 의존하는 정도가 크기 때문에 사람들이 단 하루라도 믿음에 회의를 느낀다면 의료제도 전체가 붕괴해 버릴 정도이다. 이런 사정은 다음의 세 가지 의문에 대해 생각해 보면 바로 이해할 수 있다. 첫째, 다른 곳에서라면 당연히 의심받을 만한 행위가 의료 행위라는 이유만으로 공공연하게 자행되고 있다. 둘째, 환자들은 대부분 수술에 대해 이해하지 못하면서 선뜻 수술에 동의한다. 셋째, 사람들은 약 성분인 화학물질이 어떤 작용을 하는지 제대로 알지 못하면서 연간 몇천 톤에 달하는 약을 소비한다."
>
> _멘델존, 15–16쪽

이러한 지적은 아주 기본적인 몇 가지 사항에 해당한다. 실제 현장에서 벌어지는 수많은 의심스러운 의료 행위들은 의학이라는 감히 부정할 수 없는 체제의 권력의 자리에서 인도적인 원칙이 아닌, 자본주의적 이윤 추구라는 원칙을 더 우선시하면서 이뤄지고 있다.

의학, 사회학, 문화학 등 많은 분야의 전문가들이 매우 명백하게 지적하는 것처럼 현대사회는 사람들의 정신을 불안하게 만들 수 있는 요인이 많다. 이러한 정신적인 불안은 사람들을 어떤 특정한 영향에 매우 취약하게 만들었다. 사람들은 쉽게 영향을 받고, 쉽게 움직이며 쉽게 동요하고 쉽게 동화된다. 그만큼 대중을 움직이는 것은 쉬운 일이 되었다. 역설적으로 스스로 삶의 고독과 우울을 마주하고 그것을 적극적으로 극복해 삶의 굵은 마디를 만들어 가는 것은 장기적으로 자신의 삶을 보다 눈부신 양지로 인도할 수 있다. 누군가가 우울하다고 하면 당신은 어떻게 하겠는가? 함께 술을 한잔하면서 그의 이야기를 들어 주겠는가, 아니면 괜찮은 정신과 의사를 소개해 주겠는가? 분명한 것은 점점 더 많은 사람이 친구를 만나는 것보다 정신과 의사를 찾아가고 있다는 사실이다. 우울은 남에게 드러내고 싶지 않은 자신만의 은밀한 약점이 되어 버린 것이다.

하지만 우울이 그렇게 부정적인 영향만을 끼치는 것은 아니다. 우울증을 겪었지만 훌륭한 문화적 업적을 남긴 사람들은 매트 헤이그의 목록처럼 길고도 길다. "우울증은 일국의 수상이나 대통령 혹은 크리켓 선수부터 극작가와 권투 선수, 할리우드의 코미디언까지 가리지 않는다"(『우울을 지나는 법』, 175쪽). 특히 문화와 예술 음악 분야에서 우울증은 많은 예술가에게 영감의 원천이 되기도 했고 또 삶의 비극적 정서가 되기도 했다.

이 책은 그러한 고독과 멜랑콜리의 문화사적인 이면을 들여다보려는 시도라고 할 수 있다. 고독과 우울은 태양이 만들어 내는 그림자와 같다. 그림자가 있어서 빛은 더욱 빛날 수 있고 여름날의 더위는 견뎌낼 만한 것이 된다. 삶이 성숙해지는 순간은 행복한 순간들보다 불행과 슬픔과 좌절과 고독과 우울 속에서 이뤄질 때가 많다. 그것은 우리가 부정하고 회피할 대상이 아니라, 인정하고 받아들이고 이해해야 하는 자신의 본질이다. 그것이 성취되었을 때 비로소 인간은 "이 세계의 황량함 속에서 계속 인간으로 존재"(조너선 크레리, 146쪽)할 수 있을 것이다.

현대인의 우울증

최근의 통계에 따르면 신경안정제, 항우울제, 수면제와 같은 약물들에 의존해 일상생활을 유지하는 사람들의 비율이 날로 높아져 가고 있다고 한다. 뉴스는 늘 그렇듯이 이런 상황을 매우 염려스러운 어조로 보도하는데 버튼의 기록을 보면 그 시대에도 그랬다는 것을 알 수 있다. 우울과 관련해서는 새삼 걱정스러운 일은 아닐 거라는 말이다. 멜랑콜리와 광기에 대해 관심을 가진 철학자는 어느 시대에나 존재했다. 칸트는 그중 아주 널리 알려진 사람이다. 칸트는 멜랑콜리와 관련해서 인간의 심리적 상태를 3가지로 분류했는데 이것은 멜랑콜리아, 조증/심리 장애 그리고 (미쳤거나) 정신 나간 상태이다.

특히 자신의 건강에 대한 염려가 지나쳐 자신이 스스로 상상한 병에 걸려 있다는 착각을 하는 사람에 대해 “건강염려증”(Hypochondria)이라는 용어를 사용하기도 했다(Radden, 198쪽). 그는 또 장애라고 표현하지는 않았지만 멜랑콜리한 상태는 쉽게 정신적 질환을 유발할 수 있다고 믿었다(Radden, 201쪽). 어쨌거나 질병으로서의 기원을 가지고 있는 멜랑콜리는 중세를 지나면서 다층적인 사회문화적 맥락을 얻게 되었지만 여전히 질병과 매우 밀접한 관계인 셈이다. 사실 이러한 증상들은 직접 겪어 봐야만 알 수 있는 부분이 많은데, 이렇게 경험적이고 주관적인 정신 활동을 칸트는 순전히 이성적인 관찰을 통해 도달했다는 것은 놀라운 일이다.

칸트는 사람들과 어울리는 것을 좋아했지만 평생 결혼하지 않았다. 그는 다른 민족, 그들의 문화, 이국적인 장소에 대해 많은 호기심을 가지고 있었지만 평생 자신이 태어난 마을 “쾨니히스베르크” 바깥(반경

16km)으로 나간 적이 없다고 전설처럼 전해진다. 지금으로 치면 은둔형 외톨이처럼 쓸쓸하고 우울하게 산 것인데, 사실 칸트는 어느 정도 성공적인 사회생활을 했고 또 자신의 주요 저작을 쓰기 전에도 다소 명성이 있었다고 한다. 최근의 연구에 따르면 칸트는 자신의 마을 바깥(반경 20km 혹은 더 멀리로는 140km)까지 강의를 하러 갔다고 한다. 어쨌거나 생의 거의 대부분을 그 작은 마을에서 보낸 것은 사실인 것처럼 보인다. 그렇게 좁은 곳에 살면서 광대한 인간의 전 지구적 보편성을 살필 수 있었다는 것은 정말 놀라운 일이다.

칸트에게는 몇 가지 일화가 회자된다. 늘 같은 시간에 산책을 다녔기 때문에, 칸트가 지나가는 것을 보고 마을 사람들이 시계를 맞췄다는 이야기는 유명하다. 시계처럼 정확한 시간에 산책을 다니던 칸트에 대한 에피소드를 하나 더 이야기해 보자. 여느 때처럼 마을 사람들이 시계를 맞추려고 칸트를 기다리는데 그날은 칸트가 산책을 나오지 않았다. 그래서 궁금해진 사람들은 다음 날 칸트에게 어떻게 된 일이냐고 물었다. 그러자 칸트는 전날 어떤 책을 읽는 데 너무 몰두해서 밤을 새우는 바람에 평소의 규칙을 지킬 수 없었다고 했다. 그때 칸트로 하여금 자신의 엄격한 규칙을 어기고 밤을 새워 읽게 했던 책은 루소의 『에밀』이었다고 한다.

기록을 살펴보면 루소의 인생도 충분히 멜랑콜리하다고 할 만큼 파란만장했다. 후대에 정치와 사회에 대한 고전적인 저술을 많이 남기기도 했지만 그 자신의 인생 역시 부모와의 때 이른 이별과, 첫째 둘째 자식을 모두 고아원에 보내야 했던 젊은 시절의 방황 등 많은 상실과 고통 그리고 쓸쓸함과 고독으로 점철되어 있었다. 그는 『고독한 산책자의 몽상』이라는 책을 남기기도 했다. 그리고 그 첫 문장은 이렇게 시작한다.

> "드디어 나는 이 세상에서 외로운 사람이 되고 말았다. 이제 나는 형제도 이웃도 친구도 사회도 없고, 있는 것은 오직 나 자신뿐이 되고 말았다."

산책은 루소가 고독과 마주할 수 있는 유일한 시간이었다. 인간은 고독 속에서 비로소 자기 자신과 마주해 자신의 본질을 깨달을 수 있다고 루소는 기록하고 있다. "산책을 하고 있을 때 나는 머리를 완전히 자유롭게 해 둘 수가 있고 또 여러 생각으로 하여금 아무 저항도 구속도 없이 그 경사를 미끄러져 나가도록 놓아둘 수가 있기 때문이다. 이 고독과 명상의 시간이야말로 하루 중에서 내가 온전히 나 자신일 수 있는 유일한 때인 것이다"(『고독한 산책자의 몽상』, 33쪽).

루소 역시 산책에 관한 매우 고전적인 마니아였던 것을 보면 산책은 고독과 그리고 멜랑콜리와 모종의 관계가 있을 것으로 추정된다. 그리고 경험상 거의 확실하게 그렇다. 고전적인 멜랑콜리의 도상은 앉은 채로 한 손을 턱에 괴고 인간의 필멸성을 숙고하는 모습이지만, 근대화가 진행되는 시점에서 이러한 모습은 도시의 어귀 진 골목을 산책하는 모습으로 나타난다.

프로이트만큼 멜랑콜리에 대한 논의에서 빠지지 않는 발터 벤야민(Walter Benjamin)은 산책자 혹은 만보객(flâneur)이라는 말에 깊은 사회문화적인 의미를 담아 설명한 바 있다. 그는 1920년대 말 파리로 거처를 옮기면서 파리라는 도시에 관한 깊은 사회문화적 통찰을 남겼다. 벤야민에게 파리는 19세기라는 인류 문명사의 한 시점 전체를 포괄하는 세기의 수도였다. 도시의 골목길을 특별한 목적지 없이 방황하듯 걸어가는 산책자는 도시적 멜랑콜리의 전형적인 이미지라고 할 수 있다. 멜랑콜리의 시인 보들레르는 이러한 도시의 산책자를 "만보객(flâneur)과 댄디(dandy)의 개념"으로 구분하며 "이들은 단순한 우울자가 아니라, 우울이라는 시대적 감정을 인식론적이고 존재론적인 전략으로 구사하는 메타적 우울자"라고 밝힌 바 있다(김홍중, 24쪽). 벤야민 덕분에 이러한 만보객 혹은 플라뇌르(flâneur)는 학문적 주제가 되었다.

비록 많은 사회문화적 담론의 촉발제 역할을 했지만 플라뇌르라는 말의 정확한 정의나 어원에 대해서는 이론이 분분하다. 벤야민 자신도 이 단어의 뜻을 명확히 정의 내린 적은 없다고 한다. 하지만 몇몇 학자에 의해 제시된 바에 따르면, 이 말은 스칸디나비아어 flana(여기저기 정신없이 뛰어다니다)라는 주장도 있고 또 난봉꾼을 의미하는 아일랜드에서 이 말이 유래했을 가능성도 있다고 한다. 여하튼 단어의 정의나 유래에 꼭 빠지지 않고 공통적으로 등장하는 요소는 바로 "고독한 남자"의 이미지라고 한다(레베카 솔닛, 321쪽).

플라뇌르가 출현한 것은 19세기, 즉 도시가 점점 커지고 복잡해지면서 도시에 사는 사람들이 도시 자체를 낯설게 느끼던 시기였다. 사람들은 전차를 타게 되면서부터 낯모르는 사람과 무릎이 맞닿을 정도의 공간에 밀착해 있는 경험을 처음 하게 된 것이다. 이런 어색함을 없애기에는 책이나 신문을 보는 것이 가장 효과적인 방법이었을 것이다. 지금도 지하철이나 버스에서 많은 사람은 바로 곁에 밀착해 있는 타인에게 신경을 쓰기보다 스마트폰에 시선을 고정한다. 책과 신문이 스마트폰으로 바뀌었을 뿐 같은 공간에 밀착한 타인에 대한 불편함은 여전한 것이다.

플라뇌르에 대한 가장 보편적인 정의를 이야기할 때 흔히 보들레르의 문구가 많이 인용된다.

> "새가 하늘을 날고 물고기가 바다에서 헤엄치듯 플라뇌르는 군중들 사이에 존재한다. 그의 열정과 직업은 군중과 한 몸이 되는 것이다. 완벽한 플라뇌르, 이 열정적인 관찰자는 군중들의 마음속에, 변화하는 것 그리고 구속된 것과 무한한 것 사이에 자신의 거처를 세울 때 무한의 기쁨을 느낀다. 집을 떠나 있지만 동시에 어디에서나 집에 있는 것 같은 편안함을 즐기는 것이다."
>
> _보들레르, 「현대적 삶의 화가」(*The Painter of Modern Life*), 필자 번역

걷기와 멜랑콜리에 관한 성찰은 생각보다 역사가 깊다. 현대 도시는 사람들이 걸을 수 있는 길을 인공적으로 조성하고 있다. 이렇게 인공적으로 조성된 산책길은 사실상 산보자의 자유로운 산책을 원천적으로 봉쇄하는 셈이다. 산보자는 특별한 계획 없이 발 닿는 대로, 마음이 내키는 대로 걸을 수 있어야 진정한 산책이 될 수 있을 것인데, 도시의 산보자는 그럴 필요가 없다. 모든 산책의 루트는 이미 도시가 계획될 때 정해져 있었기 때문에, 그 길 위의 산책에는 산보자의 선택이 개입될 수 없는 것이다. 산보자는 도시가 처음 세워질 때 도시 계획자의 청사진에 이미 포함되어 있는 셈이다. 멜랑콜리 혹은 사색에서 자유는 매우 중요한 요소이다. 특히 창조력의 원천으로서 멜랑콜리는 그 자유를 필연적인 속성으로 가지고 있다.

하지만 도시의 산책은 원천적으로 그러한 자유를 박탈당한 것으로 봐도 무방하다. 빽빽한 도시에 사는 현대인은 산책을 통해 사색의 자유를 얻을 수 없다. 과거의 멜랑콜리가 현대의 멜랑콜리와 질적으로 달라지는 지점은 바로 거기에 있다. 벤야민의 글이나 에드워드 호퍼의 그림에서 볼 수 있는 것처럼 현대의 멜랑콜리는 거의 도시의 멜랑콜리라

고 할 수 있다. 도시에서 우울한 사람들은 역동적으로 방황한다. 과거 처럼 정적인 자세로 메멘토 모리(memento mori)를 걱정하지 않는다. 사람들은 백화점에서 쇼핑을 하고, 도시 속 공원에서 햇볕을 쬐고, 환하게 빛을 뿜어내는 컴퓨터 스크린 앞에서 비트 단위로 전송되는 데이터와 대화를 나눈다.

도시에서 사람들은 혼자가 아니면서 늘 혼자이다. 항상 주변엔 누군가가 있지만 사실은 함께 있는 것이 아니다. 인터넷과 컴퓨터 스마트폰이 현대인의 삶과 정신에 어떤 영향을 미치고 있는가를 오랫동안 연구해왔던, 셰리 터클(Sherry Turkle)은 점점 고립되어 가는 현대인의 삶을 묘사한 자신의 책에 『홀로 함께』(*Alone Together*)라는 제목을 붙였다. 함께 있지만 여전히 혼자인 새로운 고독이 21세기를 덮치고 있는 것이다. 21세기의 고독은 고요하지도 어둡지도 않다. 늘 소란스럽게 웅성거리지만 무슨 말인지 알 수 없고, 주고받는 메시지는 셀 수 없이 쏟아지지만 어느 한 메시지도 자신의 가슴속에 닿는 것이 없다. 이전의 고독이 특별한 사람의 고독이었다면 21세기의 고독은 보편적이 되었다. 고대 그리스에서 인간의 가장 기본적인 특질로 여겨졌던 멜랑콜리의 실체는 이제 비로소 증명되는 것처럼 현대의 고독은 견고하다. 1960년대를 풍미했던 듀오 사이먼 앤드 가펑클은 현대인의 고독을 〈침묵의 소리〉(The Sounds of Silence)로 노래한 적 있다.

<침묵의 소리>

이봐, 내 오랜 친구. 어둠.
자네와 다시 이야기 좀 하려고 왔네.
어떤 비전이 나도 모르게 다가와서
내가 잠든 사이에 그 씨앗을 남겨 두고 갔거든.
내 머릿속에 심어진 그 비전이
아직도 침묵의 소리 속에 남아 있어.

불안한 꿈속에서 난 혼자 걷고 있었지.
포석이 깔린 좁은 골목길.
후광이 드리워진 가로등 불빛 아래서
난 추위와 냉기를 막으려 옷깃을 올려세웠어.
네온사인을 바라봤는데 동공으로 빛이 칼날처럼 들어왔지.
밤을 가르는 네온불빛이 침묵의 소리를 깨뜨렸어.

오직 순수한 빛의 세계 속에서 난 봤어.
만 명, 어쩌면 더 많은 사람.
계속 말하고 있지만 누구에게도 말을 하고 있지 않는 사람들.
무언가를 계속 듣고 있지만 누구의 말도 듣고 있지 않는 사람들.
아무도 불러 주지 않을 노랫말을 쓰는 사람들.
감히 그 침묵의 소리를 깨뜨리는 사람은 아무도 없었지.

"어리석은 자들아" 내가 소리 질렀어. "너희는 침묵이 어떤 것인지 모른다.
그건 마치 암처럼 자라날 것이다.
내 말을 들어라. 내가 알려 줄 것이다.
내 손을 잡아라. 내가 다가갈 것이다."
하지만 나의 외침은 소리 없이 내리는 빗방울처럼 떨어져
침묵의 우물 안에서 메아리칠 뿐이었지.
사람들은 자신이 만든 네온사인을 신처럼 여기며 그 앞에서 절을 하고 기도를 한다.
네온의 번쩍거리는 문구가 빛나고 있었어.

경고는 이렇게 말했지.

"이제 예언자의 말씀은 지하철 벽에 그리고 임대주택의 담벼락에 쓰여 있다."

그리고 침묵의 소리 속에서 속삭이고 있었지.

MELANCHOLY

Chapter 2.

멜랑콜리의 문화와 역사

- 광기와 고독
- 광기와 멜랑콜리
- 카프카의 『변신』과 멜랑콜리
- 로버트 버튼, 『우울증의 해부』
- 멜랑콜리와 4체액설
- 이성중심주의 시대의 명리학 그리고 멜랑콜리
- 4체액설과 동양의 천문관
- 멜랑콜리와 시간

광기와 고독

벨레로폰은 미쳤다.

엘레이안 평원에서 그는 자신의 심장을 뜯어먹고 있었다. 바람은 서늘하게 불었다. 높게 자란 풀들은 물결처럼 일렁이며 벨레로폰의 손등을 스친다. 푸른 평원 위로 뚝뚝 떨어지는 붉은 핏방울이 벨레로폰은 아무렇지도 않았고, 핏발선 두 눈은 깜박거리지도 않는다. 하늘은 우주로 뚫릴 것처럼 훨씬 높아져 있었다. 구름 한 점 없었지만 검은 태양이 떠 있는 것처럼 낮인지 밤인지 알 수 없었다. 바람이 분다. 끝없이 펼쳐진 평원 위에서 벨레로폰은 울고 있는 것처럼 어깨를 들썩였다. 그는 피가 뚝뚝 떨어지는 자신의 심장을 두 손으로 잡고 우적우적 씹고 있었다.

벨레로폰은 고독하다.

호메로스는 엘레이안 평원에서 사람들의 눈을 피해 홀로 방황하는 운명에 처한 벨레로폰의 모습을 『일리아드』에 담았다.

> "그리고 그는 올림푸스의 신들에게 미움을 받아
> 엘레이안 평원에 홀로 버려졌다
> 그는 자신의 심장을 물어뜯으며 바람 속을 배회했고
> 인간들이 지나는 길들은 모조리 피해 다녔다"

그는 키메라를 쓰러뜨린 그리스 신화 속의 영웅이다. 키메라는 사자의 머리에 염소의 몸통 그리고 뱀의 꼬리를 가졌다. 입으로는 광폭한 돌풍과 함께 뜨거운 화염을 뿜어 댔다. 키메라를 죽이는 일은 거의 불가능한 일이었다. 하지만 포세이돈의 아들이자 페가수스의 주인이기도 한 벨레로폰은 커다란 화살 끝에 무거운 납덩이를 달아 키메라의 목에 박아 넣었다. 화염 덩어리가 올라오는 목 한가운데 박힌 납덩이는 뜨거운 열기를 받으면서 녹아내려 키메라의 목구멍을 완전히 막아 버렸다. 불멸의 괴물일 것 같았던 키메라가 쓰러지는 순간이었다.[1] 그는 헤라클레스가 태어나기 이전 최고의 영웅이었다. 하지만 최고의 영웅이 되는 순간 그의 자만은 올림푸스의 신경을 건드렸고, 결국 제우스의 미움을 받아 평생 엘레이안 평원을 떠돌며 죽을 때까지 사람들의 눈을 피해 살아야 했다. 신들은 그에게 광기를 불어넣었다. 신의 지위를 넘봤던 다른 몇몇 희랍의 영웅처럼 광기는 반갑지 않은 전리품이 되었다. 눈부신 영웅의 업적은 빛바랜 기억이 되었고, 사람들의 눈을 피해 혼자 황

---

1 톰 크루즈가 주연한 영화 〈미션임파서블 3〉(Mission: Impossible Ⅲ)는 인류가 의도적으로 퍼뜨린 바이러스 키메라를 치료할 수 있는 백신을 차지하는 내용이다. 당연히 백신의 이름은 벨레로폰이다. 톰 크루즈는 페가수스의 21세기 버전이라고 할 수 있는 두카티를 타고 악당을 물리친다.

량한 평원을 방황하는 벨레로폰은 미칠 것처럼 고독하다.

신화와 역사 속에서 광기와 고독은 자주 함께 등장한다. 희랍비극의 주인공 오이디푸스를 비롯해 리어왕부터 20세기 모더니즘의 정신적 지평을 열어 줬던 니체에 이르기까지 광기와 고독은 오래전부터 천재, 예술가 혹은 신화 속의 영웅이나 역사적인 제국의 왕들에게 자주 따라붙었던 수식어라고 할 수 있다. 고흐 역시 철저한 고독 속에서 그렸던 그림들 속에 광기라는 자신의 서명을 써넣었다.[2]

'고독'이라는 말은 영어로 Solitude이다. 흔히 혼자 있는 것을 뜻하는 솔로(Solo)나 '오로지', '유일한' 등의 의미를 표현할 때 사용하는 Sole과 어원이 같다. 태양은 하나이고 유일하다는 사실에서 유래한 것일까? 여기에는 솔라(Solar), 솔라리스(Solaris)라는 단어도 관계가 있다. Solar는 '태양의'라는 형용사이고 안드레이 타르코프스키의 1972년 작의 제목이기도 한 '솔라리스(Solaris)'는 태양이라는 의미를 어근(Solar)으로 해서 만든 조어이다. 모두 태양을 뜻하는 sol-을 공통적인 어원으로 갖고 있다. 어원적으로 봤을 때 태양과 고독이 의미상 근접해 있다는 사실은 주목할 만하다.

알베르 카뮈의 소설 『이방인』에는 뫼르소(Meursault)라는 주인공이 등장한다. 널리 알려져 있는 이야기이지만 뫼르소는 단지 태양이 너무 뜨거워서 아랍인에게 총을 쏘아 죽인 인물이다. 법정에서 진술한 "태양 때문에 살인을 저질렀다"라는 그의 부조리한 자백은 "이방인"이라는 작

2 살아서 단 두 점의 그림만을 팔았을 만큼 세상과 등진 채 자신만의 세계 속에 살았던 그는 이제 세상을 광기로 몰아가고 있다. 그의 그림 한 장은 수백억을 쉽게 넘나든다. 부의 극단적인 양극화는 역사적인 예술가의 별 가치 없는 몽상과 의미 없는 붓질 하나에 열광한다. 투기이거나 투자이거나 또 다른 광기라고 해야 할까?

품을 현대인의 절대적 고독과 실존적 권태를 다루는 실존주의 소설의 반열에 올려놓았다. 뫼르소라는 이름은 카뮈가 우연히 선택한 것이 아니다. 이미 그 이름 속에는 죽음[meur, 영어 단어로는 mor-, morgue(시체공시소), mortician(장의사), mortgage(담보, 죽음을 담보로 하는) 등과 같은 단어들은 모두 죽음의 의미와 관계가 있다]과 태양(sault, soleil, solar)이라는 의미가 내재되어 있다. 소설의 시작부터 심상치 않았던 그의 실존적 고독은 결국 태양과 연결되어 부조리한 살인으로까지 확대된 것이다.

어머니의 죽음으로도 흔들 수 없을 만큼 견고한 고독 속에 갇힌 현대인의 초상, 뫼르소는 감정도 느낌도 사고도 모두 박제가 되어 버린 것처럼 모든 인간적인 것들로부터 유리되어 존재한다. 태양은 그의 고독을 더욱 가중시키는 촉매가 되었을 것이다. 태양이 고독을 의미하게 된 것은 쉽게 유추할 만하다. 태양은 그 존재가 유일무이한 것이고 가장 높은 곳에 홀로 떠 있다. 뜨거운 열기와 빛은 고독의 어두운 그림자를 밀어낼 만도 하지만 인류 역사에서 아주 오랫동안 태양은 하늘에서 고독하게 빛나는 유일한 별로 인식되었다. 아무리 밝게 빛나고 뜨겁게 타오르고 있다 한들 온 우주에서 홀로 존재하는 것이라면 얼마나 고독하겠는가! 우주는 본래부터 고독한 공간이다. Universe라는 말 자체에도 이미 "홀로"와 "유일한"의 의미가 보인다. "Uni-"라는 말은 One이라는 말과 같다. Unisex, Uniform, Unicorn, Unanimous(만장일치) 모두 "하나"와 관계가 있다. 다중 우주(Multiverse)라는 희한한 말이 유행하기 전까지 우주에 대한 사람들의 생각은 분명 그러했을 것이다.

고독은 현대의 가장 중요한 사회적 현상 중의 하나이다. 근대 이전의 고독이 주로 성직자나 수도자 혹은 사회와 격리된 미친 사람들에게만 해당되는 정신적 특성이었다면 현대의 고독은 그 범주에 속하지 않는 사람이 오히려 얼마 되지 않을 정도로 흔한 현상이 되었다. 현대인은 누구나 고독하다. 20세기 초, 하이데거는 이런 사실을 일찍 간파했고, 그의 철학에서 고독은 매우 중요한 근본 개념이 되었다. 고독감은 하이데거가 "존재의 목소리"라고 표현했던 멜랑콜리적 세계감과도 밀접한 연관이 있으며, 그의 철학은 매우 깊은 뿌리부터 멜랑콜리적인 정서를 담고 있다(김동규, 115쪽). 정서라는 인간의 의식적인 요소를 인간 존재의 근원적 방식으로 파악했던 만큼 하이데거는 인간에게 우울은 아주 근본적이며 본질적인 정서라고 생각했고, 그것이 철학이라는 행위와 밀접한 관계가 있다고 보았다. 즉 멜랑콜리는 인간 실존에 있어서 가장 본질적인 요소라고 할 수 있는 것이다.

한편 고독한 사람들은 자유롭다. 고독은 누구로부터도 구속받지 않는 자유의 또 다른 이름이다. 역사적으로 고독을 찬미한 사람들은 수없이 많았다. 아인슈타인이나 소로우 같은 과학자와 철학자를 비롯한 작가, 예술가들. 그렇게 고독을 친구처럼 가까이 두고 지낸 사람들은 고독을 아름답고 내밀한 자신만의 세계를 창조하는 근원적인 영감으로 보았다.

하지만 그 자유에는 대가가 따른다. 자유로운 그들의 영혼은 불안하고 또 우울하며 결과적으로 더욱 치명적으로 고독해질 가능성이 커지기 때문이다. 인간은 우주와 같은 무한한 공간에서도 좁은 감옥과 같은 구속감을 느끼게 될 것이라고 바슐라르는 말한 바 있다.[3] 자유로움은 예술가에게, 작가에게, 철학자에게 영감을 준다. 하지만 그 이면에

3 가스통 바슐라르, 『공간의 시학』

드리워진 우울의 그늘은 태양의 흑점보다 어둡고 깊다. 키르케고르는 이것을 "자유의 현기증"이라고 불렀다. 고독의 높이까지 올라갔을 때 영혼이 느끼는 알 수 없는 불안. 그것은 멜랑콜리[4]다.

광기와 멜랑콜리

『파이드로스』(*Phaedrus*)에서 플라톤이 광기는 천재나 영웅의 징표라고 말한 이후로, 광기는 천재성에 자주 따라다니는 꼬리표처럼 되어 버렸다. "광기"가 자신을 묘사하는 단어가 되어 버린 것을 억울하게 생각할 정상적인 천재도 많겠지만 역사는 언제나 그렇듯이 극적인 것을 좋아하기 때문에 역사적으로 기록된 많은 천재들은 광기와 연관 지어 나타나는 경우가 많았다. 플라톤의 영향을 받아서였는지 아리스토텔레스는 자신의 책 『문제들』[5]에서 천재와 광기의 깊은 관련성에 대해 직접 설명하는데 그의 언급은 이후 멜랑콜리 연구에 빠지지 않고 등장하는 고전적인 문구가 되었다. "철학, 정치학, 시학 등에서 명성을 떨쳤던 모든 사람이 의심할 여지 없는 멜랑콜리한 자인 이유는 무엇인가?"[6] 대린

---

4 멜랑콜리 혹은 때로 멜랑콜리아라고도 쓰이는데, 멜랑콜리아는 라틴어를 영어에서 그대로 차용한 것이며 멜랑콜리는 불어에서 사용된 용어이다. 해방 이후 프랑스 문화가 폭발적으로 유입되면서 일종의 문화적 유행이 생겨났는데 이때 멜랑콜리아라는 말 역시 멜랑콜리로 대체되기 시작했다고 한다(임진수, 10쪽).

5 대린 M.맥마흔은 이러한 아리스토텔레스의 저작 『문제들』이 사실은 아리스토텔레스가 쓴 게 아니라고 주장한다. 관련 자료는 『천재에 대해』 65쪽 참조.

6 (Why is it that all those who have become eminent in philosophy or politics or poetry or the arts are clearly melancholics, and some of them to such an extent as to be affected by diseases caused by black bile?) 『토성과 멜랑콜리』, 18쪽

M. 맥마흔은 이러한 광기와 천재 간의 관계를 아리스토텔레스가 아주 잘 설명하고 있다고 하는데, 그는 다음과 같이 주장한다.

> "특별한 재능을 타고난 사람들은 신성한 광기와 매우 유사한 상태로 빠져들어 엑스터시 상태에서 혜안과 예언 능력을 가지기 쉬웠다. 플라톤은 고귀한 정신에 낯선 악마를 품고 있었던 소크라테스같이 신의 부름을 받은 존재를 예로 들어 재능을 소유한 존재로서 사로잡힌 존재를 파악할 수 있는 근거를 제공하는 자신만의 이론을 정립했다. 이처럼 정신적 불안정성 및 광기와의 연계를 재확인한 『문제들』은 신으로부터 재능을 부여받은 사람은 특별한 영감을 소유했다고 주장함으로써 재능을 소유한 존재를 사로잡힌 존재로 파악할 수 있는 근거를 제공했다."
>
> _맥마흔, 67쪽

미셸 푸코는 『광기의 역사』에서 우울한 기분의 멜랑콜리는 18세기가 되면서 부분적인 정신착란과 통합되었다고 밝히면서 서양문화사에서 광기와 멜랑콜리 혹은 우울이 맺고 있는 사회적 학문적 계보를 충실하게 밝혀주었다. 특히 우울이라는 정신적 상태를 설명하는데 기후적인 변수들을 고려한 푸코의 설명은 흥미롭다. 푸코에 따르면 "우울증의 세계는 습하고, 음울하고 차갑다. 반면에 조증의 세계는 바싹 말라 있고 건조하며, 광포하고 부서지기 쉽다"고 한다(『광기의 역사』, 137쪽). 이러한 기후적인 특질과 정신적인 상태와의 상호관련성은 근본적으로 4체액설 혹은 4원소설의 맥락이 이어지고 있다는 점에서 서양 문화사의 한 축을 형성한다고 할 수 있다. 광기와 우울 그리고 건강염려증이라고도 알려져 있는 '히포콘드리아'(Hypocondria) 증상과 히스테리 증상에 대해서까지도 광기와 멜랑콜리와 병존하는 정신적은 질명으로 설명하고 있으며 상당부분 가장 핵심적인 논의들은 아주 오래전 그리스시대부터 논의되던 것과 대동소이하다.

데모크리토스는 "웃는 철학자"라는 별명으로도 알려져 있고 서양철학의 출발점이라고 평가될 만큼 지적인 매력이 넘치던 사람이었지만, 결국 그도 역시 일종의 우울과 광기에 사로잡힌 '미치광이'로 후대에 묘사되고 있다. 물론 현명한 사람과 광기는 함께 있을 수 없다는 스토아학파 철학자들의 주장처럼(『토성과 멜랑콜리』, 43쪽) 대체적으로 인류 역사에 이름을 남긴 천재들은 광기에 사로잡힌 순간이 있었거나 심각한 우울증으로 불행했던 사례가 많았다. 그 예를 들자면 끝도 없다. 엠페도클레스, 피타고라스, 미켈란젤로[7], 아이작 뉴턴은 물론 낭만주의 시인 바이런과 루소, 전기자동차의 이름으로 다시 태어난 니콜라이 테슬라, 100달러 지폐의 얼굴로 유명한 벤저민 프랭클린 그리고 〈모던 타임스〉(Modern Times)의 찰리 채플린과 윈스턴 처칠 등, 비교적 대중에게 널리 알려진 사람들도 모두 정신의 비범성—광기라고 할 수는 없었다 하더라도—을 지니고 있었다. 간략하게 소개한 이 목록에서도 알 수 있겠지만 이들은 모두 정신적인 활동, 즉 창조적인 일에 비범하게 몰두했다는 공통점이 있다. 이러한 집중적인 사색, 로댕의 〈생각하는 사람〉(*Le Penseur*)을 통해 널리 알려지게 된 그 사색의 깊이는 유독 멜랑콜리한 사람에게서 더욱 두드러진다.

그러니까 천재성과 광기가 서로 연관되어 궁극적으로 멜랑콜리로 귀결되는 구조를 갖게 되는 것이다. 멜랑콜리는 이런 천재들에게 종종 나타나는 심리적 특성이다(『토성과 멜랑콜리』, 16-17쪽). 그렇다 보니 때로는 광적인 상태와 멜랑콜리는 종종 구분하기 어렵다. 히포크라테스가 멜

7 미켈란젤로는 자기 자신이 토성의 표식을 가지고 태어났다고 주장했다(맥마흔, 148쪽 참고).

랑콜리와 관련해 언급했을 때 그 역시 이러한 상태를 일종의 질병으로 분류했는데, 그것은 멜랑콜리한 심리적 상태가 흔히 "발작, 마비, 우울, 공포증 혹은 무모함이나 광증의 증상"으로 나타났기 때문이다(『토성과 멜랑콜리』, 29쪽).

오래전부터 멜랑콜리는 일종의 병, 특히 "영웅들의 질병"으로 여겨졌다. 병으로서의 기원을 가지고 있는 만큼 멜랑콜리는 그 문화적 기원과 병리학적 기원이 매우 밀접하게 얽혀 있다. 인류 역사에서 최초로 우울과 광기에 대해 책을 쓴 것으로 알려진 데모크리토스의 책은 현존하지 않는다. 데모크리토스를 아버지처럼 생각했던 로버트 버튼은 데모크리토스의 작업을 자신이 계속하겠다는 일념으로 자신 또한 우울과 광기에 대한 책, 『우울증의 해부』를 쓰게 된다. 비록 400여 년 전에 한국으로부터 아주 멀리 떨어진 영국에서 쓰인 책이지만 지금 읽어도 여전히 이해할 수 있는 아주 재미있는 책이다.

버튼이 관찰하고 기록한 당시의 사회와 우울이라는 현상에 대한 기록은 400년의 시간은 물론 한국과 영국이라는 지리적·문화적 거리를 초월한다. 결국 인간 사회의 기본적인 시스템은 크게 다르지 않은 것이다. 과장해서 말한다면 400년 전 영국의 상황이 2019년 한국의 상황과 비슷하다는 다소 충격적인 주장도 가능할 것 같다. 비록 우울에 관한 책이긴 하지만 버튼의 책은 재미있다. 그 혈통이 흘러서 할리우드의 악동으로 불리는 팀 버튼에게 흘러갔는지도 모르겠다. 〈크리스마스 악몽〉(The Nightmare Before Christmas)을 비롯해서 팀 버튼의 영화는 정말 우울과 명랑함의 기괴한 조화라고 해야 할 것 같다. 일종의 명랑한 우울이라고 해야 할까? 그것이 이 두 명의 버튼에게서 공통적으로 보이는 건 우연인지, 혈연인지 모르겠다. 어쨌거나 버튼은 자신의 책을 시작하면서 먼저 우울이라는 상태는 일종의 병이고 또 그것은 거의 모든 사람이 가지고 있는 보편적인 상태의 병이라는 것을 지적한다.

> "그렇다면 병이란 무엇인가? 정신과 육체가 조화를 이루지 못한 상태가 병이라면, 병 없는 사람이 어디 있겠는가? 욕심, 정욕, 분노, 질투심, 불만, 공포심, 슬픔 등에서 자유로운 사람이 있는가? 이런 병으로 고통받지 않는 사람이 이 세상에 과연 몇이나 되는가? 없다. 누구나 하나같이 정신병자다. 광증이 있다. 다시 말해 하나같이 우울증에 시달리고 있다. 모두가 어떤 종류의 병원과 의사를 찾고 있는 것이다. 이 병의 치료를 위해 부자는 더 먼 곳에 있는 더 유명한 의사가 있다는 병원을 찾아간다. 담배보다 더 강력하고 효과적인 진통제의 수요는 해마다 증가하고 있다. 인간들이 하나같이 어리석고, 경솔하고, 우울증, 광증에 시달리는 것에 대해서는 구약성서 가운데 「전도서」에 나오는 솔로몬의 증언에도 잘 기록되어 있다. '그리고 나는 돌아서서 보았노라. 지혜로운 사람과, 미친 사람과, 어리석은 사람을.' 계속해서 그는 말했다. '그리고 그의 하루하루는 슬픔이요, 그의 하는 일은 고통이요, 그의 마음은 밤에도 평화롭게 잠을 이루지 못하더라.'"
>
> _『우울증의 해부』, 41쪽

카프카의 『변신』과 멜랑콜리

> "살아서 인간은 우주의 먼지에 불과하지만
> 죽어서 인간은 우주가 된다."
>
> _『메트로폴리스4: 무국적도시의 하드코어 멜랑콜리』, 1쪽

사색의 깊이는 무한하다. 인간의 두 눈이 온 세상을 다 담을 수 있는 것처럼 멜랑콜리한 인간의 사색은 한계도 없고 예측할 수도 없다. 그 무엇에 대한 고민도 가능하다. 온 지구가 그의 사색 안으로 빠져들고 심지어 온 우주조차도 그 안에서 번민으로 이리저리 굴러다니게 될

것이다. 어떻게 이런 일이 가능할 수 있을까? 우주와 비교하면 한낱 티끌에 불과한 인간이 어떻게 무한하고 영원한 우주에 대해 사색의 빗질을 할 수 있는 것일까? 그렇게 미미한 존재인 인간이, 역시 또 하나의 점에 불과한 지구 위에 살면서 무한의 우주를 생각하고 탐구하는 것은 그만큼 경이로운 일처럼 여겨진다.

1977년 나사(NASA)에서 발사한 보이저 1호(Voyager1)는 처음 발사부터 39년이 지난 지금까지 계속 우주를 비행하고 있다. 800킬로그램, 3~4미터 정도의 원형 안테나를 매달고 끝없는 암흑과 차가운 심연 속에서 아직도 작동하고 있다는 것은 처음 보이저를 만들었던 과학자들도 예상하지 못했을 것이다. 2016년 1월 보이저 1호는 태양으로부터 2,000억 킬로미터 넘게(2.02×1,010km) 떨어져 있었고, 지금 이 순간에도 계속 우주의 저편으로 멀어져 가고 있다. 1990년 행성 탐사라는 중요 임무를 마치고 아주 빠른 속도로 태양계를 벗어나고 있었을 때 보이저 1호는 이미 지구로부터 60억 킬로미터 정도 떨어진 곳을 비행하고 있었다. 이때 천체물리학자 칼 세이건은 보이저 1호의 방향을 틀어서 지구의 이미지를 사진으로 찍을 것을 제안했다. 그는 아득히 먼 우주의 저편에서 바라본 지구의 모습이 갖는 중요성을 미리 간파하고 있었던 것이다. 이렇게 찍게 되어 널리 알려진 사진에는 "창백한 푸른 점"(Pale Blue Dot)이라는 이름이 붙여졌다.

마치 육안으로 밤하늘에 떠 있는 무수한 희미한 별들 중 하나를 보는 것 같다. 이 작은 점 속에 지구의 모든 거대하고 숭고한 자연과 온 인류의 역사는 물론이고 끝없이 푸른 바다와 산맥들이 모조리 들어 있다. 마리나 해구의 끔찍할 만큼 심연과 에베레스트의 칼날 같은 정상이 모두 하나로 뭉뚱그려져 이 희미하게 빛나는 점 속으로 수렴한다.

인간의 행복과 절망, 슬픔과 기쁨이, 환희와 절규의 외침이 영원의 저편에서 보면 모두 같다. 삶과 죽음이 생명과 무기물이 모두 우주에서 찰나로 빛나는 하나의 작은 점에 불과하다. 불교 철학에서나 볼 수 있을 것 같은 이런 초월적인 인식을 서구는 과학적인 경험으로 이끌어 냈다.

불교에서 해탈을 통해 깨달았던 것을 경험적으로 확인하기까지 서구는 수천 년이 필요했지만 그런 초월적인 깨달음을 천체물리학적으로 증명해 준 것은 매우 숭고하게 느껴진다. 1994년 코넬 대학에서 열렸던 칼 세이건의 강연은 많은 것을 생각하게 한다.

> "이렇게 멀리서 바라보면 지구는 아무 특별한 것이 없는 것처럼 보입니다. 하지만 우리에게 이 모습은 특별합니다. 그건 다른 점들과 다르지요. 다시 한번 생각해 봅시다. 저 창백한 푸른 점은 바로 이곳입니다. 우리의 고향이에요. 저 점 위에 당신이 사랑하는 모든 사람이 존재합니다. 당신이 아는 모든 사람, 당신이 이름을 한 번이라도 들어 봤던 모든 사람, 한때 지구에 존재했고, 살던 사람들은 모두 이 점 위에 있었습니다. 여기에 모든 기쁨과 고통이 존재합니다. 수천 개의 공고한 종교가 있고 이데올로기가 존재하며 경제를 움직이는 대단한 규칙들, 사냥꾼과 약탈자들이 있습니다. 영웅과 겁쟁이, 문명의 창조자와 파괴자, 왕과 농부와 사랑에 빠진 모든 젊은이와 모든 어머니와 모든 아버지, 희망이 가득한 어린아이들과 발명가, 탐험가, 모든 교사와 도덕가들, 모든 부패한 정치인과 모든 유명인과 정상의 지도자들, 모든 성인군자와 죄인들이 이 햇살에 떠다니는 티끌처럼 보이는 점 위에 살고 있습니다."
>
> _칼 세이건, 필자 번역

프란츠 카프카의 소설 『변신』에는 이런 주체의 미미함이 대상의 숭고함과 대비되는 일상 속의 장면이 등장한다. 주인공 그레고르 잠자(Gregor Samsa)는 세일즈맨이다. 늘 업무와 스트레스에 시달리며 건조한 하루하루를 보내는 평범한 현대인이다. 늘 같은 시간에 출근해서 비슷한 업무를 보고, 상사에게 스트레스 받으며 하루하루를 보낸다. 그러다 어느 날 아침 문을 두드리는 소리에 잠에 깨어 평소와 같이 말하고 움직이려는데 자신의 목소리와 행동이 이상해진 것을 느낀다. 잠자는 흉측한 벌레(바퀴벌레 종류로 추정)로 변해 있었던 것이다.

존재의 의미를 송두리째 파괴해 버린 이 초자연적 미스터리 사건 앞에 벌레가 되어 버린 잠자는 온갖 고뇌 속에 괴로워한다. 가족은 흉측한 모습의 잠자를 혐오하면서도 계속 그 방에 살게 내버려 둔다. 그리고 가족은 대체적으로 자신들의 평온한 일상을 유지한다. 자신은 흉측한 벌레로 변했는데 가족의 일상은 아무 문제가 없다. 나의 존재감은 어디로 가 버렸는가! 잠자의 괴로움은 매우 선지적이고 예언적인 것이었다. 현대사회는 전염병이나 기근 혹은 맹수들의 공격을 두려워하기보다 자신의 무게 없는 존재감을 두려워한다.

그렇게 괴로워하고 있을 때 잠자는 아래층에서 아름다운 멜로디로 연주하는 여동생의 바이올린 소리를 듣게 된다. 그 소리는 천상의 선율처럼 아름다웠고, 잠자의 귓속으로 한 음 한 음이 또렷하게 들려왔다. 저 아름다운 현의 울림과 조화로운 화음, 잠자는 그것을 하나도 놓치지 않고 이해할 수 있었다. 그리고 잠자는 더욱더 괴로워한다. "이렇게 아름다운 소리를 듣고 이해할 수 있는데 자신은 고작 벌레에 불과하다니." 천상의 선율을 이해할 수 있어도 자신은 그저 한 마리 벌레에 불과한 것이다. 인간의 두 눈은 온 우주를 담을 수 있지만 인간은 그저 인간일 뿐이다. 우주에서 인간의 의미는 뭘까? 그것은 한낱 티끌처럼 초라할 수도 있고, 반대로 우주 그 자체처럼 숭고한 것일 수도 있다. 어느 쪽이 될 것인가는 자신에게 달린 문제다. 세상과 그것을 받아들이는 주체의 관계는 멜랑콜리적 관점에서 꽤 까다롭게 얽혀 있다.

1917년, 프로이트는 「슬픔과 우울증」이라는 제목의 짧은 논문을 발표했다. 15쪽에 불과한 짧은 글이지만 이 논문은 이후의 많은 멜랑콜리 연구에서 빼놓지 않고 언급하는 중요한 서지 목록의 하나가 되었다. 이 논문은 프로이트가 이전까지 진행했던 자기애에 관한 연구, 곧 나르시시즘에 대한 일종의 후속편에 해당하는데, 핵심은 우울증과 슬픔의 상태에서 자기애가 어떻게 발현하고 왜곡되는가의 문제다. 즉 사랑하는 대상을 잃고 정상적인 과정을 거치는 슬픔의 과정은 사랑하는 대상을 잃고 난 후 대상에 대한 사랑을 자신과 동일시하는 자기애의 단계로 퇴행하는 멜랑콜리와 다르다는 것이었다.

프로이트는 이것을 설명하면서 "슬픔은 세상을 가난하게 하고, 멜랑콜리는 자신을 가난하게 만든다"는 매우 알쏭달쏭한 말을 했다. 많은 사람이 이 간단한 문장 하나를 두고 이런저런 주장을 하는데 일단 액면 그대로 생각해 보면 자신이 가난해지는 것은 자존감의 추락, 긍지의 상실 그리고 일종의 자기 자신에 대한 가학적인 공격성이라고 할 수 있겠다. 이런 관점에서 카프카의 『변신』에 등장하는 그레고르 잠자는 "주체가 빈곤해진" 가장 극적인 예라고 할 수 있다. 우울로 인한 자신에 대한 자존감의 추락, 그것이 바로 주체가 가난해진다는 의미이고, 카프카는 그 끝도 없이 떨어진 자존감의 추락을 "벌레"와 같은 상황으로 표현한 것이다. 카프카는 카뮈나 사르트르 같은 작가들에 의해서 실존주의 문학의 선구자로 추앙되었던 만큼 멜랑콜리와 고독 그리고 고독 같은 단어는 그의 작품 페이지마다 깊이 각인되어 있다.

카프카의 소설은 일종의 폐소공포증을 일으킬 정도로 답답하고 지루하고 또 우울하다. 그것은 단지 "변신"에만 국한된 이야기는 아니다.

『심판』이나 『성』 같은 작품들은 극적인 공포의 괴물이 끝내 나타나지 않지만 언제든지 갑자기 나타날 것 같은 긴장과 공포가 지배한다. 어떤 극적인 사건이 벌어지는 것이 아니라 이미 결정된, 이해하기 어려운 상황 속에 처한 한 인간의 심리를 묘사하는 데 많은 중점을 두고 있다는 것이다. 찰스 디킨스, 조지 엘리엇, 허먼 멜빌이나 에드거 앨런 포, 너새니얼 호손, 아나톨 프랑스와 귀스타브 플로베르, 오노레 발자크, 괴테와 같은 작가들로 대표되는 19세기 서구 소설들이 외부의 극적인 사건들을 중심으로 기술되어 독자의 재미와 관심을 불러일으켰다면, 카프카는 외부의 사건을 극단적으로 축소하고 인물의 내면을 매우 면밀하게 관찰했다. 이러한 경향은 카프카 이후 모더니즘의 많은 소설가들이 차용한 방식으로 결국 많은 모더니즘 소설은 점점 더 주인공의 심리에 초점을 맞춰 내용이 전개된다(사건 중심이 아니라 심리 중심이다 보니 극적인 사건은 별로 없다). 그러다 보니 모더니즘 문학의 근원적인 정서는 대부분 멜랑콜리적인 것에 기원을 두고 있다. 이것은 단지 문학적인 경향의 변화라기보다 18세기에서 19세기를 거쳐 20세기에 접어들면서 경험한 사회문화적인 변화를 반영한다고 볼 수 있겠다. 그리고 그 변화의 핵심은 시간에 대한 인식의 변화라고 할 수 있을 것이다.

로버트 버튼, 『우울증의 해부』

『우울증의 해부』라는 멜랑콜리에 관한 독보적인 책을 남겼던 로버트 버튼은 우울에 관한 책을 쓰는 것이 우울한 것을 치료한다고 생각했지만 정작 그의 삶은 별로 유쾌하지 않았다. 1577년에 태어난 버튼은 죽을 때까지 평생 옥스퍼드 크라이스트처치 대학에서 책을 읽고, 글을 썼다. 결혼도 하지 않았고, 특별히 다른 지역을 여행하지도 않았다. 그의 저서도 『우울증의 해부』뿐이다. 스스로를 데모크리토스의 아들이라고 과장되게 소개하면서까지 버튼은 우울이라는 주제에 깊이 몰입해 있었다. 버튼이 밝히고 있지만 데모크리토스는 우울과 광기로 기억되는 인물이면서 우울과 광증에 대해 현존하지 않는 책을 썼던 사람으로도 기록되고 있다(버튼, 26쪽).

버튼은 데모크리토스가 착수했지만 끝내 완성하지 못했던 우울이라는 주제를 자신이 대신해서 마무리해 보겠다는 원대한 포부를 가지고 있었다. 그리고 평생 우울에 대해 읽고 연구해 이 책, 『우울증의 해부』를 출판한다. 스스로 밝히고 있듯이 이 책은 "인간의 우울증과 광기"(버튼, 39쪽)에 관한 것이다. 단 한 권의 책이지만 멜랑콜리 문화사에서 이 책이 차지하는 위치는 매우 특별하다. 이 책 속에서 버튼은 성경을 비롯한 희랍의 역사, 그리스 신화 그리고 비교적 동시대인이었던 초서에 이르기까지 멜랑콜리에 관련된 수많은 언급을 추적해 주석으로 그것을 설명했다. 하지만 그 내용들은 단지 멜랑콜리에 관한 것뿐만은 아니다. 학자로서 자신의 인생에 대한 솔직한 심정의 고백과 일반적인 성찰은 지금 읽어 봐도 매우 공감이 가는데, 그 시공을 초월한 보편성은 400년 후의 독자들을 충분히 놀라게 하고도 남는다. 특히 학자의 사회적인 조건에 대한 버튼의 고찰은 현재 인문학이 목도하는 현실과 크게 다르지 않다. 400년 전에 버튼은 "이 세상에는 책이 너무 많다"고 탄식했고, 그뿐만 아니라 우울에 관한 책도 허다했다고 기록하고 있다.

"그러나 결국 나의 이 일도 모두가 불필요한 일이다. 결과는 다른 사람들이 이미 해놓은 일을 다른 말로 바꿔 말했을 뿐 결코 새로운 것이 못 된다. 이 우울증에 관해 이미 쓰인 책들이, 글들이, 논문들이 한두 개인가? 나 같은 글쟁이가 아니고 유명한 당대의 의사들이 쓴 두툼한 저서들이 도서관의 서가를 메우고 있다. 따지고 보니 내 글에는 새로운 것이 별로 없다. 내가 쓴 것들은 결국 이미 다른 사람들이 써놓은 글에서 훔쳐 온 것이다. 내 글을 내가 읽다 보면 어디선가 '이 도둑놈아' 하는 소리가 들려오는 것만 같다. '산 사람의 옷을 훔치는 것보다 죽은 사람의 업적을 도둑질하는 것은 더 큰 죄악이다'라는 글을 어디선가 읽은 기억이 난다. 이 세상에서 글 쓰는 사람치고 이 누명에서 벗어날 사람이 과연 몇이나 되는가? 현명한 사람이 이미 오래전에 말했듯이 책을 쓰는 일에는 끝이 없다. 이 세상에는 어느 때 어느 장소에서도 종이 위에 무엇인가를 끄적거리는 사람은 으레 있게 마련이다. 요즈음은 더하다. 누구나 글을 쓰겠다고 펜을 들고 나선다. 그렇기 때문에 책의 숫자는 많아지게 마련이며 일일이 그 숫자를 셀 수가 없다. 이 세상에 이름을 내고 싶고 명예를 얻고 싶은 욕망에서 사람들은 글을 쓴다. 유식한 사람도 무식한 사람도 모두 글을 쓴다. 유식한 사람은 유식함을 자랑하려고, 무식한 사람은 무식함을 감추기 위해 글을 쓴다."

_『우울증의 해부』, 30–31쪽

당시에도 연구하고 책을 쓰며 학문에 매진하는 학자가 충분히 많았다는 의미이고, 이것은 학자들이 길가에 뒹구는 돌만큼 흔했다는 말이겠다. 결과적으로 학자들이 기대할 수 있는 사회적인 대접이란 형편없는 것이었고 또 학자들 자신도 어지간히 사회성이 없었던 것은 그때나 지금이나 지역과 문화를 초월해서 비슷하다.

"학자라는 사람들은 말도 탈 줄도 모르고, 아름다운 여인을 만나도 구애는 물론 인사도 한 번 건넬 줄 모르고, 접시에 놓인 고기도 썰 줄 모르며, 재미있는 이야기도 할 줄 모른다. 한마디로 학자들은 바보라고 할 수 있다. … 나는 아주 훌륭한 학자를 많이 알고 있다. 지식은 머릿속에 가득하지만 너나 할 것 없이 모두 세련과는 거리가 멀고, 상식과 예의가 없고, 가정에 소홀하고, 현실에 어두운 사람들이다. … 평범한 사람들이라면 모두 즐기는 삶의 즐거움에서 멀리 떨어져 새장에 갇힌 새처럼 평생 혼자서 외롭게 살아가는 이 학자들에게 돌아오는 대가는 결국 냉대와 경멸, 비참함과 가난뿐이다."

_『우울증의 해부』, 129-136쪽

학자로서 그리고 특별한 인생의 즐거움 없이 살았던 버튼은 누구보다 학자의 삶이 어떤 것인지 잘 알고 있었을 것이다. 버튼은 평생 공부만 하는 자신의 처지에 대해서 매우 냉소적이었으며, 정작 자신이 학자로서 살아가고 있으면서도 거기에 대한 불만이 많았던, 그래서 정말 우울의 기질이 가득 차 있었던 사람으로 여겨진다. 하지만 역사에 대한 서술과 교묘하게 겹쳐 놓은 자신의 신세 한탄 외에, 역사와 신화의 세계를 넘나들며 멜랑콜리에 관한 동서고금의 편린들을 설명하는 그의 뛰어난 직관과 통찰은 다시 한번 멜랑콜리와 천재성의 관계를 생각하게 한다. 후대에 멜랑콜리를 언급하는 어떤 학자도 버튼의 이 책을 언급하지 않고 지나치지 않을 수 없기 때문이다.

『우울증의 해부』에서 설명하는 것처럼 서양철학의 역사는 물론, 성경이나 그리스 신화 속의 많은 인물들 역시 멜랑콜리라는 그물을 벗어나지 못한다. 사회문화 예술적인 어느 것 하나도 이 "멜랑콜리"라는 그물을 벗어나지 못한다. 멜랑콜리는 그런 면에서 서구의 문화 전체에 스며들어 있는 본질적인 정서라고 할 수 있겠다. 이와 대응되는 동양의 정서는 나중에 살펴보겠지만 센티멘털리티(sentimentality)라고 할 수 있다. 동양과 서양이 만들어 내는 이러한 정서적인 차이는 언어적인 측면에서 그리고 세상을 인식하는 기본적인 관점에서 살펴볼 수도 있지만, 종국에는 세상을 인식하는 방식이 언어적 구성과도 상호 연관성이 있다는 것을 알 수 있을 것이다.

어쨌거나 다시 멜랑콜리로 돌아가서 살펴보면 서구의 뛰어난 사람들은 이 멜랑콜리의 범주에서 자유롭지 못하다. 그리스 시대의 철학자들, 엠페도클레스, 엠페도클레스, 플라톤, 헤라클레이토스, 데모크리토스는 물론이고 버튼보다 늦게 태어나서 언급하지 못했던 혹은 여하한 이유로 열거하지 못했던 밀턴과 20대의 젊은 나이에 요절했던 바이런, 셸리, 키츠와 같은 낭만주의 시인들을 비롯해 19세기의 귀스타브 플로베르, 너새니얼 호손, 허먼 멜빌뿐만 아니라, 버지니아 울프, 프란츠 카프카, 알베르 카뮈, 장 폴 사르트르, 윌리엄 포크너, 사뮈엘 베케트, 제임스 조이스, 어니스트 헤밍웨이에 이르기까지 일일이 거명할 수 없을 정도로 많은 작가와 철학자, 예술가들은 자신의 영혼 깊은 곳에 멜랑콜리의 진원지를 가지고 있었다. 그뿐만 아니다. 알브레히트 뒤러, 루카스 크라나흐와 같은 16세기 화가들, 카스파어 다비트 프리드리히 같은 낭만주의 화가들, 초현실주의 회화의 선구자 조르조 데 키리코와 그의 제자였던 에드워드 호퍼, 초현실주의 이미지를 일상과 대중 속으로 광범위하게 유포했던 르네 마그리트 그리고 괴로움과 우울에 몸서리치는 이미지로 유명한 에드바르 뭉크와 같은 화가들, 그린 것이 없는 것 같은 마크 로스코나 카지미르 말레비치의 절대주의 회화[8]들도 멜랑콜리

8 마크 로스코나 카지미르 말레비치의 그림들은 어떤 면에서 매우 이해하기 힘들다. 그림을 본다고 했을 때 거기에는 대상이 있어야 한다고 우리는 일반적으로 생각하기 때문이다. 하지만 로스코나 말레비치의 그림은 이러한 보는 대상에 대한 인식을 통째로 바꿔 놓는다. 절대주의 회화는 회화가 더 이상 시선의 대상이 아니라고 말한다. 그들의 회화는 전통적인 관점에서 본다면 매우 아이러니하게도 눈을 감고 봐야 하는 것이다. 그들이 캔버스에 옮겨 놓은 것은 화가들의 시선이 바라본 사물을 회화적으로 재현해 다시 관객에게 재생산한 것이 아니라, 화가들 자신이 시선을 거두고 자신의 내면을 바라본 추상의 재현이라고 할 수 있다. 회화로 구현된 것이 외부의 대상이 아니기 때문에 관객들 역시도 그림을 봄으로써 그것이 무엇인지를 알 길은 없다. 다만 그림을 본다는 생각을 거두고 시선 없는 회화의 의미를 스스로 추상해 봐야 그림을 이해할 수 있을 것이다. 참으로 아이러니하지 않은가! 그림을 이해하

를 환기시킨다.

무겁고 엄숙한 그림만 그린 것도 아니다. 현대 미술은 리히텐슈타인의 만화를 주제로 한 작품이나 제프 쿤스의 차갑고 거대한 스테인리스 스틸에서도 멜랑콜리를 뿜어낸다. 다른 장르의 예술이 발달하기 전까지, 미술과 조각은 가장 보편적인 예술 장르였다. 그만큼 회화와 조각에서 표현된 멜랑콜리는 수없이 많다. 현대에 들어서면서 이러한 예술적인 장르는 폭이 넓어졌고, 당연히 새로운 예술의 영역에서도 멜랑콜리는 중요한 주제로 다뤄졌다. 영화는 물론이고 음악, 춤, 노래, 심지어 발레에 이르기까지 멜랑콜리는 마치 현대에 비로소 그 적절한 매체를 만난 것처럼 수없이 확대 재생산되고 있다. 줄리아 크리스테바의 말처럼 현대는 기본적으로 멜랑콜리한 것이다.

영화와 음악은 멜랑콜리적인 정서를 대중에게 어필할 수 있는 가장 효과적인 기제라고 할 수 있다. 잭 존슨이나 제이슨 므라즈의 흥겨운 노래들을 들으면서 스타벅스에 앉아서 더글러스 케네디의 신작을 읽는 건 즐거운 일이지만, 빌리 헐리데이나 뉴트롤즈의 노래를 들으면서 어두운 바에 앉아 있는 것도 나쁘지는 않다.

멜랑콜리의 범주에 드는 노래를 고르는 것은 매우 쉬운 일이다. 레드 제플린, 킹 크림슨, 짐 모리슨, 지미 헨드릭스, 재니스 조플린은 60, 70년대 사람들의 정서에 짙은 우울의 그림자를 드리웠으며, 비틀스, 킹 크림슨, 라디오헤드의 노래들에도 역시 깊은 멜랑콜리의 각인이 찍혀 있다. 사실상 개별적 사례를 든다는 것이 불가능할 정도로 멜랑콜리는

기 위해서 그림을 보는 것을 멈춰야 한다는 것은. 그런 의미에서 로스코와 말레비치의 그림은 절대 대중적인 것이 될 수 없을 만큼 혁명적이라고 할 수 있을 것이다.

많은 노래에 스며들어 있다. 이것은 비단 음악에만 국한된 것은 아니다. 에릭 윌슨의 다소 긴 목록을 한 번 그대로 옮겨 보자.

> "비범한 멜랑콜리의 영웅들로 가득한 우등생 명단에는 훨씬 더 많은 인물들이 포함되어 있다. 얼핏 소설가 어니스트 헤밍웨이나 리타 도브가 생각난다. 베토벤이나 말러 같은 음악가들, 고야나 반 고흐 같은 화가들도 그런 사람들이었다. 예술가만이 그런 것이 아니다. 링컨이나 처칠 같은 정치인들, 테드 터너나, J.C. 페니 같은 걸출한 기업가들, 짐 캐리나 캐리 피셔 같은 뛰어난 배우들, 아이작 뉴턴이나 지크문트 프로이트 같은 학자들, 나폴레옹이나 셔먼 같은 군사 지도자들도 멜랑콜리한 인물들이었다. 그뿐이 아니다. 인권운동가 마틴 루터 킹, 화가 미켈란젤로, 작가 F. 스콧 피츠제럴드, 한스 크리스천 안데르센, 메리 셸리, 백의의 천사 플로렌스 나이팅게일, 화가 폴 고갱, 작곡가 헨델, 로시니, 홀스트, 슈만, 차이콥스키, 찰스 아이베스 등도 멜랑콜리의 영웅들이다. 소설가나 시인인 레프 톨스토이, 빅토르 위고, 버지니아 울프, 딜런 토머스, 철학자 쇠렌 키르케고르 등은 또 어떠했던가? 프란츠 카프카, 앨프리드 로드 테니슨, 잭슨 폴락, 윌리엄 포크너, 가수 겸 작곡가 존 레넌 등도 창조적 감수성을 과시했던 멜랑콜리파의 인물들이다."
>
> _『멜랑콜리 즐기기』, 165–166쪽

시간과 지면이 허락한다면 이런 목록은 밤새도록 더 길게 쓸 수 있을 것이다. 이렇게 살펴보니 모더니즘 전후 현대사회의 거의 모든 문화 활동 및 문화 현상들 이면에는 멜랑콜리라는 세계감이 존재하는 것처럼 보인다. 그만큼 현대사회는 멜랑콜리라는 정서가 압도적이라는 것인데, 쉽게 말해 그만큼 고독하다는 것이겠다.

멜랑콜리와 4체액설

멜랑콜리는 사실 우울증과는 매우 다른 것임에도 불구하고 빈번하게 우울증으로 번역된다. 현대의 우울증은 많은 제약 회사가 광고하듯이 "마음의 감기"처럼 명백히 치료를 필요로 하는 심리적 질병이다. 이에 반해 멜랑콜리는 그것이 질병으로 여겨지는 기원이 있기는 하지만 문화사적으로는 훨씬 더 광범위한 의미를 내포하고 있다. 김동규도 지적하다시피 멜랑콜리는 단순히 우울증으로 번역되면 그 자체가 가진 풍부한 문화사적 함의들이 상당 부분 지워져 버리게 된다. 김동규가 충분히 설득력 있게 설명하는 것처럼 국내에서 이뤄지는 대부분의 연구도 멜랑콜리라는 용어를 사용한다. 적절한 역어도 없거니와, 단순히 우울증이나 우울 정도로 번역했을 경우 의미상 잃는 게 너무 많기 때문이다.

멜랑콜리는 중세를 거치면서 예술가들이 공통적으로 가지고 있는 정신적인 특성으로 여겨졌다. 하지만 열정에 사로잡힌 예술가들의 모습에서 영감과 광기를 구분하는 것은 매우 어려운 일이다. 예를 들어, 고독한 화가였던 고흐나 미치광이 철학자로 알려진 니체에게 광기는 그들의 예술과 철학 그 자체였다고 할 수 있다. 정신적 특성으로서 멜랑콜리는 오랜 역사를 가지고 있으며, 특히 고대 그리스로까지 회귀하는 멜랑콜리는 희랍 시대부터 유래하는 서양의 오래된 우주론과 관계가 있다.

동서를 막론하고 우주론의 근본에는 숫자 4가 있다. 가장 광범위하고 보편적인 숫자 4의 경험은 아마도 계절에 해당될 것이다. 계절 각각의 특성은 물론이고 그것이 네 가지 형태로 변화한다는 일종의 인식론적 프레임은 인류의 문명과 문화가 발달하는 데 적지 않은 영향을 줬을 것이다. 인간의 혈액형은 크게 네 가지로 구분된다. DNA의 염기 서열도 G(구아닌), A(아데닌), T(티민), C(시토신) 등 4가지 염기로 구성되어 있다. 한의학에서도 사람의 체질을 네 가지 사상으로 구분한다. 명리학에서 살피는 사주팔자도 연, 월, 일, 시라는 4개의 변수로 구성되어 사람들의 타고난 운명을 추리하는 근간을 이룬다. 고대 그리스의 피타고라스는 숫자 4를 매우 신성하게 여겼으며, 그것을 "영원한 자연의 원천이자 뿌리"라고 믿었다(『토성과 멜랑콜리』, 4쪽). 4는 완벽한 숫자로서 숭배되었고, 이것은 우주의 근본적인 원소에 대한 철학으로 옮겨 갔다(『토성과 멜랑콜리』, 5쪽). 우주를 구성하는 본질적 원소에 대한 생각은 만물의 네 가지 뿌리라는 생각으로 확장되었고, 이것은 다시 "태양, 지구, 하늘과 바다"의 실체로 나타난다. 우주를 포괄하는 거시적인 범주는 인간을 포괄하는 미시적인 범주로도 축소되었고, 이러한 네 요소에 대한 미시적인 관점은 인간의 기질을 설명하는 데 그대로 차용되었다. 그래서 인간의 본질을 구성하는 원소에 대한 고대 서양의 이론을 4체액설(Four Humouralism)이라고 부른다. 히포크라테스부터 아리스토텔레스, 갈레노스 그리고 아랍의 학자들은 모두 이 주장을 받아들였고, 이것은 어떤 형태로든 거의 18세기까지 이어졌다.

이러한 생각은 서양에만 국한된 것이 아니었다. 제니퍼 라덴에 따르면, 인도와 중국의 고대 의학 체계 역시 4체액설이 한창 번성하던 때 이러한 이론의 비유 체계를 받아들였다고 한다(Radden x). 인도의 경우 기원전 1, 2세기에 존재했던 아유르베다(Ayurveda, 장수에 관한 지식) 철학은 독자적인 5원소 이론(흙, 물, 불, 공기 그리고 에테르)과 3체액설[바람, 즙(bile), 담(phlegm); 이 중 두 개는 서양의 4체액과 일치한다]의 이론을 가지고 있었다(Radden x). 또한 고대 중국의 의학 역시 그리스와 아라비아에서 중요시했던 것과 같은 몸속 요소들 간의 "균형"을 매우 강조하는데, 이것은 아라비아 학자들에 의해 그리스와 중국의 문화가 상호문화적인 영향을 주고받았던 것의 결과라고 추정된다. 하지만 결정적으로 어떤 것이 어떤 것에게 일방적인 영향을 줬다고 단언하기에는 보다 면밀한 연구와 조사가 필요할 것이다.

서양의 4체액설은 "기"의 균형적인 흐름을 중시하는 동양의학과도 무관하지 않다. 이것에 따르면 인간의 기질은 몸속에 흐르는 네 가지 체액, 즉 피, 황담즙, 흑담즙 그리고 플렘이 어떤 비중으로 구성되었느냐에 따라 네 가지 범주로 구분된다. 이것은 기독교적 우주론과도 관계가 있다. 19세기까지만 해도 기독교적 우주론은 4체액 중 황담즙이 많으면 사자, 멜랑콜리가 많으면 황소나 나귀, 플렘이 많으면 돼지가 된다고 주장했다.

플렘은 가래와 같은 점액질의 체액이다. 사람 몸속에 저런 낯선 이름 체액이 흐르고 있다니 믿기 어렵겠지만 사람 몸속에 피만 흐르는 것이 아니라는 사실은 감기만 걸려도 알 수 있다. 고대 사람들이 특별한 관찰 도구나 과학의 도움 없이 생각해 냈던 이러한 네 가지 요소는 현대의학에서 "호르몬, 효모, 신경전달물질, 분자"와 같은 수백 가지 종류의 더욱 세분화된 요소들로 분화되었다(Noga Arikha xix). 특히 최근에는 고대 신화의 상징적 의미, 특히 신화 속 인물들인 아폴로(Apollo), 디오니소스(Dionysus), 에피메테우스(Epimetheus) 그리고 프로메테우스(Prometheus)의 상징적 의미를 이용해 사람의 유형을 파악하는 심리테스트 방식[9]이 유행하기도 했다. 널리 알려져 있다시피 태양과 이성의 신 아폴로는 이성적이고 합리적이며, 술의 신 바쿠스의 그리스식 이름인 디오니소스는 감정적이고 충동적이다. 에피메테우스는 인식론이라는 단어 에피스테몰로지(Epistemology)에 흔적을 남기고 있는 것처럼 어떤 것을 경험하고 나서야 이해할 수 있는, 어찌 보면 좀 우둔한 신이었다. 덕분에 판도라의 상자를 열지 말라는 경고를 무시했다가 인류에게 안 좋은 온갖 것을 패키지로 안겨 줬다. 프로메테우스는 경험하기 이전에 뭔가를 미리 이해하고 알 수 있다는 선지자, 예언자로서의 의미가 있다. 프로(Pro-)라는 말은 '이전에, 미리'라는 뜻의 접두사로 쓰인다. 그는 에피메테우스에게 상자를 열지 말라고 미리 경고한 인물이기도 하다. 선지적이고 예언자적이며 선험적으로 무엇을 알 수 있는 능력을 가지고 있었던 만큼 인류에게 불을 가져다줬다는 신화에서 볼 수 있듯이 문명과 지혜와 지식을 관장하는 인물이기도 하다.

이와 비슷하게 MBTI(Myers-Briggs Type Indicator) 테스트도 네 가지 구분을 선호한다. 세부적으로는 16가지 유형이지만 크게는 Artisan (SP), Guardian (SJ), Idealist (NF), and Rational (NT) 이렇게 네 가지로 나눈다. 인간의 유형을 분류하는 네 가지 원소에 대한 이론은 현대의학에서 더 이상 받아들여지고 있지 않지만 인간의 심리 유형을 분석하는 데는 아직도 매우 유용하게 사용된다는 사실은 주목할 만하다.

큰 틀에서 보면 고대 사람들의 관찰과 믿음이 썩 틀린 것만도 아니다. 생물학적인 근거나 정확성을 떠나서 기본 네 가지 체액의 구성 비

---

9 Keirsey Temperament Sorter

율이 인간의 성격을 결정한다고 믿었다는 것이 4체액설의 요체라고 할 수 있다. 기본적인 4체액(Four Humors)이 있기 이전에 만물을 구성하는 기본적인 네 가지 원소는 물, 불, 흙, 공기였다.[10] 희랍 철학자들은 각자 자신이 신봉하는 가장 근원적인 원소에 대한 믿음이 있었다. 밀레투스학파의 탈레스는 물이 근원이라고 했고, 헤라클레이토스는 불이 가장 근본적인 것이라고 믿었다. 피타고라스학파는 당연히 수가 가장 중요하다고 했을 테지만 수는 네 가지 요소에 포함되지 않는다. 단지 그들은 4가 가장 완벽하고 신성한 수라고 믿었고, 만물이 결국은 네 가지 요소로 구성된다는 일체의 원리(tetradic categories)가 형성되는 토대를 마련해 줬다.

수의 성질은 물의 성질과 가깝다. 물의 성질은 이성적이고 합리적인 것으로 여겨졌고, 이것은 피타고라스학파가 중요하게 여긴 수의 특징과 비슷하기 때문일 것이다. 현대 프랑스 비평가 가스통 바슐라르는 대지와 공기, 불과 물에 대한 깊은 관찰과 통찰을 바탕으로 미시적인 인간의 직관이 어떻게 우주적인 것으로 확장될 수 있는지를 보여 주기도 했다. 우주론이 인간론으로 축소되는 경향에 대한 정반대의 성찰이라고 할 수 있다. 피는 봄의 기운을 가지고 있고 따뜻하며 물기가 있다. 황담즙은 여름의 기운이고 따뜻하지만 건조하다. 흑담즙은 가을의 기운이고 차갑고 건조하다. 플렘은 겨울의 기운이고 차갑고 습기가 있다.

10 그리스의 프네우마(pneuma)는 어원에서 알 수 있듯이[폐렴(pneumonia), 공기의, 바람의(pneumatic)] 호흡, 숨과 관계가 있다. 스토아학파는 '호흡'과 '숨'을 의미하는 프네우마를 생명의 제5 원소로 여겼다(『성배와 연금술』, 33쪽).

"인간은 선천적으로 따뜻하고 습한 기운을 가지고 있으며 네 성질에 의해 천성이 결정된다. 하지만 근원적인 천성은 타락해 있기 때문에 개별적인 인간들 사이에서 이러한 특질들은 증가하거나 감소한다. 따뜻함이 많아지고 습함이 줄어들면 콜러릭이 된다. 따뜻하고 건조한 것이다. 반대로 습함이 많아지고 따뜻함이 줄어들면 플레그메틱이 된다. 건조함이 많아지고 따뜻함이 줄어들면 멜랑콜리의 성질이 된다. 하지만 이러한 성질들이 비슷한 힘을 가지고 균형을 이루면 그는 쾌활한 사람이 된다."

_『토성과 멜랑콜리』, 103쪽

4체액설과 인간의 특질의 관계는 좀 더 구체적으로 나타나기도 하는데 불이 지적인 명민함을 나타내고, 공기는 순수함, 흙은 안정성 그리고 물은 운동성을 상징하는 것으로 본다. 더 나아가 이러한 네 요소 간의 균형만큼 인간의 정신요소에서도 균형이 이뤄지는 것을 매우 중요하게 생각했는데, 그 균형 속에서 일종의 도덕적인 함의를 도출하기도 했다(『토성과 멜랑콜리』, 107쪽). 마치 조화와 균형을 통해 도덕과 수양의 덕목을 도출하려던 『중용』(中庸)의 세계관과 중첩되는 것처럼 4체액설은 정신적인 지형도에도 많은 영향을 줬던 것이다.

이성중심주의 시대의 명리학 그리고 멜랑콜리

조용헌은 『사주명리학 이야기』를 통해 한국의 전통문화 사상인 명리, 한의, 풍수가 해방 전후로 어떤 사회적 차별을 받아 왔는지를 살펴본 바 있다. 많은 사람이 공감하겠지만 서구화, 근대화라는 명목으로 한국은 자신의 문화적 정체성의 근본까지도 바꾸려는 위험한 변화의 물살에 휩쓸려 왔다. 전통적으로 내려오던 유교 철학, 명리, 풍수, 한의와 같은 지식 체계들은 소수의 특정한 가문이나 특별히 관심을 가지고 있는 사람들을 통해서만 전해지게 되었고, 급기야 중·고등학교에서는 한자조차 가르치지 않게 되면서 한글 전용 세대는 대학을 나왔어도 자기 집안의 족보조차 읽지 못하는 신지식인이 되었다.

해방 이후 급속히 팽창했던 기독교는 전통적인 제사뿐만 아니라, 기복 신앙이나 전통 무속 풍습은 물론이고 풍수까지도 전근대적이고 비합리적인 것으로 간주하게 했다. 결과적으로 한국의 전통적인 제사와 세식들은 한국 사회의 정신 기반을 잠식하는 암적인 존재처럼 여겨지게 된다. 그러는 와중에 다행히도 한의학은 대학에 정식으로 학과가 설립되면서 어느 정도 서양의학과 비견될 만한 사회적인 지위를 얻었고, 풍수 역시 서울대 최창조 교수의 주도적인 노력에 힘입어 이제는 많은 사람에게 정교한 학문적 체계로 인정받는 분위기가 되었다.

하지만 아직까지도 유독 명리학만은 사주팔자라는 다소 통속적인 어감에 가려져 아직도 전근대적인 미신 혹은 사람들을 혹세무민하는 사술 정도로 인식되고 있어 안타깝다. 서구 학문의 세례를 받은 사람들이 사주를 보는 사람들에 대해 가지고 있는 생각들은 대부분 "시대에 뒤떨어진, 미신적이며 가난한 점쟁이에, 사회적으로 소외된" 것과 같은 수식어를 동반하는 것이 사실이다.

하지만 이런 사회적인 인식과는 별도로 한국에서 명리학을 비롯한 역술업에 종사하는 사람의 수는 50만 명 정도로 추산되고 있다(정확한 통계가 아니지만 정확한 통계를 확인하는 것은 매우 어렵다). 성인 인구 7, 80명 중 한 사람이 역술과 관련된 업종에 종사하고 있으며 역술 시장은 4조 원 이상으로 평가된다고 한다(『사주와 풍수의 진실 혹은 거짓』, 24쪽). 외적으로 대접받는 형국에 비하면 대단히 큰 시장 규모라고 할 수 있는

데 이것은 겉으로는 사주를 부정하지만 내심으로는 한두 번쯤 사주명리를 찾아가는 이중적인 사람이 많다는 뜻이다. 물론 사주를 보러 가는 길은 생각보다 쉽지 않다. 어두침침한 점집, 스산한 분위기의 역술원, 평범하지 않은 오방색의 외장 장식은 산뜻하고 아기자기한 카페 분위기를 선호하는 많은 사람에겐 다소 거리감이 느껴질 수밖에 없다. 그런 분위기에서 더 영험한 기운이 나오는 것인지도 모르겠다.

현대 대중에게서 한참이나 멀어진 것처럼 여겨지던 명리학이 오랫동안 명맥을 유지할 수 있었던 것은 그만큼의 수요가 항상 있어 왔기 때문이라고 할 수 있다. 힘들고 괴로울 때 사주팔자에 의지하고 싶은 사람은 늘 있었는데 그것은 명리학이 특권층과 권력을 가진 자들에겐 마치 전유물로 여겨지던 "신비"로운 철학이었다는 사실에서도 부분적으로 기인한다. 해방 이후로 한국 정치·경제의 거물들 중 자기들만의 도사를 거느리지 않았던 사람이 몇이나 되겠느냐며 고미숙은 농담 반 진담 반으로 의문을 제기하기도 했다. 멀리 중국에까지 원정을 가서 위천리와 같은 명리 대가의 조언을 구했던 어느 대기업 회장의 일화는 널리 알려진 일이고, 이 밖에도 신입사원을 채용할 때 역술인의 도움을 받는 대기업도 생각보다 쉽게 주변에서 확인할 수 있다.

어찌 보면 부당하게(?) 특권층에게만 편취되어 대중 사이에서 건강한 학문으로 자리 잡지 못했던 명리학은 지금과 같이 도시화, 현대화, 산업화의 극단적인 부작용에 대해 나름 해법을 제시할 수 있는 보편적인 지식 체계라고 할 수 있다. 특히 생태주의나 환경론자들, 도시의 24시간 생활 패턴 속에서 잃어버린 현대인들이 본래의 자연적인 리듬과 삶의 순리 그리고 시간의 본질을 되찾는 데 명리학적 세계관은 매우 큰 역할을 할 수 있을 것이라고 생각한다.

명리는 미래 예측을 중심으로 하는 점이기 이전에 자연에 대한 관찰의 결과이고 기록이며 그것의 해석이다. 자연의 리듬과 이치를 자신과 무관한 현상으로 간주하며 꿋꿋이 도시의 인공 자연 속에서 살아가는 사람들에게 명리학은 쓸데없이 길고 지루한 천간지지의 조합에 불과하겠지만, 자연의 순리가 자신의 삶에도 중요한 의미가 있다고 생각한다면 한 번쯤 살펴볼 가치가 있을 것이다. 아무렴 가을이 가고 겨울이 오는 계절의 변화를 느끼지 못하는 사람이 있을까?

옛날에는 마을마다 지관이 있었고, 손자의 사주를 볼 줄 아는 할아버지가 많았다고 한다. 그때엔 나이가 어느 정도 되면 사람들은 의사가 아니어도 어떤 음식을 먹여야 기운이 나고, 어떤 약초를 먹어야 소화가 되고 장운동이 좋아지는지, 어떻게 해야 아이의 열을 내릴 수 있는지를 알고 있었다. 하지만 그런 대중 지식들은 신지식의 불도저에 밀려 한순간에 자취를 감추어 버렸다. 해방 이후 한국은 신지식이라는 당의정으로 코팅된 서구의 사상 체계를 맹목적으로 받아들였는데 이것은 전통적인 사상이 들어설 자리를 더욱 협소하게 만들었다. 한국 사회에 팽배해 있는 서구의 철학은 "이성"이라는 한 단어로 압축될 수 있을 것이다.

하지만 비약적으로 말해 보자면, 2000년이라는 서구 이성의 역사는 결국 20세기 전대미문의 세계대전으로 귀결되면서 허울 좋은 위선으로 드러났다. 플라톤으로부터 중세의 막강한 기독교 신학은 물론 헤겔과 칸트, 하이데거로 이어지던 엄숙한 이성 중심의 철학은 아우슈비츠의 아궁이에서 잿더미가 되었고, 수백 년간 서구의 철학이 외쳐 오던 "인간"과 "도덕"과 "정의"의 의미는 히로시마와 나가사키에 떨어진 폭탄의 이름처럼 농담이 되어 버린 것이다. 그 폭탄의 이름은 각각 "리틀 보이"

와 "팻 맨"이었다.

그런 징후는 이미 19세기부터 조짐이 보였다고 할 수 있다. 많은 작가와 사상가들, 예를 들어, 오스카 와일드, 조지 버나드 쇼, 조지프 콘래드, 프리드리히 니체, 앙드레 브르통, 필리포 토마소 마리네티와 같은 사람들은 제국주의적이며 위선적인 서구 문명에 환멸을 느꼈고, 그러한 환멸은 19세기와 20세기를 지나면서 다양한 영역에서 이성중심주의에 대한 저항으로 나타났다. 프로이트는 말할 것도 없고, 초현실주의, 피카소로 대표되는 큐비즘이나 니체의 철학은 서구의 이성중심주의에 대한 근본적인 의심과 회의를 표현했다. 니체는 "도덕적인 것은 없고, 오직 도덕적인 해석"만 있을 뿐이라며 서구 사상의 선악 이분법적인 도덕 체계가 사실상 임의적이고 자의적이라는 사실을 갈파했다.

그러면서도 그의 사상이 또 다른 경직된 철학 체계가 되지 않을 수 있었던 것은 자신의 사상이 또 하나의 폐쇄된 체계가 될 때 그것을 스스로 부정하려는 강력한 의지가 있었기 때문이다. 니체는 자신의 철학을 따르는 추종자들에게 이렇게 말했다. "너희가 나를 부정할 때 나는 비로소 너희에게 돌아갈 것이다." 이런 자기부정의 정신은 니체가 동양적인 관점에서 연구되는 매우 설득력 있는 근거가 되기도 했다. 물론 그 역시 광기와 정신병이라는 범주에서 벗어나지 못했던 대표적인 멜랑콜리커이기도 했지만 바로 그 점은 곰곰이 생각해 볼 만하다. 왜 멜랑콜리가 사상적으로, 예술적으로 저항과 전복의 정신과 맞닿아 있는지 말이다.

"크리스테바는 멜랑콜리한 상상력이 어떻게 광기와 절망의 극단에 맞서 투쟁하는지에 주목하면서 이렇게 주장한다. '예술적 창조는 광기와 절망을 통합하고 소비한다. 그렇게 예술 작품들은 우리로 하여금 우리 자신 혹은 타인과 덜 파괴적이면서 더욱 즐거운 관계를 맺도록 도와준다."

_리처드 커니, 316-317쪽

모든 전위와 혁명의 시초가 멜랑콜리적인 것에서 왔다고 말할 수는 없겠지만 역사적으로 사회문화의 흐름을 바꾸는 데 혁신적인 방향을 제시했던 많은 사람은 멜랑콜리적인 면이 있었다. 멜랑콜리적인 사람은 자신 안에 세계에 대한 분노를 가지고 있기 때문이다(리처드 세넷, 403쪽). 이것은 "자신의 기대에 부응하지 못하는 세계에 대한 분노"이며 다음 단계에서 이러한 분노는 자신을 향하게 된다고 프로이트는 주장했다(리처드 세넷, 403쪽). 선후의 맥락을 자연스럽게 연결하기 위해서라면 이러한 분노와 적개심, 증오의 폭력적인 감정이 멜랑콜리커적 증상이 보여 주는 "퇴행적 식인성"이라는 상징적인 폭력성과도 일치한다고 주장할 수 있을 것이다. 결국 현재의 자신과 세계에 대한 분노는 기존의 질서와 양식을 부정하고 그것을 집어삼킴으로써 새로운 지평을 모색한다는 점에서 멜랑콜리는 많은 창조적인 예술가와 혁명적인 사상가 그리고 전복적인 작가의 특성으로 여겨질 수 있을 것이다.

앞서 보았던 칸트는 플라톤 이후 철학사의 획기적인 분수령을 이뤘고, 프란츠 카프카는 19세기의 낭만적인 소설에서 20세기 모더니즘의 여명을 암시하는 우울한 심리소설의 전조를 보여 줬다. 아름답고 목가적인 풍경이나 자연 혹은 여인의 초상을 그려 대던 기존의 부르주아적 화풍을 거부하고 내면의 심리를 표현하는 데 주력했던 초현실주의자들에겐 멜랑콜리적 세계감이 무엇보다 풍부한 원천이 되었고, 덕분에 조르조 데 키리코나 살바도르 달리, 르네 마그리트의 그림 속에는 이전의 낭만주의적 서사가 보여 주지 못했던 미묘한 인간 영혼의 부정하고 싶은 속살을 보여 줬다. 기욤 아폴리네르로부터 시작된 초현실주의 시는 부르주아 시학을 거부하고 시와 문학이 얼마나 혁명적으로 또 전복적으로 진화할 수 있는지를 보여 줬다.

보들레르와 베를렌은 시대의 우울을 자신들의 시 속에서 예감했고, 문학적으로, 시적으로 배제되었던 삶의 수많은 편린과 언어들을 자신의 작품 속에서 복권시켰다. 일찍이 멜랑콜리가 단순히 몹쓸 병이라는 편견에서 멜랑콜리가 가지고 있는 사회적, 철학적 천재성을 간파했던 피치노는 철학자들 중에서도 유난히 특출했던 사람들에게서 멜랑콜리적인 속성이 보이는 것을 간파했다. 그는 멜랑콜리적인 사유를 통해 철학을 접근한 사람들은 하나같이 "기존 패러다임에 의문을 제기"(『멜랑콜리 즐기기』, 129쪽)한다고 주장하고 있다. 멜랑콜리적인 경향이 강한 사람들은 기존의 질서에 쉽게 편입되지 못한다. 당연히 자신의 삶은 직접적으로 불편과 갈등을 겪을 수밖에 없으며, 그러한 세상과의 갈등과 불화를 극복하기 위해서는 기존의 세상과는 다른 세상을 희구하고 갈망할 수밖에 없는 것이다. 이러한 기존 체제와의 갈등과 새로운 질서에 대한 열망이 궁극적으로 혁명과 전복의 출발점이 된다고 볼 수 있다.

4체액설과 동양의 천문관

"멜랑콜리가 의학적인 것에서 신비주의적인 것으로 바뀌면서, 이에 우주적 조화의 개념까지 추가된 것은 미학적 상상의 낭만주의적 컬트에 깊은 영향을 미치게 된다."

_리처드 커니, 311쪽

고대 서양의 우주론에 따르면 인간의 몸을 구성하는 네 가지 체액은 개인의 성격을 결정한다. 이와 같은 이론은 기원전 5세기 히포크라테스가 쓴 것으로 여겨지는 『인간의 본질』(*Nature of Man*)에서 처음 정리되었다고 한다(Stanley Jackson, 7쪽). 예를 들어 피의 영향을 많이 받으면 쾌활하다(당연히 모든 사람에게 해당되겠지만 이것은 상당 부분 심리학적이고 문화적인 것으로 이해해야 할 것 같다). 피의 속성을 가진 사람의 특성을 영어로는 "Sanguine"이라고 하는데 이것은 유쾌, 발랄, 상쾌, 낙천, 자신감 충만이다. 배속된 계절은 봄이다. 봄은 영어로 스프링(Spring)인데, 이것은 용수철을 스프링(Spring)이라고 부르는 것과 무관하지 않다. 봄이 되면 만물은 튀어 오를 것처럼 생동감이 넘치기 때문이다. 한국어로도 혈기라는 말은 생명력과 연관되어 쓰인다. "혈기가 왕성하다," "젊은 혈기에"와 같은 말들이 생명력이 충만하고 생의 에너지가 발랄한 사람들에게 공통적으로 쓰이는 걸 보면 동서양을 막론하고 피가 인간에게 주는 기본적인 의미는 대동소이한 것 같다.

봄이 되면 겨울 동안 억눌리고 숨겨져 있던 에너지가 일시에 터져 나오려 한다. 당연히 활동성과 생명력이 높아진다. 꽃이 피고 나무들은 비로소 생기를 얻어 하늘을 향해 쭉쭉 자라 나간다. 물이 바다라는 실체를, 불이 태양이라는 실체를 가지고 있는 것처럼 피도 그에 대응하는 우주적 실체를 가진다. 4체액 각각의 요소에 상응하는 천체의 배속은 9세기경 아랍의 작가들에 의해서 처음 제시된 것으로 여겨진다. 아랍 점성술사들은 4체액의 배속을 하루 중의 시간을 근거로 결정했는데 특히 아부 마사(Abu Masar)의 스승이었던 알 킨디(Al-Kindi)는 동쪽에서 중앙의 기점에 속하는 4분의 1에서 태어나는 사람에겐 피를, 두 번째

권역은 황담즙, 세 번째는 멜랑콜리, 네 번째는 담즙으로 배속했다.[11] 이것은 명리학(命理學)에서 태어난 시간을 12개의 권역으로 나누는 것에 어떠한 영향을 줬을 것으로 추정된다.

서양에서 피에 배속된 천체는 주피터(Jupiter)에 해당하는데 주피터는 한자 문화권으로 넘어오면 목성이라고 불린다. 목성은 서양의 점성술에서도 동양의 명리학에서도 매우 중요한 행성이다. 목성은 약 12년을 주기로 천도 상의 적도를 12등분 한다고 알려져 있는데 특히 서양에서 황도 12궁이라는 별자리를 구분하는 것과 동양에서 12지지를 이용해 임의의 해(歲)를 지칭할 수 있는 것은 모두 이 목성의 운행 주기와 관계가 있다. 그래서 목성은 일 년을 구분하는 행성, 즉 세성(歲星)이라고 불리기도 한다. 목왕지절이라는 말속에 표현된 것처럼 목(木)성이 상징하는 봄은 나무의 계절이다. 명리학에서 봄의 기운이 활발한 인(寅), 묘(卯), 진(辰)월은 하나로 묶여 목의 기운이 왕성한 목국(木局)이라는 명칭으로 불리기도 한다. 주피터(Jupiter)라는 이름은 라틴어로 유피테르(luppiter, lūpiter) 혹은 "by Jove" 같은 감탄사에 남아 있는 것처럼 Jove라고도 불린다. 로마신화에서 주피터(Jupiter)는 최고의 신을 의미한다. 인도유럽어권에서는 Dyēu-pəter라는 단어로 남아 있고 Dyēu-는 영어에서 신을 의미하는 Dei-라는 단어에 흔적을 남겼다. 그리스 신화에서 주피터(Jupiter)는 제우스(Zeus, Ζεύς)에 해당한다.

영화 〈다빈치 코드〉(Davinci Code)를 본 사람들은 기억할지 모르겠다.

11 네 가지 바람도 참고해 둘 만하다. 서풍은 Zephyrus-sanguine, 동풍은 Eurus-choleric, 남풍은 Auster-Phlegmatic, 북풍은 Boreas-melancholic에 해당한다(『토성과 멜랑콜리』, 279쪽).

신의 일(work of God)을 의미하는 오푸스 데이(Opus Dei)에서 Dei는 신을 의미한다. 희랍 비극에서 상황이 아주 복잡해 극적인 내용 전개로 해결이 불가능할 때 갑자기 신이 나타나서 필연성 없는 결말을 만들어 내는 것을 연극 용어로 "듀스 엑스 마키나"(Deus–ex–Machina)라고 불렀다. 듀스(Deus)는 신을 의미하는 Dei가 다른 형태로 쓰인 것이다.

주피터는 독일 신화에서 토르(Thor)에 해당한다. 그렇다. 영화 〈어벤져스〉(Avengers) 시리즈로 유명해진 그 토르다. 토르(Thor)는 목요일(Thursday)의 기원이 되었다. 결국 목성이라는 이름의 주피터(Jupiter)는 토르(Thor)와 같은 존재라는 뜻이다. 토르가 천둥의 신이라고 불리는 것처럼 제우스도 번개를 자신의 주 무기로 사용했다. 당연히 토르의 날(Thor's day, Thursday)은 목요일이 되었다.

황담즙은 콜러(Choler) 혹은 Yellow Bile이라고 부르지만 형용사적으로 쓸 때는 Choleric이라고 한다. 이게 많은 사람은 짜증을 잘 낸다. 주변에 한두 명쯤 있을 것이다. '왕짜증' 이런 말을 입에 달고 다니면서 아주 쉽게 기분이 상한다거나 주변에 있는 사람을 아주 불편하게 만들 만큼 인상을 팍팍 쓰는 사람들이다. 자신의 내적 감정을 조절하지 못한다고 해야 할까? 정적이거나 참거나 침착한 것과는 거리가 멀다. 여름은 역동적인 측면이 있다. 계절과는 별개로 낮에 태어나는 아이들은 당연히 불의 기운인 태양의 기운을 많이 받는다. 제왕절개는 대부분 의사들이 출근하고 난 후에 이뤄지는데 그래서 이때 태어나는 아이들은 화의 기운이 많다. 그러다 보니 수술로 출산하는 비율이 높을수록 ADHD 비율이 높다는 농담 같은 이야기도 들린다.

불의 기운은 걷잡을 수 없다. 감정을 조절하지 못해서 싸우게 되는 것은 화를 조절하지 못하는 것이다. 여름은 화의 계절이다. 봄의 생기

발랄함이 지나쳐서 화의 경지에 이르게 된 것이라고 봐야 한다. 황담즙에 배속된 계절이 여름이고 보면 황담즙의 본래 성질이 그런 것인지, 여기에 배속된 계절이 여름이어서 그런 것인지 인과관계가 불분명하다. 황담즙은 천체 상으로 봤을 때 화성에 연결된다. 말 그대로 화성이다. 한자 문화권에서 봤을 때 화성이라는 말은 아주 적합한 명명법이다. 불은 붉은색이다. 명리학에서도 불의 기운은 붉은 것으로 본다. 화성은 마르스(Mars)라고 하지만 붉은 행성(Red Planet)이라고도 한다. 마르스(Mars)는 전쟁의 신이다. 화를 내는 것은 일종의 싸움이다. 전쟁은 세상을 온통 불바다로 만들 것이다. 그래서 전쟁의 신은 화요일과 관계가 깊다. 화요일은 영어로 Tuesday이다. 고대 영어의 형태로 보면 Tiwesdæg라고 나타나고, 소유격의 형태가 붙은 것으로 이해하면 "Tiw's Day"라는 의미이다. Tiw는 게르만 신화에서 Tîwaz 혹은 북유럽 신화의 Týr에 해당하는데 Týr는 전쟁과 법률의 신이다. 마르스(Mars)가 전쟁의 신인 것과 같다.

플렘(Phlegm)은 점액질이다. 구글 이미지에서 단어를 이미지로 검색하면 가래가 나온다. 플렘이 많은(Phlegmatic) 사람들은 쉽게 감정이 변화하지 않는다. 대단히 차분하고 심지어 무감각할 정도라고 할 수 있다. 행동이 민첩하지 못하고 감정을 잘 드러내지 않는다. 사람은 나이가 들면 감정 기복의 편차가 줄어든다. 희로애락의 구분이 뚜렷하던 사람들도 늙으면 점점 그 경계가 희미해진다. 슬픈 일이다. 겨울엔 모든 생명의 활동력이 줄어든다. 안으로 움츠리고, 밖으로 내어 둔 것을 거두고, 에너지를 안으로 저장해야 길고 추운 겨울을 버텨 낼 수 있다. 움직임이나 활동성이 떨어지는 것은 당연하다. 사람의 인생을 춘하추동으로 나눠 본다면 당연히 겨울은 노년에 해당한다. 플렘에 배속된 계절은 겨울이고 인생의 겨울에 다다른 것으로 비유되는 노인들은 가래가 많다. 의학적인 이유가 있는 것인지는 모르겠지만 노인의 생물학적 특성을 표현할 때 가래는 사소하지만 전형적인 특징으로 나타난다.

도상학적으로 살펴보면 지식을 관장하고 지혜가 많은 흰 수염의 노인들은 흔히 문명의 관장자로 나타난다. 노인들은 종종 탐욕스럽고 교활한 모습으로 나타나지만 농경 사회를 가능하게 만들 만큼 자연과 계절의 지식을 가지고 있고, 문명을 가능하게 하는 존재로 여겨지기도 한다. 이런 특징들은 이후에 살펴볼 토성의 상징적인 의미들과도 관계가 깊다. 플렘은 보통 물과 관련된 성질을 갖는다. 생각이 많고, 이성적이고, 차분하고, 참을성이 많다. 명리학에서 겨울에 배속된 오행은 물이다. 당연히 명리학에서 말하는 물의 성질은 점액질이 많은 사람의 성정과 대단히 유사하다.

서로 다른 문명이 어떤 영향을 주고받았기 때문에 생긴 결과일 수도 있지만 물 자체에 대한 관찰과 통찰에서 얻어진 것일 수도 있다. 결국 "인간"이 관찰하는 "물"이기 때문이다. 이처럼 문화나 인종 언어를 초월해서 사물의 본질을 통찰해서 얻어지는 공통적인 직관을 칼 융은 "원형"이라고 불렀다. 물에 대한 원형적인 이미지는 동서양이 서로 비슷한 것이다. 플렘에 배속된 천체는 금성(Venus) 혹은 때로 달(Moon)이다. 금성은 morning star이기도 하고, evening star이기도 하다. 아침과 저녁은 때로 구분하기 어렵다. 반쯤 봉오리가 열린 꽃은 피기 시작하는 꽃인지 시들어 가는 꽃인지 알기 어려울 때가 있다.[12] 노년은 끝나 가는

12 발터 벤야민은 바로크에 대한 논의에서 상반되는 것의 동시동작성에 대해 언급한 적 있다(『독일 비애극의 원천』).

것인가, 아니면 또 다른 시작인가? 그것은 아침이기도 하고 저녁이기도 하다. 금성과 수요일이 딱히 어떤 관련성이 있는 것처럼 보이지는 않는다. 그랬다면 이 설명은 훨씬 더 흥미진진했을 것이지만 그러지 못해서 아쉽다.

그리고 4체액 중 가장 중요한 문화사적 의미를 가지는 것은 흑담즙, 곧 멜랑콜리(Melancholy)다. 영어에서 스펠링에 대한 원칙이 확립되기 전에 많은 단어가 그랬던 것처럼 멜랑콜리는 다양한 철자로 사용되어 왔다. melencholye, melancoli, malencolie, melancholie, melancholy 등 여러 형태의 철자가 있었지만 이런 단어들은 결국 Melancholia라는 단어로 통일된다(Stanley Jackson, 5쪽). Melancholia는 두려움이나 우울을 뜻하는 그리스어 μέλαινα χολή를 라틴어로 소리 나는 대로 옮긴 것이다. μέλαινα χολή, melaina chole은 다시 라틴어 아트라 빌리스(atra bilis)로 번역되어 영어로 Black Bile이 되었다.

현재 멜랑콜리라는 말은 일상적으로도 사용될 만큼 우리에게 친숙하다.[13] 검은 색소라는 의미를 가진 단어 멜라닌(melanin)의 어근 melan-은 검다는 뜻을 가지고 있다. 서태평양 근방에 위치한 멜라네시아(Melanesia)는 검은 섬들이라는 다소 백인 중심적인 관찰이 만들어 낸 이름이다. Black Bile이라는 말은 말 그대로 Melan(검은) Choler(담즙)라는 말이다. 피와 함께 멜랑콜리는 문화사적으로 매우 중요한 비중을 차지한다. 생물학적인 측면에서 생명과 거의 동일시되는 피는 영화 〈호스

---

13 자우림의 멤버로 알려진 김윤아의 2집 앨범엔 〈멜랑콜리아〉라는 노래가 수록되어 있다. 이 노래 말고도 다른 곡들의 기본적인 정서는 멜랑콜리와 크게 다르지 않다는 게 나의 개인적인 느낌이다. 라스 폰 트리에 감독의 2011년 작 영화 〈멜랑콜리아〉(Melancholia)는 상실에 대한 우울의 정서를 두려우면서도 경외적인 느낌으로 표현했다.

텔〉(Hostel)이나 〈핼러윈〉(Halloween), 〈13일의 금요일〉(Friday the 13th) 같은 슬래셔 무비나 최근 다시 유행하는 좀비 영화에서 볼 수 있는 것처럼 문화적 함의가 대중적으로 잘 알려져 있다. 바로 공포다. 인간에게 피만큼 공포를 불러일으키는 것은 없지만 그것이 인간의 신체 내부를 흐르고 있다는 사실은 아이러니하다. 결국 인간은 자신의 피부 속에 흐르는 것을 가장 두려워한다. 의사가 아니라면 대부분의 사람에게 통용되는 사실일 것이다.

공포는 곧잘 종교와 결탁한다. 종교적 교리는 인간의 공포심을 자유자재로 통제할 수 있을 때 더욱더 공고해진다.[14] 그런 면에서 피는 종교적인 제식이나 초자연적인 현상과도 매우 관계가 깊게 나타난다. 종종 성모마리아상이나 예수의 조각상에서 피눈물이 흐르거나 성혈이 흐른다는 해외토픽은 대표적인 사례라고 할 수 있겠다. 하지만 멜랑콜리는 생물학적인 중요성보다 그것이 함의하는 문화적 상징이 더 중요하다. 특히 "인간은 생각하는 갈대"라는 파스칼의 말을 상기해 볼 때 생각과 명상, 지혜의 특징을 가지고 있는 멜랑콜리는 아리스토텔레스 시대부터 현대에 이르기까지 문명과 문화사의 풍부한 영감으로 작용해 왔다. 피가 인간의 생물학적인 내부와 종교적인 신성에 초점이 맞춰져 있다면 멜랑콜리는 인간의 심리적 내면과 인간성의 문제와 밀접한 관계가 있다.

다른 체액들의 경우와 마찬가지로 멜랑콜리는 질병이나 개인의 기질을 결정하는 것과 매우 밀접한 관계가 있다. 단지 좀 특별한 것이

---

14 2014년의 인도 영화 〈PK〉는 종교가 인간의 두려움을 어떻게 이용해 세속적인 이득을 챙기고 대중을 기만하는지를 코믹하지만 아주 사실적으로 묘사했다.

있다면 멜랑콜리는 주로 예술가들, 철학자, 천재들의 병이라는 것이다. 에르빈 파노프스키(Erwin Panofsky), 레이몬드 클리방스키(Raymond Klibansky) 그리고 프릿츠 작슬(Fritz Saxl)의 공저로 저술된 『토성과 멜랑콜리』(*Saturn and Melancholy*)는 멜랑콜리에 대한 집요한 통사적 연구의 결정체라고 할 수 있다.

이 책은 멜랑콜리에 관한 고대의 기록에서 알브레히트 뒤러의 〈멜랑콜리아 I〉(*Melencolia I*)에 대한 첨예한 분석에 이르기까지를 포함한 멜랑콜리 연구에 있어서는 빠지지 않는 문헌이다. 여기서 멜랑콜리는 단순한 질병들과 다른 차별성을 가진 것으로 여겨진다. 이것은 특히 예술의 영역에서 더욱 부각된다. 파노프스키의 연구로 인해 멜랑콜리는 단순한 질병의 증상을 넘어서 인간의 주관적인 감정과 관계된 시적인 멜랑콜리로 승화되었다(Radden, 30쪽). 일반적으로 멜랑콜리는 "우울하고, 생각에 잠긴 듯하며 불만족스러운" 내면의 주관적 감정의 상태라고 할 수 있다. 그리고 이러한 멜랑콜리는 외부 세계에 곧잘 투영되어 무생물을 통해서도 인간은 멜랑콜리를 느끼고 공감할 수 있게 된다. 멜랑콜리를 주제로 한 많은 예술 작품이 대중의 호응을 얻을 수 있는 것도 이런 이유에서다. 멜랑콜리에 배속된 계절이 가을인 것도 생각해 볼 만하다. 보들레르가 말했듯이 가을은 우울(spleen)의 계절 아닌가?

멜랑콜리와 긴밀하게 연결된 밤하늘의 천체는 토성(Saturn)이다. 육안으로 별을 관찰하던 시대에 토성은 인간이 관찰할 수 있는, 가장 멀리 있는 행성이었다. 그래서 토성은 그 운행 속도가 가장 느린 것으로 관찰되었고 사람들은 토성의 이런 '느림'을 일종의 게으름과 연관 지어 생각하기도 했다. 새턴(Saturn)은 고대 로마신화에 등장하는 신 사투르누스(Saturnus)라는 이름에서 따왔다.[15] 그리스 신으로는 크로노스(Cronos)에 해당한다. 그리스 및 로마신화에서 자식을 잡아먹던 무식하고 야만적인 신으로 그려졌던 크로노스는 사투르누스라는 이름으로 통하기도 했으며, 이 끔찍한 신화 이야기는 후대의 많은 예술가에게 영감을 줬다. 특히 프란시스코 고야가 그린 〈자식을 잡아먹는 사투르누스〉(*Saturn Devouring His Son*)[16]는 프로이트의 많은 관심을 받기도 했으며, 아마도 아버지와 아들의 원초적인 관계를 설명하는 데 적지 않은 영감을 줬을 것이다.[17] 이보다 먼저 피터 폴 루벤스가 같은 주제의 그림을 그리기도 했다. 헤시오드는 『신통기』에서 이 장면을 다음과 같이 기록하고 있다.

> "이 위대한 크로노스는 자식이 태어나자마자 집어삼켰다.
> 그는 자신이 지상과 하늘에서 그토록 막강하지만 자신이
> 바로 자신의 아들에 의해서 축출당할 것을 알게 되었기 때문이다."

영화 〈스타워즈〉(Star Wars)에서 다스 베이더가 스카이 워커를 만났을

15 폴 조르주 상소네티의 『성배와 연금술』에는 사투르누스의 신화적 기원에 대해 다음과 같은 흥미로운 관찰을 제시하고 있다. 즉 사투르누스는 그리스 로마신화에서 유래하지만 기원적으로 스칸디나비아 신화의 "토르"와 매우 유사한 형태를 띠고 있다는 것이다. 사투르누스가 농업을 관장하는 땅의 신이라는 사실을 염두에 두면, 돌과 바위는 일종의 사투르누스를 나타내는 고유의 이미지라는 것이다. 이것은 "채워지지 않는 갈증과 식욕을 보인다는 토르의 거대한 적수는 '사투르누스'와 동일한 상징체계를 나타낸다고 할 수 있다. 게다가 앵글로색슨어로 기록된 수사본 AM687에서는 룬문자의 게르만어에 상응하는 라틴어들이 발견될 뿐만 아니라, '사투르누스'는 바로 동토의 거인을 의미하는 룬문자 '투르스(Thurs)'와 관련되어 있다."(『성배와 연금술』, 120쪽) 그렇다면 새턴과 '토르' 그리고 다시 주피터로 명명된 그리스 신화의 제우스가 동일한 성격을 띠고 있는 존재로 연결될 수도 있을 것이다.

16 대중문화적 관점에서 이 그림이 가장 인상적으로 오마주된 것은 아마도 애니메이션 〈에반게리온〉일 것이다. 〈에반게리온〉 26화에서 에바가 이카리 사령관을 집어삼키는 장면이 등장하는데 고야의 그림과 매우 유사한 구도로 제시되고 있다.

17 오이디푸스 신화는 새턴 신화의 변형이라고도 할 수 있다. 그렇다면 왜 프로이트가 사투르누스 신화에 관심을 가지고 있었는지 쉽게 이해가 간다.

때 한 말을 기억하는가? "내가 네 아버지다." 이 말은 이후로 〈토이 스토리〉(Toy Story)를 포함한 각종 영화와 텔레비전에서 패러디되었다. 아버지와 아들의 죽고 죽이는 싸움은 그리스 신화에서 최근의 HBO 시리즈인 〈왕좌의 게임〉(Game Of Thrones)에 이르기까지 서구 서사의 한 축을 이루는 중요한 모티브라고 할 수 있다. 소포클레스의 『오이디푸스』가 그랬고, 셰익스피어의 『햄릿』, 에우리피데스의 『히폴리투스』, 유진 오닐의 『느릅나무 아래 욕망』 그리고 줄스 다신 감독의 〈페드라〉(Phaedra)에 이르기까지, 아버지와 아들의 투쟁적인 관계는 늘 변형되어 나타나는 것 같지만 본질적으로는 같은 내용의 반복이다.

그리스 신화에서조차 이 플롯은 반복된다. 태초의 신 우라노스는 자식들을 낳을 때마다 잡아먹는다. 보다 못한 우라노스의 아내 가이아(혹은 테라, terra)는 크로노스에게 낫을 쥐여 주며 우라노스를 쫓아내게 한다. 크로노스는 우라노스의 생식기를 잘라 바다에 던지는[18] 것으로 왕좌를 차지한다. 신들의 왕이 된 크로노스는 자신이 아버지를 쫓아낸 것처럼 자신의 자식들이 자신에게 위협이 될 거라고 생각한다. 자기도 그랬는데 자기 자식이라고 안 그럴까! 그래서 크로노스는 자신의 아버지 우라노스가 그랬던 것처럼 아내 레아(Rhea)가 자식을 낳을 때마다 모조리 잡아먹는다. 자신이 거부했던 아버지의 명령을 아버지가 죽고 난 후에 지연되어 수행하는 것을 프로이트는 사후 복종이라고 해석한 바 있다. 결국 피는 못 속인다는 통설을 아카데믹하게 표현한 것이다.

---

18 우라노스의 잘라진 생식기가 떨어진 곳에 갑자기 거품이 일면서 새로운 신이 탄생한다. 거품이라는 뜻의 아프로 그리고 신이라는 이름의 디테, 아프로디테의 탄생이다. 아프로디테는 미의 여신인데 출생이 거품(aphros)이라는 사실이 흥미롭다. 거품은 중세의 도상에서 덧없음의 상징인데, 아름다움은 덧없는 것에 그 본질이 있다는 것을 환기시켜 준다.

크로노스가 자식을 잡아먹는 것을 더 이상 견딜 수 없었던 레아는 마지막 아들 제우스를 낳고 난 후엔, 크로노스를 속여 제우스 대신 바위를 삼키게 한다. 그렇게 아버지의 눈을 피해 무럭무럭 자라게 된 제우스는 크로노스에게 이전 자식들을 다시 토해내게 하는 약을 먹인 후 다른 형제들과 힘을 모아 크로노스를 몰아낸다. 그렇게 제우스의 시대가 시작되었다.

아버지가 자식을 잡아먹는 이야기는 정말 끔찍하지만 신화 속의 이야기이니만큼 현실에 적용할 땐 상징적이고 은유적인 장치로 이해해야 한다. 이 경우 아버지가 자식을 잡아먹는 행위는 시초를 가진 모든 것에게 종말을 가져다준다는 상징적인 의미로 해석하는 것이 일반적이다. 그렇다면 시초를 가진 것들에게 종말을 가져온다는 말은 무슨 의미인가? 그것은 바로 시간이다. 흔히 영어권에서는 "아버지 시간"(father time)으로 불리기도 한다. 여기엔 신화가 후대로 전해지면서 약간의 혼란이 개입된 정황이 있다. 원래 새턴은 농업의 신이다. 당연히 땅(土)과 관계가 깊다. 그래서 "새턴의 날"(Saturn's day, Saturday)은 한자 문화권에서 토(土)요일이다. 하지만 그리스 신 중에는 새턴에 해당하는 크로노스(Cronus) 외에, 시간의 신 흐로노스(Chronus)가 따로 있었다. "시간이 날아가는 것처럼 빨리 지났다"(Time flies quickly)는 관용적인 표현은 사실 상징적인 것이 아니라 매우 직설적인 표현일 수 있다. 왜냐하면 시간의 신 흐로노스는 중세의 회화 및 조각에서 보통 날개를 가진 것으로 등장하기 때문이다. 농업의 신 크로노스가 보통 낫을 들고 나타나는 도상과 비교된다. 흐로노스는 현대 영어에서 연대기(Chronology), 시계(Chronometer)와 같은 단어에 흔적이 남아 있다.

그리스어로 크로노스(Cronus, Κρόνος), 흐로노스(Chronus, Χρόνος)는 스

펠링이 다를 뿐 발음은 유사하다. 발음이 비슷한 탓에 사람들은 두 신을 혼동하게 된다. 결국 크로노스와 흐로노스를 혼동하면서, 두 신은 마치 하나의 신인 것처럼 여겨지다가 마침내 농업의 신은 시간의 신과 겹쳐지게 된다. 결과적으로 새턴의 문화사적 의미는 농업의 신과 시간의 신이라는 이중적인 상징적 표상을 포함하게 되었다. 농업의 신으로서 새턴은 지혜를 의미하는데 그 이치는 간단하다. 농업은 계절과 기후에 대한 지식이 없이는 불가능하다. 여러 세대에 걸쳐 축적된 기후와 자연에 대한 지식이 농업을 가능하게 하는 것이다.

그러다 보니 농사를 수확할 때 사용하는 거대한 낫은 새턴을 상징하는 대표적인 아이콘이 되었다. 그만큼 새턴을 주제로 한 중세 전후의 많은 그림에서 이 낫은 중요한 도상학적 상징으로 나타난다. 낫은 농경 사회의 매우 분명한 상징이다. 하지만 죽음을 가져오는 시간의 신이라는 상징이 겹쳐지면서 새턴은 동시에 죽음의 신이 되기도 했다. 시간은 모든 인간을 죽음으로 이끈다. 가을에 벼를 수확하던 낫은 이제 인간을 “추수”하는 죽음의 낫이 되었다. 많은 사람은 이것이 사람의 목을 베는 데 쓰일 것이라는 끔찍한 추측을 하겠지만, 사실 이 아이콘은 원래 곡식을 추수할 때 사용하던 농기구로서의 의미가 더 크다. 당연히 실제 기능보다 상징적인 의미가 더 큰 이미지라고 할 수 있다. 『토성과 멜랑콜리』에는 이러한 토성의 특성들이 잘 설명되고 있다. 이것은 중세 아랍학자들이 고찰했던 부분들과 그리스 신화로부터 연유하는 토성 신화의 내용들이 매우 정교하게 얽혀져 나타난다. 여기서 설명하는 토성의 모습을 그대로 옮겨 보면 다음과 같다.

“한편으로 보면 새턴은 자비로운 농업의 신이며 그를 기리는 추수 축제에는 루소의 자연적인 인간의 순수한 행복을 즐기고 모든 것을 가지고 있는 자유인들에 의해서 축하되었다. 축복의 섬을 관장하는 주인이고 농경을 관장했으며 도시를 만든 신이다. 또 한편으로 새턴은 우울하고 왕좌에서 물러난 채 바다와 육지의 가장 먼 끝에서 거하는 외로운 신이다. 육지와 바다의 끝으로 유배된 신이고 지하세계의 신이며 결국 나중에는 죽음과 죽은 자들의 신이 되었다. 한편으로 그는 신들과 인간의 아버지였으며, 또 한편으로 그는 자식을 잡아먹는 자이자 다른 신들을 모두 삼켜 버린 자이기도 했다. 야만인에게 인간을 희생시키도록 강요했고 또 자신의 아버지 우라노스를 커다란 낫으로 거세한 신이기도 했다. 어머니 가이아가 준비해 준 거대한 낫은 분노의 끔찍한 상징이기도 하지만 동시에 추수와 수확을 의미하는 것이기도 하다."

_『토성과 멜랑콜리』, 134-135쪽

죽음과 매우 유사한 형태로 나타나기 때문에—특히 모래시계와 낫 때문에—죽음과 혼동되지만 사실상 죽음의 상징적인 의미는 고스란히 간직하고 있다고 해도 과언이 아니다. 고대에 묘사되고 있는 사투르누스는 매우 "음산한 얼굴"을 하고 있고 "인간 조건의 최종 단계, 즉 운명(fatum)을 구현하는 신"으로 여겨진다. 더 나아가 사투르누스는 종종 폐쇄된 공간에 스스로 혹은 강제적으로 유폐된 모습으로 나타나기도 하며, 사슬에 묶인 죄수로 혹은 무덤이나 백골로도 표현되기도 한다(『성배와 연금술』, 119쪽). 사투르누스의 색깔은 부재로 설명할 수 있다. "심연과 절망이 뒤섞인 검은색, 질베르 뒤랑이 말하듯이 어둠과 관련된 온갖 공포가 응결된 검은색이 추가된다. 뒤랑은 빛의 부재로 받아들이는 검은색과 시간의 관계를 다음과 같이 멋지게 표현한다. '어두운 밤은 시간의 본질 자체다.'"(『성배와 연금술』, 119쪽)

20세기 스웨덴의 대표적인 영화감독 잉마르 베리만(Ingmar Bergman)의 1957년 영화, 〈제7의 봉인〉(The Seventh Seal)에는 이런 전형적인 모습을 한 죽음의 신이 등장한다. 십자군 전쟁이 끝나고 고향으로 돌아온 기사 안토니우스는 어느 날 해변에서 혼자 체스를 두며 휴식을 취하고 있다. 그러다 갑자기 자신 앞에 찾아온 죽음의 신을 만나게 된다. 하지만 자신에게 남은 시간을 조금이라도 더 연장하려고 기사는 사신에게 체스를 두자고 제안한다. 체스를 두는 동안만큼이라도 삶의 시간을 더 연장하고 싶었던 것이다.

죽음과의 체스를 두는 동안 기사는 페스트가 훑고 지나간 여러 마을을 거치면서 여행을 하게 된다. 그러면서 우연히 떠돌이 광대 부부, 요프와 미아 그리고 그들의 갓난아이 미카엘을 만나게 되고, 그들이 숲을 지날 수 있도록 보호해 주기로 한다. 그러는 와중에도 기사는 죽음과의 체스를 이어 간다. 죽음은 자신이 "한가하지 않다"면서 체스를 재촉하지만 기사는 할 수 있는 한 최대한 체스를 늦추려고 한다. 십자군 전쟁에서 기사가 목격한 것은 온통 허무한 죽음뿐이었다.

하지만 이제 성가족과 같은 가난한 광대의 가족을 자신이 보살펴 줄 수 있다는 생각에 기사는 마치 삶의 커다란 보람을 찾게 된 것처럼 기뻐한다. 하지만 광대 가족을 보살펴 줘야 한다는 기사의 말에 죽음은 묘한 미소를 짓는다. 죽음을 피하기 위해 체스를 두는 기사가 다른 사람을 죽음으로부터 보호해 줄 수 있을까? 일행은 그렇게 돌아올 수 없는 여정을 떠난다.

그러던 중 마을의 유부녀와 눈이 맞아 도망친 일행 광대 스카트는 여자의 남편을 만나게 된다. 자신과 자신의 애인을 추격해 온 사나운 남편 앞에서 여자는 자신이 남자에게 이용당했다며 남편에게 거짓말을 한다. 한때 뜨거웠던 사랑은 현실 속에서 추악한 배신감을 남길 뿐이다. 광대는 사랑의 환멸을 견디지 못하고 스스로 죽음을 택한다. 죽음이 서서히 광대 일행을 향해 다가오고 있는 것이다.

죽음과 사랑은 생각보다 관계가 깊다. AMOR라는 말은 에로스(EROS)의 라틴어에 해당하고, 이 말은 곧 죽음(mor)을 부정(a–)하는 것인데, 사랑을 잃었으니 남은 것은 죽음뿐이다. 험난한 숲의 여정이 끝에 다다를 무렵, 일행은 마녀로 몰린 한 소녀를 화형시키는 장면을 목격하게 된다. 기사는 화형 직전의 여인에게 어떻게 하면 사탄을 볼 수 있느냐고 묻는다.

그리고 그곳에서 기사는 계속 자신을 따라다니는 죽음을 다시 목도하게 되고, 죽음은 기사에게 이렇게 말한다. "질문이 그치지 않는군. 하지만 대답을 얻지는 못할 것이다." 화형대에 오른 소녀의 두려움과 공허에 가득한 눈빛을 보며 기사 일행은 자리를 떠난다. 저 죽음 직전의 눈빛 속에서 공허 이상의 다른 무엇을 발견하지 못한 기사는 반드시 거기에 허무 이상의 뭔가가 있을 것이라고 되뇌며 애써 자신을 위로한다. 결국 죽음은 모든 사람을 찾아오게 될 것이다. 그 죽음이 인간에게 남겨 주는 것은 무엇인가? 천상의 약속인가, 아니면 일체의 허무인가? 기사는 어느 쪽이든 확인하고 싶어 했지만 아무것도 알 수 없다.

영화에서 늘 사람들을 괴롭히며 살아가던 건달은 기사의 시종에게 두 눈을 잃게 된다. 앞을 볼 수 없는 건달은 숲속에서 방황하다가 기사의 일행과 조우한다. 살려 달라고 울부짖는 건달의 절박함을 보면서도 일행은 도와주지 않는다. 소녀가 물을 건네려고 하지만 부질없는 짓이다. 곧 사내는 허기짐과 탈진 속에서 울부짖다 죽고 만다. 숲속에서도 기사는 죽음과의 체스를 계속 이어 가고 있다. 하지만 이때 기사 말고는 아무에게도 보이지 않던 죽음의 모습을 광대 요프가 보게 된다.

결국 기사와 체스를 두는 죽음의 신을 목격한 요프는 아내 미아와 미카엘을 데리고 폭풍우가 이는 밤길을 재촉해 멀리 도망친다. 사신은 체스를 서둘러 끝내려 하고 안토니우스는 점점 불안해한다. 안토니우스는 실수인 척 판을 뒤엎지만 죽음은 체스 말의 위치를 고스란히 기억하고 있다. 안토니우스는 죽음을 이길 수 없다. 죽음은 누구도 피해갈 수 없다. 죽음은 다음번에 자신을 만나는 그때가 마지막이 될 거라는 말을 남기고 사라진다.

기사와 그 일행은 오랜 여정 끝에 기사의 집에 도착하고 그곳에서 7개의 봉인에 관한 성경 구절을 읽는데 일행 중 한 여인이 낯선 손님의 모습을 보게 된다. 그건 검은 두건을 드리운 죽음이다. 모두는 그가 누구인지 금방 이해하고, 그를 맞이한다. 흑사병이 온 마을을 한꺼번에 죽음으로 몰아넣듯, 죽음은 기사의 집을 방문해 그곳에 있던 모두를 한꺼번에 데리고 간다. "모두 끝이 난 것이다." 그리고 그들이 다시 모습을 드러냈을 때 요프와 미아는 양지바른 해변에서 미카엘과 함께 있었다. 요프는 어두운 하늘의 저쪽 언덕 끝에서 죽음의 신을 따라가는 기사 일행을 보게 된다. 죽음의 신은 낫과 모래시계를 들고 일행 맨 앞에서 가고 있고, 뒤이어 기사와 그의 아내 리사와 그의 남편 그리고 또 다른 광대가 류트를 들고서 멀고 먼 어둠의 세계로 가는 모습을 보게 된다.

요프가 본 죽음과 기사 일행의 모습은 "죽음의 춤"의 도상적인 이미지와 정확하게 중첩된다. 죽음의 춤이란 중세에 유행했던 회화의 중요한 모티프 중의 하나라고 할 수 있다. 중세의 그림들은 죽음의 사신이 왕과 귀족, 평민에게 골고루 찾아와 어느 누구도 죽음을 피할 수 없다는 메시지를 보여 줬다. 그 메시지는 종종 "메멘토 모리"(memento mori)라는 라틴어로 표현되는데, 유한한 인간의 운명을 늘 생각하라는 의미이다. 메멘토 모리는 보통 해골의 모습으로 표현되는데 특히 멜랑콜리의 도상에서도 종종 함께 나타남으로써 멜랑콜리의 숙명적인 사색이 결국 인간의 유한성에서 연유하는 비감이라는 것을 보여 주기도 한다.

죽음의 춤 행렬 벽화, 슬로베니아의 한 마을 Hrastovlje에 위치한 삼위일체 성당

상징적으로 나타난 두개골은 언젠가는 죽을 수밖에 없는 필멸의 운명을 가진 존재로서 인간의 조건에 대한 성찰로 유도한다. 천재들이 남겨 놓은 불멸의 예술 작품은 어쩌면 필멸적인 운명을 극복하고자 하는 의지의 증표로 보인다. 그리하여 유한한 존재인 인간의 운명을 초월하는 천재적인 존재를 기억하게 하는 역할도 수행한 것이다(『천재에 대해』, 340쪽).

메멘토 모리는 자주 바니타스(Vanitas)의 도상과도 함께 나타난다. 바니타스라는 말은 현대 영어의 vanity(허영)에 해당한다. 허영적인 속성 그것은 겉모습의 화려함, 실속 없음, 덧없음과 같은 의미들과 조응하며 중세의 바니타스는 그러한 속성들을 보여 주는 정물들을 통해 표현되었다. 악기는 그 소리가 금방 사라지는 것에 본질이 있다. 방금 울린 음이 사라지지 않고 다음에 연결되는 음과 함께 소리가 유지되면 온통 음악은 엉망이 될 것이다. 역설적이지만 음악은 그 순간의 덧없는 사라짐으로 인해 화음을 만들어 내고 아름다운 연주가 될 수 있다. 악기는 바니타스를 표현하는 가장 대표적인 도상이었다. 그밖에 꽃이나 모래시계, 과일, 해골과 같은 것들이 인간의 덧없는 운명, 그 짧은 덧없음을 표현하는 도상으로 사용되었고, 이 중 많은 도상은 멜랑콜리의 도상과 매우 빈번하게 함께 나타난다.

죽음의 춤이라는 주제의 회화들은 대체적으로 왕이나 왕비, 귀족과 교황, 성직자와 농민같이 사회적으로 계층적으로 구분되는 사람들이 모두 손을 잡고 죽음의 신으로 나타난 해골의 도상을 그리고 있다. 그 모습은 죽음의 신이 교황부터 농민에 이르기까지의 모든 계층의 사람들을 일렬로 이끌고 죽음의 세계로 가는 모습인데, 마치 손발을 이리저리 휘저으며 따라가는 모습이 춤처럼 묘사되고 있다. 실제 춤을 추는 모습으로 묘사되기도 한다. 죽음의 춤이라는 모티프는 중세에 유행했지만 전례 없는 세계대전을 치르고 난 후 현대는 또다시 죽음의 춤이 등장하는 무대가 되었다.

중세에 흑사병이 유럽을 휩쓸고 지나간 후 죽음의 춤 모티프가 널리 퍼졌던 것처럼 수백만, 수천만 명의 목숨을 앗아 간 전쟁 이후에 많은 예술가는 전쟁의 상흔을 죽음의 춤이라는 모티프로 표현하기도 했다. 오토 딕스(Otto Dix), 프란스 마저렐(Frans Masereel) 등은 그 대표적인 화가라고 할 수 있다. 죽음의 춤을 이끄는 사신의 손에는 커다란 낫을 들고 있는데 그것은 이제 인간의 추수가 이뤄졌음을 상징하는 것이다. 추수는 때와 관계가 깊다. 죽음은 병이나 사고 혹은 재해로 오기도 하지만 대부분 시간이 가져온다. 죽음의 신은 낫을 들고 나타나지만 그에 못지않게 모래시계를 들고 있는 것도 자주 볼 수 있다. 죽음은 시간과 매우 관계가 깊다. 앞에서 언급한 영화 〈제7의 봉인〉에서 죽음의 신은 몰아치는 파도를 등 뒤로 하고 갑자기 나타난다. 파도가 몰아치는 해변을 배경으로 나타난 죽음의 이미지는 특별한 그래픽 효과가 없어도 보는 사람들에겐 다소 충격적으로 느껴진다. 파도는 시간을 나타내는 중요한 상징이라고 할 수 있다. 중세 그림에서 흔히 볼 수 있는 것처럼 커다란 낫을 들고 있지는 않지만 이 죽음의 신 뒤로는 쉴 새 없이 파도가 몰아치고 있고 카메라는 그런 파도를 응시한다. 파도는 흔히 시간에 비유되는 매우 분명한 도상학적인 상징이다. 버지니아 울프는 시간에 대한 긴 명상과 같은 소설의 제목을『파도』라고 붙인 바 있다. 카스파어 다비트 프리드리히의 〈해변의 수도승〉(*The Monk by the Sea*)이라는 작품은 바닷가에 홀로 파도를 직면하는 고독한 뒷모습의 수도승을 묘사하고 있다. 바다는 시간이고 시간은 곧 인간에게 멜랑콜리적 세계관을 의미한다. 이 그림이 전하는 우울의 정조는 단지 어두운 색조와 음울한 기운에서만 유래하는 것이 아니라 시간의 본질을 직면했을 때 유한한 인간이 느낄 수밖에 없는 치명적인 인식에서 기인한다.

해변에서 파도를 등지고 나타난 사신은 이미 기사에게 "너의 시간이 다 되었다"라고 선언하는 것이다. 바다와 시간의 관계는 예부터 보편적으로 알려져 있었다(그리피스, 30쪽). 특히 바다의 조수를 의미하는 Tide가 게르만에서 유래한 고대영어의 Time과 관계가 있고 또 물살, 급류, 흐름을 뜻하는 Current는 시간과 바다의 흐름 모두를 의미한다. 더욱 흥미로운 것은 이러한 바다와 조수를 관장하는 신 역시 시간의 신, 새턴이며 바다의 풍경은 전통적으로 멜랑콜리적인 맥락과 매우 잘 어울리는 것으로 여겨졌다는 사실이다(『토성과 멜랑콜리』, 324쪽). 제이 그리피스는 역사적으로 시간이 바다와 어떻게 연관되어 있는지를 바다의 정복이라는 역사적인 사건을 근거로 설명한다.

<해변의 수도승>(*The Monk by the Sea*), 카스파어 다비트 프리드리히(Caspar David Friedrich, 1774~1840)

"역사적인 측면에서도 시간과 바다는 연결되어 있다. 경도를 발견할 만큼 정확성을 가진 시계태엽장치를 제작함으로써 시간 측정의 역사에 신기원을 이뤘지만 그 목적은 바다를 정복하고 자연의 바다 시간을 식민지화하는 것이었다. 이것은 영국의 브리튼인이 파도를 정복하고 그것을 통해 육지의 제국과 시간의 제국 모두를 통치하기에 이른 그들의 위업이기도 했다. 왜냐하면 영국이 해상권을 제패함으로써 전 세계적으로 그리니치가 자오선 0도로 받아들여졌기 때문이다. 바다의 제패는 세계 표준시의 장악을 의미했지만 사람들은 이 표준시가 지닌 고도로 정치적인 의미를 제대로 인식하지 못했다."

_『시계 밖의 시간』, 32쪽

현대에 들어 인간이 시간을 정복한 것 같은 착각을 하고 있지만 본질적으로 시간은 인간의 임의적인 계량의 차원 외부에 존재한다. 단지 인간은 시간이 드리우는 그림자의 가장자리를 따라 표시를 하고 있을 뿐이다. 죽음과 시간은 그렇게 불가항력적으로 인간에게 다가온다.

다시 〈제7의 봉인〉으로 돌아가서, 자신의 시간이 다했음을 깨달은 기사는 깊은 생각에 잠긴다. 형식적으로 기사는 체스판을 앞에 두고 어떤 수를 놓을 것인가를 고민하는 것 같지만 사실 기사는 자신 앞에 놓인 죽음을 고민하는 것이다.

전통적인 멜랑콜리는 깊은 사색의 표정과 자세를 도상학적인 상징으로 갖고 있다. 기사는 그런 의미에서 매우 전통적인 도상을 형상화하는 셈이다. 이런 맥락에서 기사의 고뇌는 멜랑콜리한 자의 고뇌와 동일한 것이고 그것은 결국 죽음인 셈이다. 인간의 유한성, 인간의 필멸성, 그 운명적이고 치명적인 상실에 대한 고통스러운 사색, 그것은 멜랑콜리의 다른 이름들이다.

멜랑콜리와 시간

원래 제목이 『멜랑콜리』였던 사르트르의 소설 『구토』는 인간의 실존적인 고독과 멜랑콜리 그리고 현대성의 권태를 다루는 실존주의의 대표적인 소설이다. 멜랑콜리와 시간과의 관계를 생각해 본다면 이 작품의 주인공 앙트완느 로캉댕의 직업이 작가이면서 동시에 역사가였다는 사실은 매우 상징적이다. 역사는 곧 시간의 흐름 속에 벌어진 일들의 연대기적 기록과 다름이 없기 때문이다.

시간의 흐름을 추적하는 것과 권태를 느끼는 것과의 관계는 19세기와 20세기에 접어들면서 훨씬 더 명백한 것이 되었다. 찰리 채플린이 〈모던 타임스〉에서처럼 새롭게 도시로 몰려든 수많은 노동자는 공장에 설치된 시계에 따라 통제된다. 출근하는 시간, 식사하는 시간, 화장실 가는 시간, 퇴근하는 시간 등 모든 활동을 "때"에 맞춰 해야 한다. 산업화 이전의 농경 사회였다면 절대 상상할 수 없는 숨 막히는 삶의 패턴이다.

시계가 흔하지 않았던 시절, 사람들은 태양의 높이를 보거나 자신의 허기짐을 느끼는 것 혹은 교회나 수도원에서 알려 주는 종소리와 같은 것을 토대로 하루 중의 시간을 가늠했다. 더 넓게는 어떤 꽃이 피고, 어떤 열매가 맺고, 바람이 얼마나 불고, 눈이 얼마나 내리며, 얼음이 얼마나 녹았는지를 보면서 1년 중의 때를 추측했을 것이다.

이런 상황에서 "정확한 때"라는 것은 없었고, 단지 자연적인 정황을 토대로 자신이 어디"쯤" 있는지를 파악했던 것이다. 시계의 발명 그리고 시간을 더욱 세밀하고 정확하게 쪼개서 파악해야만 했던 근대식 공장 시스템으로 인해 새로운 시간 측정의 체계를 받아들이게 되었다. 이른바 "현대적인 시간", 즉 "모던 타임스"의 시대가 된 것이다. 로마제국의 병사들이 동방 원정에서 일종의 시계탑으로 쓰이게 되는 오벨리스크를 광장 한가운데 세워 놓았을 때 플라우투스는 그 거대한 탑이 자신의 하루를 갈기갈기 찢어 놓게 되는 것을 안타까워했다고 전해진다. 시계의 발명이 자신의 삶에 가져올 막대한 영향을 예견한 고대 작가의 통찰은 매우 예리했다.

전 세계 다양한 문화권에는 각기 다른 시간을 인식하는 방법이 존재한다. 제이 그리피스는 『시계 밖의 시간』이라는 책을 통해, 시간의 역사와 문명과 시간과의 관계 그리고 시간과 자연 그리고 인간의 문제를 아주 흥미롭게 분석했다. 자연적인 시간의 리듬을 경험하기 위해 그리피스는 문명 세계를 한동안 벗어나서 생활하기도 했다. 그녀는 자신이 문명 세계와 동떨어진 카렌족과 6개월 동안 함께 사는 동안 유일하게 시계를 가진 사람이었지만 동시에 거기에서 유일하게 시간을 말할 수 없었던 사람이었다고 고백했다. 그리피스는 카렌족과 함께 지내는 동안 숲이 매 순간 "시간의 교향곡"을 들려줬다고 적고 있는데, 숲은 아침의 소리와 오후의 소리 그리고 밤의 소리가 각각 다르기 때문이다. 아침의 향기는 저녁의 향기와 다르고 또 아침의 온도가 오후의 온도와 다른 것은 인간이 시계에 의존하지 않고도 시간의 흐름을 어느 정도 파악할 수 있다는 것을 의미한다. 시간은 숫자로 인식되지 않고 온몸을 통해 온몸의 감각으로 느끼는 전 감각적 차원의 것이지, 얄팍한 수리적 계산의 대상이 아닌 것이다. 나뭇잎의 색깔이 달라지고, 밤하늘의 별자리가 달라지고, 아침 안개가 짙어지거나 저녁노을이 황홀하게 붉어지는 것, 연어가 잡히는 계절과 토끼를 사냥해야 하는 계절, 옥수수를 수확하는 계절과 벚꽃이 활짝 피는 계절은 분명 인공적인 시계의 도움 없이도 시간을 알 수 있게 해 주는 자연의 리듬이다.

> "시간은 자연 속 어디에서나 존재한다. 하지만 도시화된 삶의 환경에서 시계는 반드시 필요하다. 왜냐하면 시계가 없으면 사람들은 시간을 알 수 없기 때문이다. 자연에는 수백만의 다채로운 종류의 시간이 존재하지만 근대성의 시계에는 오직 한 가지 시간만 존재한다. 어디서나 똑같은 획일적인 시간이다. 과거에 시간은 국지적이어서 특정 지역의 정령처럼 특정 시간의 정령이 있었다면 서구의 시간 측정 역사는 표준화와 지구화의 역사라고 할 수 있다. 단일 시간을 향한 행진은 1840년 영국 철도가 요구한 시간의 표준화를 시작으로 1880년에 런던 시간을 영국 전체의

시간으로 정하는 법률을 선포했고, 이어 1883년 미국 역시 철도 개통을 계기로 미국 시간을 표준화하고 마침내 1884년에 그리니치를 자오선 0도로 삼았다. 이리하여 각 지역문화의 시계와 아무 관련이 없는 24시간으로 구성된 세계 공통의 하루가 시작된 것이다."

_『시계 밖의 시간』, 40쪽

이러한 근대적 시간의 목적은 분명하다. 이른바 생산성의 향상이다. 포드 시스템, 테일러리즘으로 알려진 근대적 공장 작업 시스템의 유일한 목적은 물건을 생산하는 데 필요한 시간을 단축함으로써 같은 시간 동안 더 많은 생산품을 만드는 것이었다. 시간에 대한 근대 경영자들의 집착은 상상을 초월한다. 이것은 테일러주의로 유명했던 F. W. 테일러의 죽음의 순간에 매우 상징적으로 나타난다. 테일러는 미국의 산업 엔지니어로 초 단위의 시간까지를 포함한 작업효율성 도표를 수립했다. 그랬던 그는 1915년 59세라는, 어쩌면 이른 나이에 죽는 순간까지도 손에 시계를 쥐고 있었다고 한다(『시계 밖의 시간』, 343쪽). 그는 자신의 죽음의 시간조차도 효율적으로 계산하려던 것일까? 근대적인 자본주의 시스템이 도입된 이후 "시간은 돈이다"라는 벤저민 프랭클린의 말은 비로소 경험적으로 체감할 수 있는 유효한 격언이 되었다. 프랭클린의 말은 자본주의적 인식의 결과라고만 할 수도 없다. 이미 신화 속에서도 시간은 돈과 밀접한 관계가 있었고, 프랭클린은 단지 신화적 이야기의 내용을 간명하게 표현한 것뿐이다. 실제 시간의 신이라고 불리는 사투르누스는 종종 화폐의 신이라고 불리기도 했으며(『시계 밖의 시간』, 331쪽), 시간과 돈의 관계는 만유인력의 법칙으로 유명한 뉴턴이 1699년 영국의 조폐국장으로 추대되면서 극적인 절정에 다다른다. 시간의 과학을 완성한 과학자로 추앙되던 사람이 화폐를 관장하는 자리에 앉게 된 것이다. 그리피스의 표현처럼 "시간의 메타포적 주인이 문자 그대로 돈의 주인이 된" 것이다(『시계 밖의 시간』, 333쪽).

피터 투이는 이러한 근대화된 삶의 패턴과 공장 시스템 그리고 정교해진 시간 측정의 체계가 이전에 없던 새로운 종류의 권태를 인간에게 가져다준 것으로 보고 있으며, 그것은 사실상 "백인들의 문명이 만들어 낸 시계와 달력"을 전 세계에 도입시킴으로써 사람들로 하여금 현재를 살 수 있는 능력을 빼앗아 버렸고, 그 결과 시간으로 쪼개진 세상 속엔 늘 권태가 도사리게 되었다고 설명한다. 권태는 어떤 동일한 상태의 지속이다. 현대 이전의 권태가 없었던 것은 아니지만 전 세계 거의 모든 문명권의 시간이 동일해지면서 우리는 한편으로 균일해졌지만 또 한편으로는 재미없어졌다. 당연하겠지만 이러한 시간의 세계화는 "서로 다른 시간의 다양성과 풍성함을 고갈시키기"(『시계 밖의 시간』, 347쪽) 때문이다.

지금도 한국이나 중국은 양력과 음력이라는 두 개의 역법을 혼용한다. 지금은 많은 사람이 양력을 중심으로 모든 생활을 개편했지만 불과 얼마 전까지만 해도 많은 사람이 음력을 중심으로 생활했다. 제사며 명절, 생일 등의 중요한 날들을 음력으로 지내던 사람들은 양력 캘린더가 나와도 항상 음력이 함께 표기된 것을 사용해야 했다. 지금도 누군가는 생일을 양력으로 지내고, 누군가는 음력으로 지낼 것이다. 하지만 점점 양력 날짜를 쓰는 사람들은 더 많아지고 있고 시간만 동일해져 갈 뿐만 아니라, 언어도 생활 패턴도 그리고 도덕적인 가치관이나 취향도 서로서로 비슷해져 가고 있다.

겉으로는 자기만의 개성을 살리라고 "당신은 특별하다"(Younique)고 하지만 유행의 역설은 피해 갈 수 없다. 자신만의 개성을 살리는 유행이란 말 그대로 모순 아닌가? 언어를 표준화하고, 정보를 균일하게 제공하며, 개인적 경험의 편차를 최대한 줄이는 것이 목적인 세계화라는 것의 이면에는 조작과 통제의 효율성이라는 목적이 있다. 사람들은 점점 더 많은 것을 공유하지만 그것이 우리를 공동체로 묶어 주지는 못한다. 같은 시간, 같은 언어, 같은 정보, 같은 생활의 패턴을 공유하면서 우리는 무엇을 잃어 가는 걸까? 엘리엇의 말처럼 우리는 생활 속에서 삶을, 사랑 속에서 의미를 그리고 정보 속에서 지식을 잃어 가고 있는 것이다.

7080 세대에게는 반가운 고전이겠지만 미하엘 엔데의 소설, 『모모』가 아직도 어린이들 사이에 많이 읽히고 있는지는 모르겠다. 아무래도 요즘 아이들은 수잔 콜린스의 『헝거게임』이나 스테퍼니 마이어의 『트와일라잇』 시리즈, J. K. 롤링의 『해리포터』, 로알드 달의 『찰리와 초콜릿 공장』 같은 판타지 소설들을 더 좋아할 것이다. 아동 소설로 읽히긴 했지만 『모모』는 생각만큼 "아동용" 도서는 아니다.

일단 미하엘 엔데는 초현실주의 작가군에 속한다. 초현실주의와 동화는 사실 잘 어울릴 수 있는 조합이지만 쉽게 아동용이라고 보기는 어려울 것 같다. 널리 알려져 있다시피 『모모』는 시간 도둑과 시간을 잃어버린 사람들에게 시간을 되찾아 주는 어린 소녀에 대한 이야기이다. 특히 현대의 소비주의와 도시에서 살아가는 사람들이 겪는 스트레스 그리고 점점 더 자신이 쓸 수 있는 시간이 짧아져 가는 어처구니없는 삶을 사는 사람들에게 그들이 잃어버린 시간을 되찾아 준다는 이야기를 갖고 있다.

사람들은 시간을 아끼면서 살아간다. 시간을 아끼는 그만큼 사람들은 더 바쁘게 살지만 결국 사람들이 아끼는 시간은 고스란히 시간 도둑들의 손에 넘어가게 되면서 정작 사람들은 자신이 아낀 시간을 즐길 수 없게 된다. 시간 도둑들은 도시에 사는 모든 사람이 "시간 낭비"로 여겨지는 모든 일을 할 수 없게 만들었기 때문이다. 사람들은 운동도 하지 않고, 쉬지도 않고, 친구들을 만나거나 공상을 하거나 심지어는 잠자는 시간까지도 줄여 가면서 살아간다. 단 한 순간도 시간을 낭비하지 않기 위해서다. 시간을 낭비하지 않는 것, 이른바 "속도의 테러"(『시계 밖의 시간』, 92쪽)는 역설적으로 삶을 아주 황량하게 만들었다. 선택하기 위한 망설임은 아주 일상적인 시간 낭비이다. 그래서 사람들은 모두 똑같은 건물에서 똑같은 옷을 입고 살아간다. 모모는 그런 사회의 기계적인 사이클 바깥에 존재하는 "이상한 아이"이다. 결국 모모는 시간 도둑들에게서 도둑맞은 시간을 되찾아 사람들에게 되돌려준다. 모모가 가지는 명백한 상징적인 의미는 바로 "근대성의 잔인하고 강압적인 시간 계산에 대한 저항"(『시계 밖의 시간』, 323쪽)이라고 볼 수 있다.

나비의 아름다운 날갯짓의 95퍼센트는 사실 쓸데없는 활동이라는 생물학적인 관찰은 우리에게 많은 것을 시사해 준다. 마르셀 프루스트가 『잃어버린 시간을 찾아서』라는 제목의, 난해하고 지루하고 또 지독하게 긴 장편소설을 출간한 시기는 1913년에서 1927년까지였다. 1913년, 그해 7월 프랑스는 에펠탑에서 "시간을 표준화, 보편화하는 공적이고 객관적이며 명시적인 세계표준시보"를 처음 전 세계로 타전한다(『시계 밖의 시간』, 47쪽). 이제 시간은 더 이상 개인적이고 은밀한 것이 아니다. 이제 전 세계의 하루하루는 천편일률적으로 24시간으로 규정되어 버린 것이고, 프루스트의 『잃어버린 시간을 찾아서』는 제목에서 말해 주고 있듯이 그 기계적이고 차가운 리듬 속에서 잃어버린 개개인의 내밀하고 비밀스러운 시간들을 되찾으려는 심미적인 노력이라고 할 수 있다.

"속도가 한때 성공을 의미하기도 했지만 오늘날 성공은 정말로 속도에 의해 정의된다. 사회에서 누군가보다 앞서가기 위해서 추월선에 서 있는 사람들에게 필요한 것은 속도의 약이다. 카페인이나 코카인, 프로작 혹은 속도는 당신을 더욱더 잔인한 경쟁자로 만들 것이다. 근대성의 향정신성 의약품인 프로작은 복용자에게 경쟁력이 없는 풀밭 위에 있는 사람들을 제치고 질주하라는 무자비한 야망을 불어넣는다. 프로작은 우울증을 위한 약이며 이별의 아픔을 겪으면서 상실감에 빠진 사람들이 겪는 우울증의 시간을 가속적으로 단축시키기 위해 처방된다. 이것은 정서적인 침체는 그것뿐만 아니라, 경제적인 침체와 마찬가지로 받아들여지기 어려운데, 그것은 그러한 침체는 사람이든 경제든 모두의 속도를 늦추게 하기 때문이다."

_『시계 밖의 시간』, 68–69쪽

24시간 돌아가는 패스트푸드와 프랜차이즈 식당들은 이미 오래전부터 사람들의 밤을 식민지로 만들어 버렸다. 밤은 사라지고 24시간 인간은 깨어 있고 먹고 쇼핑하는 것을 강요받는다. 빛은 때로 축복이지만 24시간 사회에서 빛은 또 다른 공해가 되었다. 백화점엔 창문도 없고 시계도 없다. 아케이드형 쇼핑몰은 마치 대낮에 있는 것과 같은 착각을 일으키는 인공적인 천정이 있어서 깜빡하면 자신이 밝은 대낮에 거리를 걷고 있다는 느낌을 들게도 한다. 라스베이거스의 밤하늘은 낮처럼 푸르다. 사람들은 알면서도 자신의 시간을 잃어버리고 살아간다. 『어린 왕자』에 등장하는 약장수를 기억하는가? 물 마시는 시간조차 아끼려는 현대인의 우울한 초상은 더 이상 동화 속의 풍자가 아니다.

"안녕하세요."
어린 왕자가 인사하자 상인은 "안녕" 하고 답했다.
상인은 갈증을 가라앉히는 알약을 발명해 팔고 있었다.
"네가 이 알약을 일주일에 한 알씩 먹으면 아무것도 마시고 싶은 생각이 들지 않을 거야."

이 말을 듣고 어린 왕자가 물었다.
"왜 아저씨는 이 약을 팔고 있어요?"
그러자 상인은 이렇게 대답했다.
"시간을 엄청나게 절약할 수 있기 때문이지. 전문가들이 계산을 해 보았더니 이 약을 먹으면 네가 일주일에 53분을 절약한단다."
"그러면 그 53분으로 나는 무엇을 하나요?"
"네가 좋아하는 것은 뭐든지 다 하지."
그러자 어린 왕자는 중얼거렸다.
"만약 내 마음대로 쓸 수 있는 53분이 생긴다면 나는 신선한 샘물 있는 곳으로 쉬엄쉬엄 걸어갈 거야."

_생텍쥐페리, 『어린 왕자』

근대적 시간성의 대표적인 기업가인 헨리 포드의 일화는 많은 것을 생각하게 한다. 작업 속도를 최고로 높이기 위한 효율적인 조립 라인으로 노동자들의 시간을 최대한 효율적으로 사용하려던 그의 경영 방식은 사실 어느 정도 그 자신의 삶 속에서도 영향을 발휘하고 있었다. 그는 시간과 속도를 정복한 위대한 기업가의 표상으로 기억된다. 자동차의 빠른 속도는 이미 걷기의 불편함과 느림을 시대에 뒤처진 것으로 만들었고, 그러한 자동차를 만드는 공장의 생산방식 역시 노동을 최대한 효율적으로 이용하기 위한 방식으로 구성되었다. 포드는 그런 의미에서 근대적인 시간의 화신과 같다고 할 수 있을 것이다.

하지만 말년의 포드는 다른 많은 사람이 그렇듯이 삶의 전성기 때와는 다른 생각을 갖게 되었던 것 같다. 노쇠한 포드는 매사추세츠 근방에 여인숙 하나를 사들이고 나서 주변의 신작로를 모조리 뒤집어엎고 흙먼지가 풀풀 나는 옛날의 시골길을 만들게 했다고 한다. 그리고 냄새나고, 불편하고, 자동차도 없는, 아버지의 농장을 똑같이 만들어 놓았다고 한다(『시계 밖의 시간』, 440쪽).

도시로 변한 시골, 농장이 있던 자리에 공장이 들어서고, 나무와 동물들이 오가던 오솔길들은 자동차들이 점령한 도로가 되어 버렸다. 말년의 포드는 아스팔트와 콘크리트에 뒤덮인 유년의 기억과 어린 시절의 추억들을 다시 찾고 싶었던 것일까? 포드는 자기가 원하는 것을 이룰 수 있는 현실적이고 경제적인 능력이 있는 사람이었으니 그나마 운이 좋은 사람이라고 해야 할까? 많은 사람에겐 돌아갈 고향이 없다. 그 자리, 그 지역의 이름은 그대로겠지만 거기엔 어릴 때 그네를 타던 느티나무도 없고, 개구리를 잡던 논두렁도 없고, 친구들과 썰매를 타던 아기 동산도 없다. 아파트가 들어서고, 홈플러스가 생기고, 마을로 들어오는 좁은 길까지 온통 콘크리트 도로가 깔렸다. 사람들은 자동차를 피해 좁은 인도로 늘 불안하게 걸어야 하고, 아이들은 아파트 놀이터나 학교 운동장이 아니면 마음껏 뛰어놀 수도 없다. 아이들은 줄넘기 과외를 하고, 유치원 아이들은 모래놀이를 하러 단체로 버스를 타고 어디론가 가야 한다. 외할머니집에 놀러 가는 것은 1박 2일 체험 코스가 되어 버렸고, 밭에서 감자나 고구마를 캐려면 돈을 내야 한다. 딱히 이런 현실을 부정할 수 있는 것은 아닌데도 왠지 뭔가를 잃어버리고 있다는 느낌은 지울 수 없다. 우리는 무엇을 잃어버리고 있는가?

"우리가 살면서 잃어버린 삶은 어디 있는가?
우리가 지식 속에서 잃어버린 지혜는 어디 있는가?
우리가 정보 속에서 잃어버린 지식은 어디 있는가?"

_T. S. 엘리엇

MELANCHOLY

Chapter 3.

현대인의 정신성과 멜랑콜리

- 만들어진 질병: 우울증
- 권태와 멜랑콜리
- 권태와 전쟁
- 슬픔과 멜랑콜리
- 멜랑콜리와 센티멘털리티

만들어진 질병: 우울증

역사적으로 멜랑콜리에 관한 연구는 거의 중세 이후부터 지속적으로 이뤄져 왔지만 유독 현대에 들어서 다시 멜랑콜리 이론이 각광을 받는 이유에는 현대사회에서 급증하는 우울증과 그 치료약을 생산하는 제약 회사의 부흥과 관련이 있다(*The Politics of Melancholy from Spencer to Milton*, 21쪽). 세계보건기구에 따르면 "우울증이라 규정된 사기 저하가 전염병 수준에 도달"했다고 하며, 선진국 인구의 4분의 1, 인구의 15퍼센트가 이와 관련된 약을 복용하고 있다고 한다(리처드 세넷, 402쪽).

이제는 범세계적인 표준이 된 미국 『정신질환 진단분류체계』(*DSM, Diagnostic and Statistical Manual of Mental Disorders*)에는 수없이 많은 인간의 정신적 특성들이 질병이라는 표제를 달고 길게 나열되어 있다. 그 끝부분에는 '문화구속적 증상'이라는 항목으로 일련의 정신적 장애를 기술하는데(『미국처럼 미쳐가는 세계』, 10-11쪽), 대부분 우울증과 관련한 것이다. 현대사회에는 이전과는 비교할 수 없을 정도로 많은 우울증 혹은 우울증과 관련된 정신적 장애가 존재한다.

> "요즘은 어디에서나 우울증을 쉽게 접할 수 있다. 일반 의사들이 우울증 진단을 내리고, 유명 인사들은 우울증을 앓고 있다고 고백하고, 어린아이들에게 우울증 처방이 내려지고, 신문 기사들이 우울증에 대해 논하고, 연속극에 나오는 인물들은 우울증과 씨름한다. 하지만 40년 전에는 우울증이라는 말을 거의 들을 수 없었다. … 세계보건기구에 따르면 2010년에 우울증은 심장 질환 다음으로 가장 큰 공중 보건 문제였다. 성인 인구의 25~45%가 우울증에 시달리고, 어린이와 청소년의 비율도 증가했다. 미국 소아청소년정신과학협회에 따르면 현재 350만 명의 미국 어린이가 우울증을 앓고 있고 미국 어린이의 6% 이상이 정신과 치료제를 복용하고 있다."
>
> _대리언 리더, 18–20쪽

하지만 엄밀히 말하자면, 그런 증상 혹은 장애들은 "발병"했다기보다는 "만들어진" 것이다. 여기에 대해 대리언 리더는 현대의 우울증에 대해서 그것이 "실제 삶에서 맞닥뜨릴 수밖에 없는 슬픔과 불의를 재구성해 병으로 만든 것"이라고 주장하기도 했다. 항우울제[그들은 "선택적 세로토닌 재흡수 억제제"(SSRIs)라는 다소 이해하기 어려운 용어를 쓰기도 한다]를 만들어 내는 제약 회사의 홍보 정책이나 마케팅 정책은 치료 약이 아닌 치료의 대상인 질병 자체를 파는 것이다(『미국처럼 미쳐가는 세계』, 12쪽).

예를 들자면, 글락소스미스클라인 같은 거대한 다국적 제약 회사는 일본으로 진출하기에 앞서 먼저 일본의 정신 건강과 관련한 학회를 지원했다. 관련 연구자들에게 막대한 후원을 제공하면서 일본의 문화권에서 우울증은 어떤 구체적인 경험으로 나타나는지를 연구하게 했고,

그 결과 전에는 가볍게 지나치던 많은 정신적인 증상이 이제는 학계에서 논의되는 구체적인 정신적 질병의 이름을 갖게 만들었다는 것이다. 제약 회사에서 만든 약들은 이런 범주에 속하는 질병에 효과가 좋을 것이다. 사람들 사이에서 신상이 유행하는 것처럼 새로운 이름의 질병은 사람들 사이로 급속히 퍼져 나간다. 제약 회사의 매출이 오르는 건 시간문제다. 새로 만들어진 의학적 지식들은 사람들로 하여금 많은 사소한 질병에 주목하게 했다. 사람들은 자신의 건강 상태에 일어나는 아주 작고 미세한 변화들을 끊임없이 걱정하게 되었고, 결과적으로 "새로운 질병"에 걸릴 확률은 더 높아졌다(『미국처럼 미쳐가는 세계』, 285쪽). '병 주고 약 준다'는 말은 이런 제약 회사들에게 너무나도 잘 들어맞는다.

서양문명에서 멜랑콜리에 대한 인식은 데모크리토스와 히포크라테스 시대부터 존재했으며, 이후 중세를 지날 때까지 멜랑콜리는 이와 유사한 심리적 현상인 권태, 게으름, 낙담, 걱정, 우려, 슬픔 등을 포괄하는 매우 복합적인 현상이 되었다. 멜랑콜리는 초기에는 질병이라는 함의가 더 비중이 높았고, 이후 사회문화적인 의미가 덧붙여지게 되었다. 물론 그렇다고 해서 히포크라테스처럼 초기에 병적인 것으로 진단했던 멜랑콜리가 현대의 우울증과 조응하는 것이라고 볼 수는 없을 것이다.

멜랑콜리는 기원으로 따져 볼 때 일단 어느 정도 질병의 의미가 크다. 앞서도 계속 언급했지만 멜랑콜리를 규정하는 일종의 "이유 없는 슬픔"은 매우 장기적인 증상으로 나타나는 병적인 징후였다. 버튼은 그러한 멜랑콜리를 한시적인 멜랑콜리라고 따로 구분했다. "한시적 멜랑콜리적 경향"(Temporary Melancholy Disposition)으로 구분된 이러한 단기적인 증상으로서 멜랑콜리는 중세를 거치면서 그 적용 대상의 외연을 넓히게 된다. 사람만 우울한 것이 아니라 빛이 우울하고, 저녁노을이 우울하고, 언덕이 우울하고, 빗소리가 우울하다는 표현이 가능하게 된 것이다. 멜랑콜리는 이제 사람뿐만 아니라 사물들에도 사용할 수 있게 되었고, 더 나아가 멜랑콜리적 풍경(melancholy landscape)이 등장하게 된다(『토성과 멜랑콜리』, 217쪽). 이젠 더 이상 멜랑콜리를 표현하기 위해 인간을 내세우지 않아도 된 것이다. 주변의 사물들과 풍경들을 이용해서 이러한 멜랑콜리적인 기분을 표현하는 것은 낭만주의 시대만 살펴봐도 매우 많은 그림들을 찾아볼 수 있다. 그만큼 멜랑콜리는 일상적으로 사용할 수 있는 매우 친숙한 단어가 된 셈이다. 이런 과정을 통해 멜랑콜리는 본래의 병리적 맥락에서 벗어나 인간의 기분이나 정서를 표현하는 단어가 되었다. 그렇기 때문에 멜랑콜리는 우울증과 의미가 다르다. 어느 비 오는 11월의 쌀쌀한 아침을 멜랑콜리하다고 말할 수는 있어도 우울증스럽다고 말할 수는 없기 때문이다.

우울증이라는 병명은 계몽주의 이후 산업혁명이 삶의 패턴을 획기적으로 변화시킨 현대 문명 이후부터 본격적으로 사용되었다고 종종 언급된다(*Melancholy, Love and Time*, 26쪽). 우울증은 자신에 대한 객관적 인식의 가장 핵심적인 과정에서 일어나는 매우 독특한 현대적인 현상이다(Peter Toohey, 26쪽). 하지만 앞서 언급한 버튼이 『우울증의 해부』에서 아주 일찍부터 도시와 사회적 삶과의 관계 속에서 멜랑콜리를 파악했다고는 하지만 그가 살았던 시대적인 한계로 인해 당시 도시는 현대의 도시와는 비교할 수 없을 정도로 상황이 달랐을 것이다. 어쨌거나 병적인 증세로서 우울증은 기계적이거나 산업화된 여부와는 별개로 도시라는 공간과 매우 밀접한 관계가 있다고 할 수 있다.

여기서 말하는 도시의 심리적 소외, 무력함, 무질서와 같은 특성은 분명 농촌 중심의 소규모 공동체에서 경험하는 것과는 달랐을 것이다.

그렇기 때문에 동양 문화권에서는 우울이나 우울증 혹은 그와 직접적으로 관련된 문화 현상은 많지 않았을 것이다. 하지만 최근 들어 상품이 유명해지는 것처럼 거식증이나 폭식증, 신경쇠약, 불면증, 공황장애, 우울증과 같은 정신적 장애는 주변에서 흔히 볼 수 있게 되었고, 심지어 우울증은 "마음의 감기" 정도로 인식되면서 항우울제 처방을 받는 것은 거의 일상이 되었다. 멜랑콜리(Melancholy)는 우울증, 권태, 슬픔, 상실감, 무기력, 향수병처럼 일종의 사촌지간이라고 할 수 있는 엇비슷한 증상들이 모두 관련되어 있다. 산업사회 이후 도시화가 급격히 진행되면서 전에 없는 정신적 공허함을 만들어 낸 서구 사회에서 우울증은 일종의 필연적인 결과였다.

> "산업 사회가 인간을 에너지의 단위로 취급하면 이런 사실을 의식하든 못하든 간에 인간은 저항할 것이다. 따라서 지금 우울증이라는 이름표가 붙은 것의 대부분은 현재의 지배와 통치 형태에 대한 거부라는 의미에서 옛날식 히스테리아로 이해할 수 있다. 사회가 능률과 경제적 생산성의 가치를 강요할수록 그 필연적인 결과로 우울증이 더 많이 확산되는 것이다."
>
> _대리언 리더, 19-20쪽

도시를 가로지르는 전차가 처음 생겼을 때 많은 사람은 생전 처음 보는 사람들과 무릎을 맞대고 한참 같은 공간에 있어야 한다는 사실에 적지 않은 충격을 받았다고 벤야민은 기록한 바 있다(『도시의 산책자』, 44쪽). 전차를 타고 앞에 앉은 사람을 한참 마주 보고 가야 한다는 것은 매우 불편한 일이었을 것이다. 이런 불편을 해소하는 가장 효과적인 방법은 신문이나 책을 읽는 것이었다. 산업화와 도시화가 일찍 진행되었던 미국이나 유럽의 지하철에서 책을 읽는 사람이 많은 것은 이 시기에 형성된 문화적 습관에 부분적으로 기인할 것이다. 이질적인 공간에서 낯선 사람들과 함께 좁은 공간을 공유해야 하는 환경은 넓은 공간과 자연 속에서 늘 친숙한 사람들과 공동체를 형성하며 살아가던 사람들에게 그 자체로 심각한 스트레스였을 것이다.

에드워드 윌슨은 인류의 가장 큰 위협은 환경 파괴나 식량 부족이 아니라 공간의 협소함이라고 지적했다. 배고파서 생기는 스트레스보다 좁은 공간에서 함께 지내야 하는 것에 대한 스트레스가 더 위험하고 치명적이라는 것이다. 도시의 많은 사람은 전차보다 훨씬 더 좁은 엘리베이터 안에 낯선 사람과 단 몇 초라도 함께 있는 순간 스마트폰을 꺼낸다. 스마트폰이 없다면 책이라도, 책마저도 없다면 낯선 사람과 좁은 공간에서 팔꿈치를 맞대고 있어야 하는 그 순간은 고스란히 스트레스가 될 것이다.

권태와 멜랑콜리

기독교가 지배하던 서양의 중세에는 성경에서 연유한 7가지 큰 죄가 있었다. 여기에는 슬픔(triste, tristitia; sadness, sorrow)이나 권태도 포함된다(Stanley Jackson, 15쪽). 비슷하지만 조르조 아감벤이 밝히고 있는 중세 교부철학이 지정한 죄의 종목은 여덟 가지로 나타난다. 그것은 탐식, 음욕, 인색, 분노, 슬픔, 나태, 허영, 교만이다(『행간』, 23쪽). 슬픔이 어떻게 죄가 될 수 있는지는 일견 의아하게 느껴지기도 하지만 아마도 내세와 천국에 대한 교리 때문일 것으로 여겨진다. 죽으면 천당에 가는데 왜 슬퍼하겠는가? 슬퍼한다면 그것은 내세와 천국에 대한 믿음이 없는 것으로 여겨지고, 그로 인해 신의 존재를 부정하는 죄를 저지르게 되는 것이다.

권태는 주로 수도사들이나 성직자들이 고뇌하던 죄였다. 특히 점심이 지난 오후의 시간에 몰려오는 피로와 나른함은 수도자들의 정결하고 신성한 정신을 매우 혼란스럽게 만들었다. 육체적으로 몰려오는 나른함과 찌뿌둥함은 신성한 기도 시간에 결정적으로 수도사들에게 정신적인 죄책감을 안겨 주기도 했으며, 급기야 그들은 이런 정서적 나른함과 권태감에 대해 "정오의 악마"(Devils at Noon)라는 이름을 붙여 주기도 했다. 이것은 성직자들이 신성한 기도 시간에 육체적 나른함을 이겨내지 못한 죄책감의 표현이라고 할 수 있을 것이다. 이러한 권태는 아케디아(Acedia)라고 불렸다. 아케디아는 기독교 교회에서 4세기부터 사용하던 말로, 특히 존 카시안(John Cassian)에 의해서 마음의 피로 혹은 낙담과 비슷한 상태로 설명된 적이 있다. 그리스어로 ἀκηδία는 무모함이나 나태, 무기력함, 무사안일함, 매사에 무관심한 심리적 상태를 의미한다(Jackson, 65쪽).

아케디아는 여러 문헌에서 다양한 스펠링으로 나타난다. Accidia, Accedia, Acidia, Accidie, Accydye, Acedy 등으로 나타나다가 나중에는 Acedia의 형태가 주로 쓰이게 된다. 이와 같은 아케디아의 함의는 이후 "무관심, 피로, 탈진, 냉담, 고통, 슬픔, 낙담, 게으름과 나태" 등의 의미로까지 확대되었다(Jackson, 66쪽).

권태감, 무기력감은 종교적 구도를 통한 신과의 합일을 꿈꾸는 수도승들에게 특히 괴로운 일이었는데 아케디아는 수도사의 몸을 괴롭게 해 신과의 합일 혹은 그들의 영성에 큰 방해가 되었기 때문이다. 이런 현상은 수도승들에게 죄책감을 느끼게 만들었다. 그래서 권태는 "허영,

분노, 낙담, 권태, 오만, 욕심, 과식, 간통"과 같은 일곱 개의 큰 죄에 속하게 된다. 동시에 여기에는 일종의 종교적 구원의 여지도 함께 나타났는데 그것은 수도승들이 이러한 권태를 극복했을 때 얻을 수 있는 지고의 축복이 신과의 합일과 같은 숭고한 희열로 나타나기도 했기 때문이다(Radden, 70쪽).

아케디아는 처음부터 슬픔(tristitia)과 밀접한 관계를 가지고 있었으며, 이런 이유로 중세 이후에는 멜랑콜리와도 연관되어 사용되었다(Jackson, 66쪽). 권태를 주제로 한 그림들은 많은 경우 멜랑콜리의 도상적인 특성을 가지고 있다. 이것은 "권태, 멜랑콜리, 우울함은 시각적으로 같은 모습이다"(『권태』, 59쪽)라는 피터 투이의 주장에 많은 신뢰를 부여하며 그것들이 모두 정서적으로 비슷한 근원을 갖고 있음을 보여준다.

덕분에 아케디아의 의미는 단순히 권태와 무기력, 게으름과 나태의 의미뿐만 아니라 슬픔과 의기소침, 우울과 절망, 서글픔과 냉담의 의미까지를 포괄하는 그야말로 인간 정신의 어둡고 우울한 면을 지칭하는 말로 사용되었다. 아케디아는 기독교에서 악마의 활동으로 여겨지기도 했는데 그것은 수도사들의 평정심을 흩뜨리고 마음속의 열정에 불을 지펴 수도사로서의 생활을 어렵게 만들기 때문이었다. 점심때만 되면 육체에 무기력과 졸음을 몰고 오는 아케디아는 일종의 악마(정오의 악마)였던 것이다. 카시안은 당시 기독교에서 말하는 8가지 죄악으로 아케디아를 포함시켰다. 12세 무렵이 지나면서 아케디아라는 말은 단어가 품고 있는 의미 중 슬픔과 괴로움의 측면이 특히 더 강조된다.

슬픔이라는 요소가 가미되면서 아케디아는 멜랑콜리와 심리적 특성이 매우 유사한 것으로 여겨졌고, 점점 아케디아와 멜랑콜리는 비슷한 것이 되어 갔다. 중세에 이르러 이러한 아케디아는 더 이상 수도자와 성직자들에게만 국한된 것이 아니라 일반인들에게까지도 적용되었다(Jackson, 73쪽). 그리고 16세기에 이르러 아케디아를 묘사하기 위해 사용되던 이미지들은 점차 멜랑콜리를 묘사하기 위해 사용되기 시작한다. 마르실리오 피치노는 자기 자신이 토성의 영향 아래에서 태어난 선천적으로 멜랑콜리한 사람이라고 생각하며 그것을 자신에게 내려진 일종의 저주라고 생각하면서도 또 한편으로는 지적인 능력과 창조성의 원천이라고 생각하기도 했다. 그래서 피치노는 지적이거나 근면 성실, 지나치게 규칙적이어서 권태로울 수 있는 사람들은 멜랑콜리해질 수 있는 위험이 있다고 생각했다(Jackson, 100쪽). 단지 단어의 쓰임이 역사적으로 변해 온 추이뿐만 아니라, 실제 권태는 우울과 밀접한 관계가 있다. 로버트 버튼은 그 관계에 대해서 다음과 같이 설명한다.

> "게으름이야말로 가장 큰 우울증의 원인이라는 데 동의하지 않는 의사들은 없다. 과도한 게으름은 체내에 우울증의 원인이 되는 '검은 담즙' 즉 멜랑콜리를 가장 많이 생기게 한다. 게으른 생활을 하는 사람들은 어떤 일에 얽매여 있는 사람들보다 우울증에 더 많이 걸린다… 마음이 게으른 것은 몸이 게으른 것보다 더 나쁘다. 놀고 있는 정신 상태는 일종의 병이다."
>
> _『우울증의 해부』, 118–119쪽

지금도 우리는 주변에서 누군가가 우울하게 지낼 때 혹은 권태에 몸부림칠 때, 뭔가 일이 필요하다고 충고할 것이다. 몸을 바쁘게 하면 마음이 우울해질 틈이 없다. 우울은 중세의 수도사들이 겪었던 것처럼 열렬한 기도와 기도 사이, 식사 후에 잠시 휴식을 취할 때처럼 뭔가 활동의 정지가 있을 때 자신도 모르게 엄습해 온다. 모더니즘 시기의 대표적인 시인 보들레르는 흔히 "우울의 시인"으로 알려져 있다.

하지만 그가 우울 못지않게 관심을 가지고 있었던 것은 바로 "권태"의 문제였다. 모더니즘 직전, 도시화와 산업화가 만들어 놓은 새로운 인간 조건은 전에 없던 이러한 "권태"를 직면하게 했고, 『보바리 부인』을 쓴 귀스타브 플로베르(Gustav Flaubert)를 비롯한 제임스 조이스(James Joyce)나 버지니아 울프(Virginia Woolf), T. S. 엘리엇(Thomas Stearns Eliot) 등은 권태의 문제를 자신들의 작품에서 매우 비중 있게 다루고 있다.

도시화가 급속히 진행되면서 사람들의 일상은 매우 규칙적으로 변해 갔고, 1년 365일 쳇바퀴 돌아가는 것처럼 반복되는 일상을 견디는 일은 육체적으로도 감정적으로도 쉬운 일은 아니었다. 사람들은 자신만의 삶의 의미를 찾기보다 하나의 거대한 사회 속에서 할당된 작고 보잘것없는 일만을 반복하면서 살아야 했다. 많은 공장노동자는 언제든지 다른 사람으로 바꿀 수 있는 소모품처럼 인식되면서 사람들은 자신의 일에 대한 가치와 의미에 대해서도 회의하게 되었으며, 결국 거대한 기계 속의 톱니처럼 필요할 때까지만 사용하고 마모되거나 문제가 생기면 바로 다른 것으로 대체되는 삶을 살게 된 것이다. 이러한 산업화의 비극적 측면은 찰리 채플린의 〈모던 타임스〉에서 매우 희비극적으로 희화되기도 했다.

패트리샤 메이어 스팩스(Patricia Meyer Spacks)와 라인하트 쿤(Reinhard Kuhn)에 따르면 권태는 현대 모더니즘의 정서를 이해하는 매우 중요한 개념이라고 할 수 있다(Spacks, 219쪽). 권태를 지칭하는 말은 크게 두 가지로 나눌 수 있다. 하나는 앞서 멜랑콜리와의 연관성 속에서 살펴본 아케디아이고 또 하나는 프랑스어 앙위(ennui)이다. 이 두 개념은 서로 비슷하게 쓰이지만 개별적인 어원이어서 다소 차별적인 의미를 가지고 있다(Kuhn, 373쪽). 쿤에 따르면 앙위는 서구 문학에서 매우 중요한 역할을 한다.

앙위(ennui)라는 말은 어원적으로 "불쾌한 것"을 뜻하는 라틴어 "odium" 혹은 "odio"에서 유래한다. 여기에서부터 앙위는 "nausea, noxia" 또는 "non gioia"와 같은 말로도 파생된다(Kuhn, 5쪽). 피터 투이에 따르면 권태는 현대사회의 실존주의적 딜레마를 가장 극명하게 드러내는 현상이기도 하다. 사르트르의 소설 『구토』는 이러한 현대 문명의 "실존적 권태"를 잘 보여 주고 있으며, 결국 권태, 앙위, 구토와 멜랑콜리는 모두 엇비슷하게 얽혀 있는 유사한 현상이라고 볼 수 있다(『권태』, 59쪽).

쿤은 기독교 역사에서 앙위가 매우 중요한 개념이라고 주장한다. 그것은 기독교적 세계관이 "새로운 개념의 시간관"을 도입해 사람들이 세상에 대해 가지는 감정적 정서적 태도에 영향을 줬기 때문이라고 설명하고 있다(Kuhn, 39쪽). 여기서 연유한 권태의 감정은 기독교가 발전하면서 더욱 많은 관심을 받게 되는데, 이것은 기독교의 발전과 함께 이뤄진 "수도자 문화"와 밀접한 관계가 있다(Kuhn, 40쪽). 멜랑콜리와 의미상 연관된 아케디아가 수도원의 수도승들에게 매우 빈번하게 일어났던 만큼 수도원의 생활은 오늘날 우리가 부르는 권태로운 삶과 매우 비슷하다. 수도원의 삶은 "고독, 단식 그리고 참회"와 직결되어 결과적으로 "권태"와 같은 정서적 상태를 만들어 내는 것이다(Kuhn, 40쪽).

비록 다른 단어의 형태를 하고 있지만 앙위, 아케디아, 권태는 모두 같은 범주에 속한다. 평생을 수도원에 갇혀 살다시피 살아야 했던 수도사들에게 아케디아는 일종의 병이었는데 이 병에 걸리면 마치 일 분일 초가 정지된 것처럼 더디게 흐르고, 그로 인해 마치 영원히 시간이 흐르지 않는 것 같은 기분에 우울해진다는 것이다. 아마도 수도사들의 생활 패턴이 매우 단조롭고 반복적이기 때문에 이런 현상이 발생했을 것인데, 현대사회에서 이렇게 반복적인 삶을 살아야 하는 사람들은 급속도로 많아지게 되었다.

현대 도시인들이 겪어야 하는 일상의 반복과 변화 없는 삶 그리고 거기서 파생되는 심리적 권태와 무력감은 알베르 카뮈, 장 폴 사르트르와 같은 작가들에 의해서 잘 묘사되고 있다. 특히 카뮈의 『시시포스의 신화』는 반복되는 권태와 무기력 속에서 점점 더 삶의 의미를 잃어 가는 현대 문명의 병적인 단면을 그리고 있다. 인간에게 불을 가져다준 이유 때문에 산 채로 코카서스 바위에 묶여 영원히 독수리에게 간을 쪼아 먹히는 형벌을 받았던 프로메테우스처럼 시시포스는 인간에게 물을 가져다줬다는 이유로 형벌을 받게 된다.

시시포스의 형벌은 꼭대기가 바늘처럼 뾰족한 산꼭대기 위로 커다란 바윗덩어리를 굴려 올려야 하는 것이었는데, 즉 절대 끝날 수 없는 것이었다. 아무리 힘들게 바위를 굴려 올려도 뾰족한 꼭대기에 거대한 바위가 올라설 수는 없으므로 바위는 곧장 반대편으로 굴러떨어졌고, 시시포스는 다시 반대편부터 바위를 굴려 올려야 했다. 이런 시시포스의 형벌은 마치 프로메테우스의 간이 다음 날이 되면 새로 자라나 또다시 독수리에게 쪼이는 고통을 받아야 했던 것처럼 영원히 끝나지 않는 것이었다.

그것은 동시에 영원히 끝나지 않을 것 같은 현대인들의 일상성, 권태, 무기력함을 상징적으로 드러내며 현대사회의 실존주의적 딜레마를 상징하는 것이었다. 20세기에 본격적으로 나타나는 급속한 도시화, 현대화는 현대인들에게 이러한 정서적 질병을 가져다줬으며(Andrew Solomon, 31쪽), 결과적으로 현대는 권태를 연구하기에 가장 적합한 시대가 된 것이다(Kuhn, 337쪽).

쿤은 권태를 허무에 직면한 인간의 심리적 반응이라고 정의하면서 "죽음에 대한 집착, 주변에 관심 없음, 단조로움, 정적인 생활 그리고 시간에 대한 왜곡된 인지"(Kuhn, 13쪽) 같은 특성 등을 여기에 통상 나타나는 징후들로 설명하고 있다. 멜랑콜리와 권태는 현대인들의 내면을 투영하는 창이 되었고, 그 결과 인간의 내면을 관찰하는 본격적인 문학들이 속속 등장하게 된다. 이런 면들을 고찰해 볼 때 권태는 일종의 "형이상학적인 질병(Spacks, 180쪽)"이며 그것은 모더니즘에 가장 큰 영향을 준 인간의 정서라고 할 수 있다.

마르셀 프루스트, 버지니아 울프, T. S. 엘리엇, 프란츠 카프카, 알베르 카뮈 그리고 장 폴 사르트르 같은 작가들은 현대인의 무기력하고 권태로운 심정의 상태를 매우 집요하게 파고들었으며 그들이 가지고 있던 정신적 세계감의 근원을 파헤쳤다. 엘리자베스 구드스타인은 권태가 "현대성에 어울리는 주관적인 질병의 형태"라고 보았으며 이것은 "도시적인 현상"이면서 동시에 "아주 보편적인 경험으로서 인간이 세상과 연결되는 가장 근본적인 경험의 방식"이라고 설명했다(Elizabeth S. Goodstein, 46쪽). 구드스타인에게 권태는 "현대화의 증상"이면서 모더니즘 속에 "현대화의 주관적 중요성"이 어떻게 반영되어 있는지를 알 수 있게 해 준다고 주장한다(Elizabeth S. Goodstein, 46쪽).

유명한 영문학 비평가인 노스롭 프라이는 "권태와 피로"는 인간성을 부정하는 극도의 공포와 같다고 피력한 바 있으며, "무관심"은 바로 이러한 권태와 인간의 수동성을 의미한다고 했다. 현대인들이 하루하루의 일상을 살아가는 것은 일종의 "관성적으로 움직이는" 손을 통해 이뤄지며 이것은 현대인들의 행위에 별다른 적극성이나 목적의식이 결여되어 있음을 상징한다.

하이데거가 철학적 사유를 뒷받침하는 감정으로 제시하기도 했던(김홍중, 『마음의 사회학』, 217쪽) 권태는 멜랑콜리와 마찬가지로 시간의 영향이 절대적이다. 멜랑콜리의 정서에 문화사적 영향을 줬던 사투르누스가 곧 시간의 신이 되었던 것과 관련해, 많은 학자는 이러한 멜랑콜리의 문제를 파토스의 문제와 결부해 파악하고 있다. 특히 김홍중은 "파토스 고유의 시간성"을 거론하며 파토스가 로고스나 에토스보다 훨씬 더 무의식적이고 더 장기지속적인 현상이라고 설명하고 있다(김홍중, 9쪽). 이와 비슷하게 서구의 멜랑콜리 담론을 연구했던 김동규는 자신의 저서 『멜랑콜리아』에 "서양 문화의 근원적 파토스"라는 부제를 달았을 만큼 멜랑콜리는 시간과 매우 연관이 깊은 파토스적 실체라고 해야 할 것이다.

일상적인 관점에서 생각해 볼 때 시간과 밀접한 관계를 가지고 있는 인간의 정서는 권태라고 할 수 있다. 특히 권태에 사로잡혔을 때 시간의 한없이 "더뎌짐"은 많은 사람이 쉽게 겪을 수 있는 심리적인 현상이고, 이것은 동서고금을 막론하고 인간의 정서적인 특징을 가장 잘 드러내 준다. 피터 투이는 서양 문화사에서 나타난 "권태"의 의미와 현상을 매우 "흥미롭게" 설명해 주고 있다.

특히 20세기 후반 실존주의 소설의 대표작인 사르트르의 『구토』에 나타난 실존적 권태의 양상은 멜랑콜리와 매우 밀접한 관계를 가지고 있다. 피터 투이는 소설 『구토』의 원래 제목이 "멜랑콜리"였다는 사실을 지적하면서, 권태와 아케디아 그리고 멜랑콜리로 이어지는 일종의

"동근원적"(김동규) 정서의 핵심을 설명해 주고 있다.

"다양한 상황과 이미지들에 의해 로캉댕의 구토와 우연에 대한 그의 통찰이 수도사들의 아케디아와 연결된다. 그의 삶의 권태 역시 뚜렷해진다. 사르트르는 권태라는 단어를 쓰지 않을지도 모르지만 그의 묘사에는 이 감정에 대한 인식이 가득 차 있다. 그가 말한 것처럼 권태는 우울함 내지는 멜랑콜리로 이어진다."

_『권태』, 174쪽

현대화되면서 권태친화적으로 변화된 삶의 양상은 다음에 소개하는 밀란 쿤데라의 묘사에서 극적으로 나타난다.

"지루함이란 걸 양으로 잴 수 있다면 오늘날 지루함의 양이 옛날보다 더 크다고 말할 수 있겠다. 옛날의 직업들은—다는 아니라도 아무튼 그 대부분은—정열 어린 애착 없이는 보통 생각할 수 없었기 때문이다. 농부들은 자기 땅을 사랑했다. 우리 할아버지는 멋진 가구들을 마술처럼 만들어 냈었다. 구두장이는 마을 사람들 모두의 발 모양을 빠짐없이 잘 알고 있었다. 삼림보호원, 정원사 심지어 군인들도 옛날에는 정열을 가지고 사람을 죽였을 거라고 짐작된다. 삶의 의미란 건 문제가 되지 않았다. 옛날 사람들의 삶 그 자체에 의미가 담겨 있었기 때문이다. 그들의 작업실에, 저마다의 터전에, 어느 직업이고 그 나름의 성격이 있어서 그 나름의 삶의 방식을 마련했다. 의사는 농부와 생각하는 게 달랐고, 군인은 교사와 행동거지가 달랐다. 그런데 오늘날의 현대인은 모두 똑같다. 모두 자기 일에 대해 똑같이 가지고 있는 무관심으로 말미암아 하나가 된다. 이 무관심이 정열의 자리를 차지해 버렸다. 무관심이 우리 시대의 단 하나뿐인 거대한 집단의 정열이 된 것이다."

_밀란 쿤데라, 『정체성』

권태와 전쟁

나폴레옹 시대의 전쟁은 적들의 목소리를 들을 수 있을 만큼 자신과 가까운 곳에서 벌어졌을 것이다. 특히 양측이 서로 전진해 백병전으로 맞닥뜨렸을 때 군인들은 적군의 육중한 몸짓과 부딪히며 고통이 가득한 절규와 절망의 외침이 가득한 곳에서 가족을 그리워하며 죽어 가는 눈빛을 보았을 것이다. 하지만 전쟁 무기의 발달로 인해 현대의 전쟁은 굳이 죽어 가는 적군의 얼굴을 보지 않을 수 있게 되었다.

현대전의 양상은 적의 공격을 걱정해야 하는 전장에 나가 팽팽한 긴장 속에서 미사일을 발사하지 않아도 된다. 군인들은 비행기 실내처럼 아늑한 공간에서 모니터 속 화면을 바라보며 마치 사격 게임을 하는 것처럼 조이스틱을 조종해 버튼을 누르기만 하면 된다. 화면 속에서는 표적에 적중한 것처럼 화염이 타오르지만 사실 그곳에 적들이 있는지 임시로 운영되는 초등학교가 있는지는 알 수 없다. 폭탄은 수천 킬로미터 밖에서 터졌을 것이고 폭발음이나 건물이 붕괴되는 소리, 사람들의 비명 같은 것은 들리지도 않는다. 누가 얼마나 죽었는지의 문제는 손끝으로 끄적거리는 숫자로 남는다. 통제실을 나가면 화창한 해변 위로 갈매기가 날아가고 비키니를 입은 십 대들이 깔깔거리며 무리 지어 지나가고 있을지도 모른다. 폭격을 명령했던 병사는 자신이 5분 전까지 했던 일이 도대체 현실 속에서 벌어진 일인지조차 구분하기 어려울 것이다. 마치 영화관에서 영화를 보고 온 것처럼 폭격은 비현실적인 일이 되었다. 그리고 이런 명령을 수행하는 젊은 병사들은 점점 더 무감각하게 될 것이다. 왜냐하면 만약 자신이 손끝으로 누르는 버튼 하나가 현실적으로 어떤 비극을 가져올 수 있는지를 생생하게 상상할 수 있게 되면

될수록 병사들은 고민하게 되고 망설이게 되어 고통스러워할 것이고, 결과적으로는 효율적인 명령으로 통제하기 어려워질 것이기 때문이다.

영화 〈아이 인 더 스카이〉(Eye in the Sky)는 실제 이런 현장에서 무인 폭격기를 조종하는 병사가 인도주의적인 이유 때문에 장군의 군사적 명령을 거부하는 내용을 담고 있다. 테러리스트의 리더를 찾아내어 사살하는 군사작전을 배경으로 실제 전장에서보다 공중전화 부스 같은 좁은 공간에서 벌어지는 역동적인 긴장감을 잘 묘사한 영화라고 할 수 있다. 군사작전을 지휘하는 사령관은 중동 지역에서 보고된 테러리스트의 거처를 확인하고 그곳을 폭격하라고 명령을 내린다.

실제 드론을 조종하는 두 명의 병사는 드론의 카메라를 통해 수천 킬로미터 바깥의 상황을 마치 옆집의 상황처럼 보고 있다. 그리고 폭격 명령이 떨어지자 병사는 폭격을 시작하려고 하지만 줌렌즈를 통해 폭격 지점에서 빵을 파는 어린아이를 발견하게 된다. 드론이 상공을 배회하는 동안 자주 살펴보곤 했던 어린 여자아이이다. 아무 관련이 없는 아이지만 드론의 카메라를 통해 아이가 웃고, 뛰고, 아빠와 이야기 나누고, 혼자 훌라후프를 돌리는 모습을 보면서 병사와 여자아이 간 일종의 교감이 형성되었던 것이다. 비록 짧은 시간 동안 형성된 교감이지만 아이의 얼굴을 보고 폭격 단추를 누르지 못할 만큼은 충분한 것이었다. 결국 병사는 폭격을 진행할 수 없다고 판단하고, 무고한 인명 피해가 우려된다며 장군의 폭격 명령을 거부한다. 무고한 피해가 있더라도 당장 폭격을 진행하라는 장군의 고압적인 명령에 병사는 단호하게 '그럴 수 없다'며 다시 한번 폭격으로 인한 무고한 피해자가 나올 수 있는 가능성을 정확하게 계산해 달라고 한다. 이 장면은 사실적이건 비사실적이건 시사하는 바가 크다.

영화에서 장군이 지휘하고 명령을 내리는 공간은 아주 협소하고 밀폐된 공간으로 연출되었다. 다른 사람들과의 정서적인 교감이나 인간적인 망설임 따위가 들어설 공간이 아니다. 장군은 그곳에서 오로지 스크린과 병사들이 전해 주는 정보에만 의존한 채 폭격 명령을 내리고 중지 명령을 내리고 작전을 지휘한다. 장군이 있는 공간엔 실제 폭격으로 인해 야기되는 폭발음이나 절규, 고통, 피범벅이 된 절단된 사체들과는 관계가 없다. 현장에서 누군가가 살고 죽는 절체절명의 판단이 외부 세계와 차단된 차갑고 메마른 공간 속에서 너무나도 아무렇지 않게 이뤄지는 것이다. 특히 명령이 전달되는 과정에 관여된 정부의 고위 관료와 고위급 군 장성들의 일상이 폭격의 명령이 수행되는 과정과 병행되어 나타나는데, 딸아이에게 선물해 줄 에너벨 인형을 고르면서 전화기로 폭격을 명령하는 장면은 실제 전장에서 벌어지는 비인간적인 참상만큼이나 부조리하게 여겨진다.

이 영화가 직접적으로 다루는 부분은 아니지만 현대의 전쟁은 최소한 부분적으로라도 최고 지도자들이 권력의 정상에서 느끼는 "지루함과 권태"와 관련이 있을 것이다. 새로 산 장난감을 조금이라도 빨리 뜯어보려는 아이들의 조급함처럼 새로운 현대 무기가 개발될 때마다 그들은 어떻게든 빨리 그것이 작동하는 것을 보고 싶어 할 것이다. 정말 공포스러우면서도 치명적인 권태라고 할 수 있다.

권태와 폭력성의 관계를 보여 주는 또 한 편의 영화를 살펴보자. 영화 〈호스텔〉(Hostel)은 돈 많고 권력 있는 자들이 삶의 권태를 얼마나 엽기적인 방식으로 풀어나가는지를 보여 주는 대단히 폭력 수위가 높은 영화다. 내용은 이렇다. 유럽의 돈 많은 부호들이 일종의 사냥 클럽을 만들었다. 그리고 그 클럽은 인간을 사냥한다. 직접 사냥을 하는 것은 아니고, 그들의 하수인들이 납치한 배낭여행자들을 하나씩 구매해서 자기 나름대로 사냥감을 "요리"하는 것이다. 자신이 직접 하기도 하고, 누군가를 시켜서 고문하는 과정을 지켜보기도 한다. 불로 지지고, 꼬챙이로 찌르고, 칼로 저미고 심지어 어떤 미치광이는 산 채로 사람의 스테이크를 즐기기도 한다. 권태가 비정상적으로 해소될 때 얼마나 끔찍한 비극이 일어나는지 영화는 무자비할 정도로 공포스러운 방식으로 암시하고 있다.

톰 행크스가 페덱스 회사의 직원으로 등장했던 영화 〈캐스트 어웨이〉(Cast Away)는 외로움과 권태가 구분되지 않는 절대적 고독의 상황에서 인간이 어떻게 에니미즘적 감정에 동화되는지를 아주 잘 보여 준다. 영화의 주인공 "척"은 화물 운송회사 페덱스의 직원이다. 그러던 어느 날 항공운송 도중 비행기 추락 사고를 당하게 되는데, 극적으로 척은 홀로 살아남아 무인도에 표류하게 된다. 다행히 비행기의 화물이 간간이 해변에 떠밀려 와 몇 가지 요긴한 필수품을 구했지만 거의 대부분의 생활은 말 그대로 현대판 로빈슨 크루소처럼 자급자족으로 이뤄진다.

말할 상대도 없이 오랫동안 혼자 지내던 척은 어느 날 자신의 손바닥 상처에서 흐른 핏자국이 찍힌 윌슨 배구공을 보게 된다. 공기 주입구를 입으로 생각하고 눈과 코의 위치를 손으로 살짝 그려 넣으니 그럭저럭 배구공은 사람의 얼굴처럼 보인다. 사람은 텅 빈 공간에 두 개의 점만 찍어 놓아도 그것을 마치 사람의 눈처럼 인식하는 본능이 있다. 당연히 일부러 그려 넣은 배구공 얼굴은 정말 사람처럼 보였을 것이다. 얼굴이 생긴 배구공에게 배구공 회사의 이름 "윌슨"을 붙여 주고, 정말 자신의 말 상대인 것처럼 대화를 주고받는다.

척이 윌슨에게 가지고 있는 정서적 유대감은 시간이 지날수록 점점 사실적인 것이 되어 간다. 척은 윌슨과 대화를 하고, 농담을 던지고, 위로를 받기도 하고, 화를 내기도 한다. 척은 윌슨을 실제의 사람처럼 대한다. 영화의 마지막 부분, 척이 목숨을 걸고 섬을 탈출할 때조차 척은 윌슨을 자신의 뱃머리에 꼭 묶어 두고 함께 떠난다. 그러나 풍랑에 휩쓸려 윌슨은 바다 멀리 떠내려가고, 그 사실을 알고 있음에도 윌슨을 구하러 가지 못하는 척은 마치 산 사람과 헤어지는 것처럼 절규와 슬픔 속에서 깊은 상실감을 느낀다. 망망대해를 떠돌던 척은 내외적으로 몸과 마음이 거의 죽기 일보 직전까지 이르는데, 구사일생으로 근방을 지나던 유조선에 의해 구출된다.

요즘 아이들은 방 안 가득 장난감이 있어도 늘 심심하다고 한다. 장난감이 아이를 재미있게 해 줄 것이라는 부모들의 생각은 오히려 장난감으로는 해결되지 않는 무료함을 아이들에게 가르쳐 줬다. 지루함과 권태는 내면의 에너지가 역동적으로 움직일 때 사라진다. 권태는 내면의 심리적인 문제이지, 외적인 활동의 문제가 아니다. 그래서 전쟁도 지루해질 수 있다. 에즈라 파운드는 "재미없는 전쟁은 백년전쟁과 마찬가지로 지루하다"고 말한 적 있다(라르스 스벤젠, 30쪽).

> "우리의 삶 전체가 지루한 상태란 사실은 바로 독창성과 혁신을 더없이 중시하는 우리들의 태도에서도 그대로 드러난다. 오늘날의 우리는 '가치 있는 것'보다는 '재미있는 것'에 훨씬 더 큰 비중을 둔다. 오로지 '재미가 있느냐'의 기준에 따라서만 만사를 판단한다는 건, 오로지 아름다움만 찾는 탐미의 관점에서만 세상을 본다는 말이다. 게다가 이 탐미의 관점에는 오직 겉모습만 있을 뿐이고 이 겉모습의 가치는 다시 '재미있다' 아니면 '지루하다'로 판가름 난다."
>
> _라르스 스벤젠, 『지루함의 철학』, 49쪽

많은 현대인은 지루함을 견디지 못한다. 지루한 소설은 지루하기 때문에 줄 수 있는 나름대로의 재미가 있었는데 현대의 많은 독자는 그 수준에 이를 때까지 지루함을 붙잡고 있을 수 없다. 잠깐 고개만 돌리면 지루함을 탈출할 수 있는 방법이 셀 수 없을 정도로 많기 때문이다. 기계가 좋아졌고, 기술은 발전했으며, 선택의 여지는 선택할 수 없을 정도로 많아졌다.

지루하게 하루를 보내는 것은 사회적·경제적 무능력의 증거로 여겨지기도 하면서 많은 사람은 자신의 하루하루를 재미있어 보이는 무언가로 채워 넣으려고 한다. 사진을 찍고, 블로그에 글을 올리고, 댓글을 달고, 오늘은 등산 모임, 내일은 와인 모임에서 사람들을 만나지만 늘 알 수 없는 허망함이 마음속에 앙금처럼 남아 있다. 멍 때리는 시간이 있어야 일의 생산성이 좋아진다는 연구가 있었다. 지루한 일상은 두려움의 대상이 아니다. 현대사회에서 지루할 수 있는 것은 과거 왕이나 귀족들이 그랬던 것처럼 일종의 특권이 되었다. 아무나(어지간히 돈이 많거나 백수이거나) 누릴 수 없다는 의미에서 특권이지만 잠시 지루할 틈도 없이 쉬지 않고 돌아가는 현대인의 스케줄에서 해방될 수 있다는 의미에서 더 큰 의미가 있을 것 같다.

슬픔과 멜랑콜리

"상실을 경험한 사람이라면 누구나 소모감에 뒤따르는 두려움이라는 불안한 리듬에 익숙할 것이다. '슬픔은 두려움과 비슷한 느낌이라고 아무도 내게 말해 주지 않았다.' C. S. 루이스가 아내를 암으로 잃은 후 느꼈던 감정을 기술한 책 『헤아려 본 슬픔』의 첫 문장이다. 가장 순수한 형태의 불안은 멜랑콜리아에서 발견된다."

_대리언 리더, 33쪽

히포크라테스는 멜랑콜리의 가장 중요한 증상으로 "슬픔과 두려움"을 꼽았다(Schleiner, 53쪽). 이후 많은 연구에서 슬픔과 멜랑콜리는 외적인 증상은 물론 내면적인 메커니즘의 비슷하면서도 차별되는 요소들이 분석되었다. 슬픔과 멜랑콜리를 구분하는 여러 차이 중에서도 가장 빈번하게 언급되는 것은 슬픔의 이유라고 할 수 있다. 일반적인 슬픔의 원인은 그 이유가 분명하다.

반면 멜랑콜리가 야기하는 슬픔의 감정은 이유를 알 수 없는 슬픔이다. 이유를 알 수 없다는 것은 일반적으로 멜랑콜리가 대상의 상실로 인해 야기된다는 설명과 상충된다. 대상의 상실은 명백한 이유에 해당하기 때문이다. 문제는 상실 이후의 심리적 상태에 있다. 애도의 과정을 거쳐서 슬픔을 경험한 사람은 다시 새로운 대상을 통해 슬픔과 애도의 과정을 종료하게 되지만, 새로운 대상을 찾지 못한 채 잃어버린 대상과 자신을 동일시하는 일종의 "자기애적" 단계로 퇴행한 사람들은 여전히 상실이 만들어 놓은 공백을 채우지 못한 채 허망한 감정을 고스란히 자신에게 투영하는 것이다. 이런 상태에서 상실로부터 어느 정도 시간이 흐른 이후 상실의 원인은 점점 희석되지만 그것이 남겨 놓은 일체의 허무감과 슬픔, 우울의 감정은 점점 더 큰 영향력을 행사하게 되는 것이다. 그리하여 최초 상실이라는 이유는 사라지고 상실이 남겨 놓은 슬픔의 감정만이 남아 일종의 "이유 없는 슬픔"이 되어 가는 것으로 설명할 수 있을 것이다.

아케디아 혹은 권태의 감정은 슬픔과 밀접하게 연관되어 나타난다.

여기에 멜랑콜리가 중층 되면서 멜랑콜리, 아케디아, 슬픔은 서로에게 엇비슷한 특징을 가진 형태로 변하게 되는데 슬픔은 많은 경우 우울을 동반한다. 부정하기는 어려울 것이다. 멜랑콜리와 슬픔의 감정, 곧 애도의 감정은 20세기에 들어서 프로이트에 의해 본격적으로 분석되었는데, 그것은 1917년의 논문 「슬픔과 우울증」이라는 짧지만 중요한 논문에서 매우 상세하게 다뤄진다.

널리 알려진 것처럼 프로이트는 인간의 성적 에너지와 그 대상이 만들어 내는 심리적 메커니즘을 매우 중요하게 여겼다. 그런 관점에서 대상의 상실, 곧 사랑하는 사람을 잃는 것은 모든 사람에게 일종의 심리적 외상을 남긴다. 이러한 과정은 표면적으로 슬퍼하는 것으로 나타나는데 프로이트는 이것을 두 가지로 구분했다. "애도"라고 부르는 정상적인 과정과 "멜랑콜리"라는 다소 왜곡된 애도의 현상이 그것이다. "애도"의 과정은 대상을 잃고, 그 대상을 향했던 리비도가 다시 회수되어 새로운 대상을 찾는 데 사용된다. 애도의 경우 느껴지는 슬픔은 명백한 것이고 당사자는 자신이 왜 슬퍼하는지 이유를 분명히 알고 있다. 하지만 멜랑콜리의 경우 이러한 리비도의 철회가 제대로 이뤄지지 않는다는 것이다.

철회되지 못한 리비도는 대상을 찾지 못한 채 이리저리 떠돌다가 결국 자기 자신을 대상으로 착각한다. 비정상적인 자기애가 시작되는 것이다. 상실된 대상의 대체물로 자신을 선택한 결과 자아는 심각한 자존감의 추락을 겪게 된다. 상실된 대상의 속성이 자기 자신을 집어삼키면서 자아는 위축되기 때문이다. "게다가 우울증 환자는 슬픔의 경우에서는 찾아볼 수 없는 또 다른 것, 즉 자애감의 급격한 저하, 말하자면 상당한 정도의 자아의 빈곤을 내보인다. 슬픔의 경우는 빈곤해지고 공허해지는 것이 세상이지만 우울증의 경우는 바로 자아가 빈곤해지는 것이다. 우울증 환자가 내보이는 자아는 쓸모없고, 무능력하고, 도덕적으로 타락한 자아이다."(「슬픔과 우울증」, 251-252쪽)

애도의 과정 속에서 대상을 상실해 빈곤하게 되는 것은 세상이었지만 멜랑콜리는 자신을 빈곤하게 만든다. 애도 속에서 사람은 점차 상실감에서 빠져나와 마음을 치유하게 되지만 멜랑콜리는 자신이 왜 슬퍼하는지 점점 더 불분명하게 된다. 애도와 슬픔을 느낄 때 사람들은 그 이유를 명백히 알고 있지만 멜랑콜리한 상태는 "이유를 알 수 없는 슬픔"이 지속된다. 이유를 알 수 없기에 그것을 극복하고 치료하는 것은 더욱 어렵고 힘들어진다. 프로이트는 슬픔과 멜랑콜리의 차이에 대해서 다음과 같이 말하고 있다. "우울증이란 의식에서 떠난 (무의식의) 대상 상실과 어떤 식으로든 관계되어 있지만 반대로 슬픔의 경우는 상실에 관한 그 어떤 것도 무의식적인 것이 아니라는 점이다."(「슬픔과 우울증」, 251쪽) 슬픔은 충분히 의식적인 과정을 거쳐서 회복과 정상화의 단계로 갈 수 있지만 무의식적인 층위에 메커니즘이 자리한 우울증에 대해서는 의식적인 대처가 사실상 불가능하다. 당연히 회복과 정상화 과정은 쉽게 이뤄지지 않을 것이다. 이러한 우울증의 증상에 대해서 프로이트는 대상과 자아와의 관계, 즉 세상과 자아와의 관계에 대한 구도로 설명한다.

특히 리비도가 집중되는 대상이 달라지면서 대상을 상실한 리비도는 마치 숙주를 찾아 인간을 위협하는 에일리언처럼 자아 자신으로 되돌아오게 되는데 이러한 과정은 일종의 퇴행으로 여겨진다.

> "하나의 대상 선택, 즉 어떤 특정인에게 리비도를 집중시키는 일이 한때 이뤄졌다.

그런데 그 사랑하는 사람에게서 냉대를 받거나 그에게 실망을 하게 되면 그 대상관계가 깨지고 만다. 정상적인 결과라면 그 대상에게 집중되었던 리비도가 철회되어 새로운 대상에게 전위되는 것이 보통이겠지만 여러 다른 조건 때문에 다른 식의 결과가 초래된 것이다. 즉 저항할 힘을 지니지 못한 대상 카덱시스는 결국 사라지고, 반면에 자유로운 리비도는 다른 대상을 찾는 대신 자아 속으로 들어가고 말았다. 그러나 자아 속에서도 그 리비도는 어떤 특별한 방식으로 이용되는 것이 아니라 오직 자아를 포기한 대상과 동일시하는 데만 기여할 뿐이다. 그래서 그 포기된 대상의 그림자가 자아에 드리우게 되고, 그때부터 자아는 마치 그것이 떠나 버린 대상이라도 되는 듯 어떤 특수한 기관에 의해 대상처럼 취급될 수 있는 것이다. 이런 식으로 대상 상실은 자아 상실로 전환되고, 자아와 사랑하는 사람 사이의 갈등은 자아의 비판적 활동과 동일시에 의해 변형된 자아 사이의 분열로 바뀌게 된다."

_「슬픔과 우울증」, 256–257쪽

이러한 메커니즘을 프로이트는 일종의 "퇴행"으로 간주했고, 그 결과는 리비도 발단 단계의 구강기로 이어진다. 구강기의 특징은 자아와 대상과의 합일을 그 대상을 집어삼키는 것으로 이루려는데 우울증의 외현적 증상은 먹는 행위와 깊은 관계가 있다. 앞서 살펴보았던 사투르누스가 자식을 집어삼키는 모티브나 우울증 환자에게서 흔히 찾아볼 수 있는 식사 거부 행위는 적절한 증거가 될 수 있을 것이다. 이런 복잡한 심리적 메커니즘은 슬픔의 경우와는 너무나도 다르다. 그렇기 때문에 슬픔과 우울증은 비록 현상적으로 비슷한 특성을 공유하고 있지만 그 미세한 심리적 과정은 판이하게 다른 것으로 나타난다. 그래서 우울증은 "슬픔처럼 사랑하는 대상을 현실에서 잃었다는 것에 대한 반응이면서 다른 한편으로는 그것 이상의, 즉 슬픔이라는 정상적인 심리 상태에는 없는, 혹 있다 하더라도 그 정상적인 슬픔의 심리를 병리적인 슬픔으로 전환시킨 어떤 결정적인 요인이 두드러지게 나타나는 증상"(「슬픔과 우울증」, 259쪽)이라는 것이다.

멜랑콜리와 센티멘털리티

본래 병적인 증상을 묘사하는 데 사용되던 멜랑콜리는 사람의 정신적·심리적 상태를 설명하기 위해 사용되는 용법의 단계를 거쳐서 외부의 사물을 묘사하는 데도 사용되었다(『토성과 멜랑콜리』, 217쪽). 그리하여 어느 시점부터 멜랑콜리라는 말은 본래 4체액설과 관련된 의미가 희석되면서 외부의 무생물이 만들어 내는 독특한 분위기를 지칭하는 말로 사용되기 시작한다(『토성과 멜랑콜리』, 220쪽). 그리하여 사람의 감정이나 정서에 대해서 멜랑콜리하다는 표현만 가능한 것이 아니라 계절이, 거리가, 가로등이, 외딴집이 혹은 저녁노을에도 "멜랑콜리"하다는 표현이 가능해진 것이다.

외부의 사물이 가지고 있는 멜랑콜리적 속성은 멜랑콜리를 주제로 한 회화에서 두드러지게 나타난다. 도상학적인 관점에서 멜랑콜리의 상징으로 나타나는 사물들은 모래시계, 컴퍼스와 같은 수학 도구, 저녁, 공, 개와 같은 것들이다. 특히 멜랑콜리의 수심을 품고 있는 인물은 거의 여성으로 그려졌는데 이것은 멜랑콜리와 유사한 주제인 "슬픔"을 표현한 회화의 전통과 맥을 같이한다. 알브레히트 뒤러나 루카스 크라나흐의 그림에서 볼 수 있는 것처럼 멜랑콜리를 주제로 한 그림 속의 주인공은 대체로 여성이다. 이것은 이전 "슬픔"의 도상을 주제로 한 회화에서 주인공이 여성으로 등장했던 사실과 관계가 깊다. 멜랑콜리의 회화 속에 나타난 여성 인물은 이전 슬픔이나 절망 혹은 고통을 여성으로 의인화해서 표현했던 전통의 맥락을 잇고 있는 것이다(『토성과 멜랑콜리』, 221쪽). 우울이나 희망의 알레고리가 주로 여성 인물들을 중심으로 표현되었다는 사실은 쉽게 확인할 수 있다.

외적인 분위기를 묘사한다는 점 그리고 사람의 주관적인 감정에 대한 표현이라는 점에서 센티멘털과 멜랑콜리는 매우 비슷하게 보인다. 김혜련에 따르면 센티멘털리즘은 1690년에서 1730년 사이 영국에서 출현했던 개념이다(김혜련, 25쪽). 당시 사회문화적으로 널리 퍼져 있던 인간의 선천적 본성 및 이성과 감성에 대한 철학은 합리주의 혹은 경험주의라고 부를 수 있는데 센티멘털리즘은 이러한 철학들이 인간의 본성에 대해 가진 믿음에 기원들 두고 있다고 주장한다(김혜련, 25쪽).

기원에 있어서 나름대로의 철학적 기반이 있었음에도 센티멘털리즘은 센티멘털한 감정이 보편적이고 일반적인 진리를 인식하는 것과 거리가 먼 것으로 알려지면서 사회문화적으로 센티멘털리티가 갖는 사회적 위상은 다소 의심쩍은 것이 되었다(김혜련, 30쪽). 다시 말해 인간의 보편적인 진리를 지향하는 철학적인 관점에서 센티멘털리즘은 보편적이기보다는 개인들의 특수하고 부분적이며 개인적인 인식을 기초로 한 감정의 표현이 된 것이다. 그렇기 때문에 인간의 보편적인 정서, 그렇기 때문에 명백한 문화·철학적인 의미가 내재된 멜랑콜리가 문화사적으로 중요한 위치를 차지하는 것에 반해 센티멘털은 보통 부정적인 의미로 많이 쓰인다.

김혜련에 따르면 "역사적으로 센티멘털한 것으로 불려온 감정들은 보편성을 심각하게 결여하고 있으며 진리와는 거리가 멀고, 파편적이고 지극히 사적인 관심사에서 벗어나지 못한 미성숙한 감정과 동일시되"면서 부정적인 평가를 받게 되었다고 한다. 당연한 결과로 문학이 센티멘털리즘에 빠져 있다거나 누군가가 센티멘털하다는 말은 긍정적인 의미에서 쓰이는 경우는 별로 없다. 또한 멜랑콜리는 주관적인 정서를 의미하는 동시에 객관적인 세계의 분위기를 묘사하는 데도 쓰이지만 센티멘털은 주로 정서적인 주체에게만 해당되어 사용된다. 센티멘털이 개인의 주관적이고 파편적이고 개별적인 미성숙한 감정을 지칭하기 때문이다. 가로등 하나가 켜져 있는 한적한 거리는 멜랑콜리하다고 할 수 있겠지만 센티멘털하다고 묘사하지는 않을 것이다. 하지만 그 거리를 걷는 누군가의 감정적인 상태는 센티멘털할 수 있을 것이다. 멜랑콜리는 외적인 상태와 그것이 야기하는 주관적인 정서가 일종의 거리감을 형성하고 있지만 센티멘털한 것에는 그러한 거리감이 없다. 거리감은 멜랑콜리와 센티멘털의 질적 차이를 구분하는 매우 중요한 지표라고 할 수 있다.

버지니아 포스트렐은 현대사회의 "글래머"에 대한 논의에서 글래머가 사람들에게 영향을 주는 요소의 하나로 그것의 직접적이면서도 상징적인 "거리감"을 설명한 바 있다. 예를 들어, 체 게바라나 재클린 케네디의 사진에 담긴 일상적인 배경이나 소품의 이미지를 인위적으로 제거하면 사진 속의 인물과 사진을 보는 사람 사이에는 미묘한 거리감이 형성된다. 그것은 일종의 신비감과 같은 것이다. 포스트렐은 글래머를 "실제 존재하지 않는 마법의 힘"을 만드는 기교라고 설명하고 있다(『글래머의 힘: 시각적 설득의 기술』, 22쪽). 그것은 "머리로는 거짓이라고 느끼면서도 마음으로는 진실이라고 느끼는 환상"과 같은 것이다(『글래머의 힘: 시각적 설득의 기술』, 22쪽).

멜랑콜리에는 이러한 "글래머"의 유혹이 존재한다. 현대사회의 대부분의 글래머가 밝고, 화려하고, 사치스러우며, 성적인 매력과 아름다움에 초점이 맞춰져 있다면 멜랑콜리의 글래머는 사유와 철학과 사색의 측면에서 인간 내면에 대한 깊은 탐구로 이끌어 주는 매력을 발산하는 것이라고 할 수 있겠다. 또한 멜랑콜리의 환상성은 이러한 글래머의 환상성과도 유사해, 자신에게 없는 무언가를 만들어 낸다는 점에서 많은 교차점을 보여 주고 있다.

대상의 상실로 인한 멜랑콜리적 반응이 매우 복잡한 과정을 거쳐서 일어난다면 센티멘털리즘은 어떤 시간적 지체나 우회 없이 상실로 인한 감정적인 결과를 직접적으로 불러낸다. 센티멘털리티와 멜랑콜리가 구분되는 지점은 바로 여기다. 명백한 슬픔, 이유가 분명한 슬픔은 상실과 고통이 어떠한 간극도 없이 직접적으로 맞닿아 있다. 잘 용접된 원인과 결과처럼 거기엔 슬픔 외엔 다른 정서적 반응이 개입될 여지가 없는 것이다. 분명한 슬픔은 자신에게도 뚜렷하지만 외부에 있는 다른 사람들에게도 뚜렷해 때로, 슬픔은 인위적으로 만들어지기까지 한다. 억지로 눈물을 흘리게 하려는 이른바 최루성 소설 혹은 드라마들은 모두 이러한 센티멘털리티의 정서를 근간으로 한다. 마치 '이건 정말 슬픈 일이야, 그렇지 않니? 그러니까 당신도 슬퍼해 줘'라고 대놓고 감정적 동화를 요구하는 것과 같다. 눈물은 흘릴지언정 그것이 예술의 경지로 높아질 수 없는 이유다.

예술 혹은 문화적인 것들은 가장 기본적으로 그 직접성을 지양한다. 가장 일차적인 차이로써 예술적인 것과 통속적인 것이 갈라지는 지점은 바로 그 노골적인 직접성의 유무이다. 센티멘털리티를 근간으로 하는 소설에 대해서 혹은 다른 예술 작품들의 경우에는 독자 혹은 예술을 바라보는 관객이 정서적으로 개입할 여지가 거의 없다. 예술 작품과 관객 사이로 흐르는 정서의 흐름은 양방향으로 순환되는 것이 아니라, 거의 관객에게 직접적으로 제시되거나 강요된다. 여기엔 예술적 정서를 고양시킬 수 있는 미묘한 심리의 흐름이라는 것이 존재할 수 없다. 단지 관객에게서 있는 날것 그대로의 감정을 끄집어내려고만 하는 것이다.

이러한 관계는 비단 센티멘털리티와 멜랑콜리에만 해당되지 않는다. 움베르토 에코가 상상했던 것처럼 비극적 정서의 영역에서뿐만 아니라, 희극적인 영역에서도 비슷하게 적용될 수 있을 것이다. 높은 차원의 풍자와 직설적인 슬랩스틱코미디의 경우 풍자는 유머의 대상에 대한 관객의 반응을 당장 요구하지 않는다. 적절한 시간이 흘러 충분히 이해가 되었을 때 풍자의 유머는 풍부해진다. 하지만 슬랩스틱은 행위가 이뤄지는 순간 즉시 반응이 나와야 한다. 단 일 초의 지체도 있어서는 안 되는 것처럼 '몸개그'가 주는 효과는 직접적이어야 한다. 서커스에서 광대의 우스꽝스러운 몸짓을 보면서 배꼽 잡고 웃는 것은 눈만 뜨고 있어도 할 수 있는 일이지만 "시간이 지나면 역사는 거짓말이 되고, 신화는 진실이 된다"는 장 콕토의 농담은 두고두고 생각해야 할 뿐만 아니라 그 변화하는 의미에 대해서도 고민을 해야 한다.

『문명 속의 불만』을 비롯, 문화와 문명에 대한 다양한 저작 속에서 프로이트가 공통적으로 주장하는 것은 성적 리비도의 억압과 승화가 문명의 토대가 되었다는 것이다. "억압"과 "승화"는 성적 리비도의 직접적인 분출을 저지하는 문화적 기제라고 볼 수 있다. 날것 그대로의 성적 에너지는 예술 혹은 문화의 체를 한 번 통과함으로써 그 형태와 의미가 원재료의 형태에서 좀 더 예술적으로 가공된 문화적인 것으로 가공될 수 있다는 말이다. 그럼으로써 성적 리비도의 "센티멘털"한 분출 혹은 그것이 성적인 것과 연관되었을 때 "포르노적인 형태"로 나타나는 것을 피할 수 있었던 것이다. 센티멘털의 메커니즘은 포르노의 메커니즘과 비슷하다. 그것은 사람들이 포르노가 해롭다고 말하는 것만큼이나 해롭다. 동시에 포르노는 현대사회에서 어느 정도 필요한 것만큼 센티멘털 역시 필요한 정서라고 해야겠다. 하지만 아무 때나, 어디서나 포르노를 볼 수 있는 것은 아닌 만큼 센티멘털리티 역시 그것이 가용한 때와 장소가 있을 것이다.

센티멘털리티의 과잉은 문제가 될 수 있다. 어디서든 눈물만 흘리면 진실되고 진정성이 있는 것이라고 믿는 경향이 생기는 것이다. 자신이 센티멘털리티의 정서에 사로잡혀 있으면 그것이 타인에게도 그대로 적용될 거라고 착각한다. "내가 이렇게 슬픈데 너도 당연히 슬프겠지" 이런 생각이 프로이트가 말한바 "세상을 가난하게 만드는" 이유가 된다. 자신의 슬픔을 세상에 직접적으로 투영하는 것 그리고 그것을 사회적인 슬픔의 차원으로 만들려는 것은 일종의 사회정치적 센티멘털리즘이라고 할 수 있을 것이다. 당장 눈물 흘리는 모습은 애처롭고 슬퍼 보이겠지만 절대 그 센티멘털한 정신성의 수준에서 한 발자국도 앞으로 나가지 못한다. 하지만 그 상실에 대한 정서적 반응이 멜랑콜리적인 것이 될 때 문제가 되는 것은 자신의 내면이다. 프로이트가 "자신의 내면이 가난해진다"고 말한 이유다. 세상이 가난해질 때 개인은 자신의 내면을 고민할 필요가 없다. 하지만 자신을 가난하게 만드는 "추락하는 자존감" 앞에서 비로소 개인은 영혼 내부의 문제를 고민한다.

사유가 깊어지는 것에는 일장일단이 있다. 흔히 생각이 많으면 실천력이 없다고 한다. 햄릿형과 돈키호테형으로 구분되는 야만적인 이분법은 널리 받아들여지고 있는 사유와 행동 사이의 길항 관계를 보여 주고 있다. 깊은 생각은 현실 너머의 지평을 보지만 행동을 추진하는 특성은 당장의 현실을 가장 중요하게 여긴다. 어디에서도 균형은 중요하다. 모든 문화와 사회의 정신적인 특성을 이분법의 틀에서 파악할 수는 없다.

멜랑콜리적인 속성과 센티멘털한 속성은 늘 뒤섞여 있을 수밖에 없다. 멜랑콜리와 센티멘털리티는 그것이 드러나는 차원에서 다소 상이한 결과를 가져온다. 개인적인 차원의 멜랑콜리는 죽음에 대한 사색, 우울, 슬픔과 같은 형태로 나타나지만 사회적인 차원에서 멜랑콜리는 성숙한 질서 혹은 그것이 지나치게 압도적이라고 할 수 있을 정도로 강력한 억압적인 분위기로 나타난다.

센티멘털리티는 개인적인 차원에서 유쾌할 수 있다. 슬플 때 슬프고, 즐거울 때 즐거울 수 있다. 화를 잘 내기도 하지만 또 금방 화해할 수 있다. 하지만 사회적인 차원에서 센티멘털리티는 멜랑콜리보다 심각한 병적 증상이 되기 쉽다. 문화는 피상적인 것이 되고, 개인들의 감정은 점점 가벼워진다. 진지하게 생각하지 않고 고민하지 않는다. 개인적 차원에서 생각이 없는 것은 개인의 문제가 되지만 사회가 생각하지 않으면 그 결과는 모든 개인에게 치명적인 영향을 줄 것이다.

센티멘털한 누군가는 좋은 친구가 될 수 있을 것이다. 반면 누군가가 멜랑콜리하다면 별로 친하게 지내고 싶어 하지 않을 것이다. 하지만 사회와 문화가, 문학과 예술이 센티멘털하다면 그건 예술적으로 성숙하지 못한 것이고 또 정치적으로는 천박해질 수도 있다. 거대한 규모의 사회가 개인적인 차원의 범주로 수축되어 사회 전체가 개인적인 감정의 변화와 동요의 리듬을 재생산하기 때문이다. 겉으로 신속히 드러나는 변화와 혁명적인 기치가 종종 "낭만적인 구호"에 그치고 마는 이유가 여기에 있다. 사회는 기본적으로 멜랑콜리의 정서를 가지고 있어야 한다. 고민하는 개인이 성숙한 사회를 만들 수 있기 때문이다. 행동으로 뭉친 대중의 무리는 당장 오늘의 문제를 해결할 수 있을지는 모르지만 내일 너머의 지평을 고민하지 못한다. 오래전부터 행동으로 단결하는 사람들이 고민하며 주저했던 사람들에게 사회정치적인 비난의 돌을 던져 왔지만 오래도록 자신의 삶에서 자신의 신념을 지키고 살아간 사람들은 대부분 고민하던 사색가였지, 행동하는 충동적인 투사들은 아니었다. 혹 끝까지 자신의 신념을 끝까지 지켜 가며 행동으로 나서는 것을 주저하지 않았던 투사가 있었다면 그에게는 분명 멜랑콜리적인 기질이 있었을 것이다.

MELANCHOLY

Chapter 4.

예술속의 멜랑콜리

- 알브레히트 뒤러의 <멜랑콜리아 I>에 대한 도상학적 고찰
- 조르조 데 키리코, 에드워드 호퍼 그리고 멜랑콜리
- 상실과 부재의 멜랑콜리
- 식인성과 멜랑콜리
- T. S. 엘리엇의 『황무지』에 나타난 멜랑콜리의 도상

알브레히트 뒤러의 <멜랑콜리아 I>에 대한 도상학적 고찰

"달빛 없는 밤, 별도 빛나지 않는 밤은
더욱 어두워질 수 있는 것처럼
패배나 비참보다 더 비극적이며
희망 없는 투쟁보다 더 절박하고
결코, 절대보다도 더 치명적인
그녀의 열정적인 노력을 모두 아우르는
새벽이 그녀의 어두운 시선 속에서 드리워진다.

모든 노력은 수포로 돌아갈 것이다.
운명은 성공의 머리 위로 씌워 줄 왕관을 갖고 있지 않기 때문에,
모든 신탁은 머저리 같은 것이거나 사기에 불과하다
왜냐하면 거기에는 아무 비밀이 없기 때문에
아무도 저 광대하게 드리워진 불확실의 검은 베일을 걷을 수 없다
왜냐하면 커튼 너머에는 빛이 없기 때문에,
그리하여 모든 것은 결국 허영이고 아무것도 아닌 것."

_제임스 톰슨, 『두려운 밤의 도시』

빅토리아시대의 시인 제임스 톰슨(James Thomson, 1834~1882)은 대중적으로도 주류 영문학에서도 널리 알려지지 않은 시인이다. 얼마 안 되는 그의 작품들은 매우 염세적이고 비관적이며 특히 도시의 우울과 절망적일 정도로 반복되는 도시의 삶에 관한 묘사로 채워져 있다. 가장 대표적인 작품이라고 할 수 있는 『두려운 밤의 도시』(*The City of Dreadful Night*)는 시종일관 도시와 삶에 대한 절망과 두려움 그리고 우울에 관한 이야기로 가득하다.

톰슨의 『두려운 밤의 도시』는 20세기 영미 시의 모더니즘을 꽃피게 했던 T. S. 엘리엇의 대표작 『황무지』와도 비교될 수 있는데 그것은 이 두 편의 장시가 공통적으로 멜랑콜리라는 19세기, 20세기의 세계감을 주된 정조로 하고 있기 때문이다. 물론 이것은 단순한 우연의 일치라기보다는 일종의 문학사적인 영향 관계에서 생겨난 것이다. 엘리엇은 문학을 전공하기 훨씬 전이었던 청소년기에 톰슨의 시를 읽고 또 감명을 받았다는 고백을 하고 있고 또 자신이 대학에서 강의를 할 때 톰슨의 작품들을 강의 계획에 포함시키기도 했다(슈하드, 39-40쪽). 톰슨으로부터 받은 영향을 공개적으로 인정하지는 않았지만 엘리엇에 관한 몇몇 전기적인 자료를 정리했던 로널드 슈하드(Ronald Schuchard)는 객관적인 자료를 토대로 톰슨의 작품이 엘리엇의 『황무지』에 영향을 줬을 것으로 판단하며 이 작품들이 공통적으로 "종교와 성적 욕망의 강렬한 혼합과 환상성"(슈하드, 8쪽)을 보여 주고 있다고 설명하고 있다.

톰슨의 『두려운 밤의 도시』는 매우 인상적인 한 예술 작품에 대한 묘사로 서사의 마지막을 장식하는데 그것은 16세기 독일의 대표적인 예술가 알브레히트 뒤러가 제작한 판화, 〈멜랑콜리아 I〉이다. 멜랑콜리에 대한 가장 방대하고 백과사전적인 연구서이자 파노프스키, 작슬, 클리방스키의 공저로 쓰인 『토성과 멜랑콜리』에는 뒤러의 이 작품에 대한 면밀하고 집중적인 연구가 실려 있다. 거기에는 멜랑콜리라는 주제가 뒤러 이전과 이후 어떤 작가들에게 영향을 줬는지 그리고 멜랑콜리와 관련된 도상들이 각각 어떤 의미를 가지고 있는지에 대한 더할 나위 없이 자세한 설명이 포함되어 있다. 뒤러의 〈멜랑콜리아 I〉은 거의 모든 멜랑콜리의 도상들을 한 화면 속에 집약해 놓았다. 그런 만큼 뒤러의 작품을 통해 멜랑콜리에 관한 거의 모든 도상학적, 상징적, 신화적 해석과 설명이 수렴된다고 볼 수 있다.

<멜랑콜리아 I>(*Melencolia I*), 알브레히트 뒤러(Albrecht Dürer, 1471~1528)

<멜랑콜리아>(*Melancholia*), 루카스 크라나흐(Lucas Cranach, 1472~1553)

준비되지 않은 상태에서 갑자기 맞닥뜨린 저녁은 어른이든 아이에게든 그런 서글픈 느낌을 준다. 낮잠을 자고 난 후 한 번쯤 알 수 없는 서글픔을 느낀 적이 있지 않은가? 뒤러의 〈멜랑콜리아 I〉은 이러한 시간적인 배경을 갖고 있다. 수평선 위로 걸쳐 있는 태양이 사방으로 빛을 발하는데 이것이 떠오르는 태양인지 가라앉는 태양인지 아주 잠시 모호하다. 왜냐하면 화면 왼쪽 위로 박쥐가 날아오르고 있기 때문이다. 박쥐는 아침에 돌아다니지 않는다. 저녁이야말로 박쥐의 시간이다. 바로크적인 양면성은 일출과 일몰을 같은 도상으로 표현하게 했지만 뒤러는 박쥐를 그려 넣음으로써 그 양면적인 의미를 단일한 것으로 고정시켰다. 멜랑콜리는 저녁에 비로소 분명해진다. 박쥐는 익살스럽게 멜랑콜리아라고 쓰인 문구를 발톱을 움켜쥐고 날아오른다. 노르베르트 볼프는 수평선을 배경으로 박쥐가 날고 있는 하늘에 무지개와 혜성이 동시에 배치되어 있는 것을 일종의 "묵시록적인 상징"으로 해석해 멜랑콜리의 어두운 측면을 상기시킨다고 보기도 했다(노르베르트 볼프, 48쪽).

이것은 뒤러보다 한참 후에 등장했던 철학자 헤겔의 유명한 구절, "미네르바의 올빼미는 밤에 날아오른다"를 연상시킨다. 여기에는 멜랑콜리와 지혜의 관계를 엿볼 수 있는 통찰이 담겨 있다. 지혜는 날이 저물 때 찾아온다. 저녁은 그래서 가장 멜랑콜리한 시간이다. 새벽이 더 그럴 것 같지만 새벽은 이제 눈부신 아침으로 이어지는 환희와 기대로 가득 찬 기쁨의 순간 직전이다. 여기엔 멜랑콜리가 들어설 여지가 별로 없다.

하지만 저녁은 이제 빛에서 어둠으로 점점 더 깊이 침잠하는 시간이다. 아이들이 느끼는 이유 없는 서글픔은 모두 저녁과 관계가 있다. 낮잠을 자고 일어났을 때 아이들은 흔히 자기가 다음 날 아침에 일어난 것으로 착각하곤 한다. 하지만 자신이 아직 전날의 시간 속에 있고 또 이제 깊은 어둠을 품고 있는 저녁의 길목에 있다는 걸 깨닫게 되면 갑자기 서글퍼진다. 이유는 없다. 단지 햇빛이 찬란하던 오후에 잠깐 눈을 감았는데 눈을 떠 보니 갑자기 저녁이 되어 버린 것뿐이다. 이때 아이는 자신이 감당할 수 없는 삶의 근원적인 슬픔을 느끼게 된다. 자신이 의식하지 못한 채 흘러간 시간을 아쉬워하는 것일까? 아이의 관점에서 아쉬운 것이라고 표현하지만 사실 모든 시간은 궁극적으로 애도의 시간으로 귀착한다. 아이들은 이것을 직관적으로 아는 것이다.

부모와의 사별을 받아들여야 하는 아이가 있다고 한다면 많은 사람은 아이가 아직 죽음의 의미를 모르기 때문에, 그래서 천진난만한 아이들의 모습이 더 안타깝다고 말한다. 아이들은 죽음을 애도할 수 없다고 생각하는 것이다. 하지만 대리언 리더는 이 부분을 날카롭게 지적하며 이렇게 말한다. "아이들은 죽음의 진정한 개념을 아직 파악하지 못했기 때문에 애도할 수 없다고 생각하는 연구자들도 있지만 성인이라고 해서 애도를 더 잘했는지 과연 묻지 않을 수는 없을 것이다."(대리언 리더, 149쪽) 죽음을 모르는 아이들이 죽음을 특별한 여행과 같은 것으로 받아들이는 것처럼 어떤 어른들은 별다른 감정의 동요 없이 애도를 대신하기도 한다. 『이방인』의 뫼르소가 그랬고, 슬픔을 죄로 간주하는 기독교의 역사 속에서 비탄과 통곡은 암묵적으로 금지되는 것이기도 했다. 슬픔을 겉으로 마음 놓고 표현할 수 없기도 했지만 실제 누군가는 그러한 상실을 아무렇지 않게 받아들이기도 한다.

뒤러를 전후로 하여 수없이 많은 화가가 멜랑콜리의 주제를 화폭에 옮겨 놓았지만 뒤러의 〈멜랑콜리아 I〉은 멜랑콜리를 언급하는 대부분의 저서에서 공통적으로 인용되는 가장 대표적인 그림이라고 할 수 있다. 파노프스키 공저의 『토성과 멜랑콜리』에 따르면 그림의 제목 뒤에 붙어 있는 'I'은 인간이 가진 정신적 능력의 위계를 의미한다.

〈멜랑콜리아 I〉은 멜랑콜리의 도상학적, 상징적, 신화적 의미를 이해하는 매우 중요한 작품이라고 할 수 있다. 당연히 후대의 많은 미술사가는 뒤러의 이 작품을 그의 가장 대표작으로 평가한다. 특히 바사리는 이 작품을 "전 세계를 경탄시키는" 예술 작품 가운데 하나로 평가했다고 한다(노르베르트 볼프, 48쪽). 마치 수수께끼처럼 제시된 이미지에 대해서 많은 예술가, 미술사가, 철학자가 그 의미를 분석하려고 시도했다. A4 용지 한 장 크기 정도의 작은 이 판화 속에는 뒤러 자신만이 이해할 수 있는 메시지가 숨겨져 있다. 특히 천사의 머리 뒤로 보이는 마방진은 일종의 숫자놀이인데 가로, 세로, 대각선의 수를 모두 합하면 그 수는 모두 똑같이 34가 나온다. 특히 꼭대기 맨 윗줄에 있는 수는 뒤러의 어머니가 죽은 날이라는 견해도 있다. 그리고 맨 밑줄에 있는 두 수 15, 14는 이 판화가 제작된 날짜로 추측한다(노르베르트 볼프, 48쪽).

물론 뒤러 이전과 이후에도 멜랑콜리를 주제로 한 그림은 많이 존재했다. 루카스 크라나흐나 도메니코 페티 등의 작품들도 뒤러와 같은 공통적인 멜랑콜리의 도상을 표현하고 있다. 그림에 대한 간단한 설명을 하자면 다음과 같다. 여인의 모습을 하는 날개 달린 천사가 한쪽 손을 턱에 괸 채 바다 위로 저물어 가는 노을을 배경으로 화면 바깥 어딘가를 응시한다. 천사 여인 옆에는 어린 천사 푸토가 함께 있다. 박쥐가 날아오르고 있고 천사의 발치에는 개가 한 마리 잠들어 있다. 그리고 그 주변에는 여러 사물이 어지럽게 배치되어 있는데 일견 여기에는 어떤 일관성이 없는 것처럼 보인다. 모래시계, 컴퍼스, 지구의, 공, 돌, 사다리, 열쇠, 저울, 마방진, 돈주머니 등의 정물들은 상호 연관이 없는 것처럼 보인다. 하지만 도상학적인 관점에서 살펴보면 뒤러는 이러한 사물들을 어느 것 하나도 무작위적으로 배치하지 않았다는 사실을 알 수 있다.

저녁이라는 시간적인 배경은 멜랑콜리와 매우 잘 어울리는 시간이다. 수평선 위에 걸쳐 있는 태양은 사실 박쥐가 등장하지 않았다면 저녁인지 아침인지 구분이 모호했을 것이다. 한 가지 이미지가 가지고 있는 이중적인 의미는 바로크 시대에 자주 사용되는 기법이기도 했다. 수평선의 태양이나 반쯤 핀 꽃과 같은 것이 그렇다. 박쥐와 개는 화면 속에 등장하는 유일한 동물인데 특히 개는 권태라는 감정을 가장 잘 드러내는 전통적인 도상이라고 할 수 있다. 파노프스키에 따르면 개는 학자나 예언자의 전형적인 도상으로 자주 나타난다(『토성과 멜랑콜리』, 332쪽).

만약 이 그림에서 주인공이 일종의 초자연적인 예언의 능력을 가진 존재라고 한다면 이 또한 개가 가진 특징과도 연결될 수 있다. 그림 속 인물에게 예언자적 특질이 있는 것은 흔히 개가 귀신을 볼 수 있다는 속설과도 맥락이 닿기 때문이다. 귀신을 볼 수 있는 능력은 비범하며 그것은 예언을 할 수 있는 능력 그리고 광기와 관련이 깊다. 또한 개는 소와 함께 미치기도 하는 유일한 동물이다. 그리스 신화에 등장하는 카산드라는 이러한 예언자적 능력과 광기를 동시에 보여 주는 아주 적절한 인물이라고 할 수 있다.

앞서 언급한 박쥐 역시 멜랑콜리를 상징하는 전형적인 동물이다. 특히 박쥐의 잠들지 않고 깨어 있는 이미지는 르네상스인들에게 밤늦게까지 깨어 있는 것의 파괴적인 힘을 경고하는 것으로 이해되기도 했다(『토성과 멜랑콜리』, 323쪽). 이러한 깨어 있음은 어렵지 않게 불면의 이미지와 연결되며, 불면의 밤이 가져오는 무수한 사념과 망상들은 프란시스코 고야의 그림에서 아주 사실적으로 표현되기도 했다. 우울증을 앓고 있는 사람들에게 불면증이 있다는 사례는 흔히 보고되는 것으로 알려져 있다.

바다의 풍경 또한 멜랑콜리적인 이미지와 상통한다. 낭만주의 시대 회화를 살펴보면 바다를 배경으로 한 멜랑콜리적인 느낌의 회화를 종종 살펴볼 수 있는데 카스파어 다비트 프리드리히나 막스 뵈클린의 그림들은 바다와 멜랑콜리 혹은 바다와 죽음의 이미지를 매우 인상적으로 결합한 그림을 남겼다. 멜랑콜리를 관장하는 신화 속의 신, 새턴은 바다와도 밀접한 관계가 있다. 새턴은 홍수를 일으키거나 조수를 관장하기 때문이다(『토성과 멜랑콜리』, 324쪽). 조수를 관장한다는 측면에서 조수가 상징하는 시간의 의미는 또한 새턴의 중요한 상징이기도 하다는 사실을 생각해 보면 이러한 도상의 배치는 매우 절묘하다고 할 수 있다. 멜랑콜리적인 것과 불면과의 연관성은 박쥐를 통해서도 나타나는데 박쥐의 얇은 막은 고대에 불면증을 해소하기 위한 주문을 쓰는 데 사용되기도 했다(『토성과 멜랑콜리』, 324쪽).

둥근 공은 루카스 크라나흐를 비롯한 다른 멜랑콜리를 주제로 한 그림들에서 공통적으로 나타나는 도상이다. 각진 모양으로 포함되어 있는 바위는 연금술적 전통에서 대지의 뼈와 같은 것으로 인식되었는데, 특히 "돌과 바위는 사투르누스를 나타내는 고유한 이미지"(『성배와 연금술』, 120쪽)인 것을 생각하면 멜랑콜리와 관계가 깊은 도상이라고 할 수 있다. 아기 천사 뒤편으로 걸쳐져 있는 사다리는 7개의 살이 있는데 이것은 고대 미트라교 통과의례의 상징들 중 하나라고 한다(『성배와 연금술』, 44쪽). 사다리의 살이 7개인 것은 고대의 일곱 행성인 태양, 달, 수성, 금성, 화성, 목성, 토성과 연관되어 있으며, 이것은 앞서 언급한 서양의 7가지 본원적인 힘과 연관되어 있다(『성배와 연금술』, 44쪽). 멜랑콜리적인 도상이 새턴과 결합되면서 별의 영향력으로까지 확대되는 것은 새턴과 혜성 간의 연관성에 있다. 뒤러의 그림 속에 등장하는 혜성은 천문적인 영향으로 지구에 홍수를 일으키는 것으로 해석되는데 뒤러의 그림 속에 등장하는 무지개는 마치 성서에서 대홍수 이후에 무지개가 나타난 것과 같은 비슷한 서사를 환기시켜 준다. 그리고 이러한 불길한 천재지변을 예언할 수 있는 것은 멜랑콜리한 자의 능력이다(『토성과 멜랑콜리』, 324-325쪽).

이미지를 통한 내재적 의미를 밝혀내는 것은 파노프스키에 의해서 발전된 도상학적 해석이라고 할 수 있다. 뒤러와 파노프스키와의 관계는 매우 독특하다. 도상학으로 알려져 있는 파노프스키 자신의 의미분석 체계론은 결정적으로 뒤러의 작품에 대한 분석에서 큰 계기를 얻었다고 한다(『파노프스키와 뒤러』, 20쪽). 파노프스키의 도상학적 관점에서 살펴본다면 어떤 그림들은 마치 상징이나 알레고리와 같은 해석의 온전한 대상이다. 그것은 화가 자신이 의도하지 않았음에도 은연중에 그림 속에 나타나는 일종의 무의식적 상징과도 같으며, 이러한 이미지의 분석을 통해 우리는 화가의 내면 혹은 그림이 겉으로 재현하는 상징의 심층적인 의미로까지 접근을 할 수 있게 되는 것이다. 이러한 도상학적 재현은 일종의 "징후"라고 볼 수 있으며 이러한 증상을 토대로 그 원인에 해당하는 의미를 밝혀낸다는 점에서 도상해석학은 일종의 "병리학적 방법론"을 사용하고 있다(『파노프스키와 뒤러』, 9쪽). 실제적으로 멜랑콜리는 많은 경우 실제적인 병적 증상을 동반하는 신체적 정신적 증상이므로 그러한 명칭은 별로 놀랍게 느껴지지 않는다.

조르조 데 키리코, 에드워드 호퍼 그리고 멜랑콜리

알브레히트 뒤러와 루카스 크라나흐의 그림을 비롯한 중세를 전후로 한 시대의 멜랑콜리에 관한 그림들이 삶과 죽음의 비교적 무거운 주제를 직접적으로 묘사하고 있었다면, 모더니즘을 전후로 한 현대 회화에서 표현되는 멜랑콜리는 다소 다른 방식으로 제시된다. 특히 초현실주의 회화의 아버지로 불리는 조르조 데 키리코(Giorgio De Chirico)의 작품은 그 색조와 구도에 있어서 매우 몽환적이면서도 고독한 이미지를 불러일으킨다. 화면은 일종의 현기증을 일으킬 것처럼 과감하게 분할되어 있고, 어두운색을 사용하지 않았음에도 그림은 매우 우울한 기분을 환기시킨다. 간혹 등장하는 인물들은 화면에서 매우 작은 위치를 차지하는데 오히려 그런 인물들의 등장이 화폭 전체의 멜랑콜리적인 분위기를 더욱 강조하게 된다.

키리코는 마치 꿈의 세계를 그린 것 같은 그림들로 초현실주의적인 분위기를 강조했지만 그의 작품들은 명백히 멜랑콜리한 정신적 상태—특히 그것이 황색 계통의 색깔이 많이 사용된 것으로도 유추할 수 있지만—를 표현하고 있다. 특히 키리코의 1912년 작 〈멜랑코니아〉는 전체적으로 어두운 화면에 거대한 여성의 와신상이 있고 작은 그림자처럼 보이는 두 사람이 배치된 그림이다. 화면은 빛을 받고 있는 외부와 그늘진 건물의 안쪽을 그리고 있는데 환한 빛을 받고 있는 여인상은 오히려 그 빛 때문에 더욱 그늘져 어둡게 느껴진다.

빛과 어둠 그리고 그림자만이 중요한 테마로 그려진 것 같고, 동시에 그림이지만 묵직한 적막감이 느껴진다. 마치 사람이 보이지 않는 도시의 적막감이라고나 할까. 이 그림의 시간적 배경은 분명 해 질 녘이다.

그림자가 길게 드리워지는 만큼 그림 속에 표현된 정서도 매우 깊고 짙게 드리워진다. 화면의 중앙을 차지하는 여인은 길게 누워 있지만 한 손으로 이마를 짚고 있다. 손으로 턱을 괴고 있거나 이마에 손을 올리는 행위는 전형적인 멜랑콜리의 도상이다. 그리고 여인상이 올려져 있는 좌대 아래에 "멜랑코니아(Melanconia)"라는 글씨가 새겨져 있다. 여인의 이름이기도 하지만 명백히 멜랑콜리라는 주제를 표현하는 표식이기도 하다.

키리코의 작품들은 초현실주의자들이 전형적으로 차용한 꿈속의 장면 같지만 살바도르 달리의 초현실주의에서처럼 현실의 왜곡이 극적으로 과장되어 나타나지 않는다. 초현실적인 형상의 존재가 나타나거나 현실의 물리적 법칙을 완전히 무시하는 장면이 연출되는 것도 아니다. 다만 그림의 표현하는 침묵과 적막감 그리고 왠지 모르게 느껴지는 고독과 멜랑콜리는 다분히 초현실주의적이라고 할 수 있다. 극적이고 역동적인 이미지로서의 초현실주의라기보다 키리코의 그림은 매우 비정상적일 정도로 정적인 느낌을 준다. 정적인 느낌은 다른 말로 잔잔함, 차분함, 아무 일도 일어나지 않음과 같은 말로 표현될 수 있는데 키리코의 그림은 차분하고 안정되어서 오히려 보는 사람에게 특이한 불안감을 느끼게 한다. 특히 그림자의 배치는 키리코의 그림에서 매우 자주 그리고 또 중요하게 나타나는 모티브라고 할 수 있는데 멜랑콜리의 색깔이기도 하며 또 빛의 이면을 상징한다는 면에서 중요한 의미로 해석할 수 있겠다.

개인적인 느낌으로 키리코의 멜랑콜리를 주제로 한 그림들은 중세의 그림에서 느껴지는 것 같은 죽음의 두려움을 전적으로 나타내고 있지는 않다. 키리코의 그림은 오히려 삶의 고적함, 고독함 그리고 쓸쓸함에 더 많은 관심을 보이고 있다. 다시 말해, 죽음에 대한 불안이나 공포라기보다 삶에 대한 불안과 두려움이 더 크게 나타난다는 것이다.

키리코가 표현했던 그러한 불안과 고독, 공포와 같은 정서는 시대적인 맥락과 따로 떼어 놓을 수 없다. 키리코가 활동했던 20세기 초는 역사적으로 인류가 겪었던 전례 없던 비극과 격랑의 소용돌이가 광폭하게 난무하던 시기였으며, 이 시기 유럽의 많은 지성인은 내적으로 양심의 가책과 외적으로 정치적인 수난을 겪어야 했던 암울한 시기였다고 볼 수 있다. 아놀드 하우저는 이 시기 유럽의 지성인들은 희망을 상실했고, 이러한 문제를 인식하고 의식하고 있었던 사람들은 사회적·역사적 책임을 민감하게 감지하고 고통을 겪어야 했으며, 전쟁으로 인해 인간으로서의 위신과 존엄이 상실되고 추락한 현실을 제대로 견뎌 내지 못했다고 설명하고 있다(아놀드 하우저, 344쪽).

키리코의 사상적 연원을 거슬러 올라가 보면 거기에는 니체와 쇼펜하우어 그리고 칸트가 자리하고 있음을 확인할 수 있다. 허무와 불안, 고독과 멜랑콜리는 단순히 키리코가 그린 그림에서만 연유하는 것이 아니라, 그가 처했던 시기가 불가피하게 의탁할 수밖에 없었던 불안의 철학에서 기원했다고 할 수 있는 것이다. 이러한 상황에서 키리코는 니체의 반이성적 성찰 그리고 환영에 대한 쇼펜하우어의 철학에 많은 관심을 갖게 된다(박소민, 6쪽). 불안과 고독, 멜랑콜리와 몽환적인 이미지는 이러한 영향들이 종합적으로 발현되어 나타난 결과라고 할 수 있다. 주제적인 측면에서 키리코는 멜랑콜리와 불안과 같은 인간의 심리적인 측면뿐 아니라, 시간에 대해서도 관심을 가지고 있었는데 이것은 1911년 작, 〈시간의 수수께끼〉(*The Enigma of the Hour*)와 같은 작품에서 살펴볼 수 있다.

키리코의 주제 의식은 그의 제자였던 에드워드 호퍼를 통해 보다 현대적인 해석으로 계승되고 있다. 대중에게 비교적 널리 알려진 호퍼의 그림에서도 역시 불안한 차분함이 느껴진다. 호퍼의 그림 속에는 오히려 적막하고 고요해서 더 불안하게 만드는 어떤 힘이 존재한다. 그것은 여전히 멜랑콜리적인 힘이다.

동시에 호퍼의 그림은 아름답다. 아름다우면서 동시에 일상 속에 숨겨져 있는 비애 혹은 우수와 고독, 우울과 외로움을 표현하고 있다. 특히 밝은 색감과 단순하면서도 부드러운 터치로 표현한 일상 속의 평범한 장면들은 너무 가까워서 오히려 보지 못했던 현대인들의 자화상처럼 느껴진다. 호퍼는 일상적인 생활의 공간인 호텔 방, 바, 집의 현관, 주유소와 같은 평범한 배경을 중심으로 일상 속의 한순간을 포착한 것 같은 그림을 그렸는데, 밝고 환한 색깔의 화면에서 매우 기이하게도 고독한 정서가 묻어나는 것은 호퍼 작품의 가장 큰 매력이라고 할 수 있다.

호퍼의 그림에서 가장 자주 등장하는 것은 현대인들의 일상적인 모습이다. 지하철역에서 열차를 기다리는 여인, 바에 앉아 누군가를 기다리는 사람, 침대에 앉아 편지를 읽는 사내, 현관에 나와서 햇볕을 쬐는 부부, 주유소에서 일하는 늙은 주인, 바에서 술을 마시는 직장인들 등 평범한 일상이다. 그럼에도 불구하고 호퍼의 그림 속 등장인물들은 썩 행복하게 보이지는 않는다.

실비아 보르게시는 호퍼와 키리코에 대해 "호퍼가 자연을 바라보는 관점과 키리코가 표현한 형이상학적 현실은 매우 다르다"고 설명한다(실비아 보르게시, 61쪽). 하지만 그럼에도 불구하고 두 화가의 그림에서 공통적으로 보이는 멜랑콜리적인 정서는 매우 유사하게 나타난다. 키리코의 그림에서 전쟁 이후의 암울하고 비극적인 느낌이 더 묻어난다면 호퍼의 그림에서는 그러한 전쟁의 비극을 겪고 난 후의 안온한 일상에서 멜랑콜리가 더욱 배어나는 것처럼 표현된다고 말할 수 있다.

호퍼의 1926년 작품 〈일요일〉(*Sunday*)은 문이 닫힌 상점 앞에 앉아 있는 중년의 남자를 묘사하는 그림이다. 햇살은 정오 이전 혹은 약간 늦은 정오인 것처럼 화사하게 거리를 비추고 있지만 상점에서건 거리에서건 남자를 제외한 다른 사람은 보이지 않는다. 보르게시의 묘사처럼 그림 속의 한 남자는 마치 "희망을 잃은 인간을 상징하듯" 묘사되어 있다(실비아 보르게시, 71쪽). 중요한 것은 이 남자는 어떤 면에서 가장 평범하고, 아무 극적인 일이 벌어지지 않는 어느 일요일 오후의 고독한 시간을 견디는 것처럼 보인다는 것이다. 따뜻한 색감으로 표현된 일요일 오후의 햇살은 그 따뜻함, 그럼에도 불구하고 인적 없는 거리가 배경이라 더욱더 쓸쓸하게 느껴진다. 호퍼는 이러한 평범하고 일상적인 풍경 속에 묻어나는 우수와 쓸쓸함의 정서를 매우 잘 표현했다. 키리코의 그림에서부터 이어지는 따뜻한 쓸쓸함은 호퍼에 이르러 일상 속의 멜랑콜리로 표현된다.

〈프로스펙트 거리의 태양〉(*Sun on Prospect Street*)이라는 그림은 매우 깨끗하고 정돈된 주택가를 그리고 있다. 사람은 보이지 않고, 제목처럼 넓은 거리에 쏟아지는 햇빛만이 그 주인공이다. 햇빛은 의외로 쓸쓸하고 우울한 기분을 표현할 때 자주 등장한다. 특히 호퍼의 그림에서 태양은 멜랑콜리적인 정서의 원천이다. 줄리아 크리스테바가 "검은 태양"이라는 말로 멜랑콜리를 설명하려던 것은 단순히 충격적인 레토릭의 효과만을 염두에 둔 것은 아닐 것이다. 실제로 햇빛은 역설적이지만 인간 심리의 어둡고 멜랑콜리적인 것과 밀접한 관계가 있다.

호퍼의 그림에서 햇빛은 실내를 비출 때 더욱더 그 멜랑콜리적인 우수감이 풍부해진다. “호퍼의 방들은 욕망의 우울한 안식처”(마크 스트랜드, 105쪽)라는 마크 스트랜드의 표현처럼 호퍼의 그림 속에 나타나는 실내 공간은 매우 역설적이다.

그중 특히 〈바닷가의 방〉(*Room by the sea*)은 호퍼 특유의 쓸쓸한 햇빛이 바다라는 전형적인 우수의 공간과 함께 나타난다. 문은 열려 있지만 바다로 통하는 문이다. 마치 영원으로 인도하는 문처럼 영원과 같은 무한에 대한 인식은 오히려 인간의 인식을 위축시킨다. 한편으로 영원으로 통하지만 벽 저편으로는 사람이 생활하는 작은 공간이 위치한다. 몇 점의 가구가 놓여 있지만 사람은 보이지 않는다. 인간의 평범하고 일상적인 공간과 영원하고 무한한 것 같은 바다가 하나의 화면 안에 공존하면서 일상은 바다의 멜랑콜리와 아주 가까운 것이 되었다. 햇빛이 풍부하게 방 안을 비추지만 벽 뒤편까지 드리워지지 않는다. 화사하게 밝아서 더 쓸쓸하다. 푸른 바다와 정적이 감도는 실내 그리고 따뜻한 색감의 햇살, 이 모든 것이 호퍼 특유의 멜랑콜리적인 정서를 뿜어낸다.

호퍼의 그림 속에 나타나는 대부분의 실내 공간은 아주 따뜻한 색조의 빛깔로 표현된다. 하지만 그 따뜻한 색조 속에는 이유를 설명하기 힘든 우수와 쓸쓸함의 정조가 묻어난다. 특히 실내라는 공간에 사람들이 등장할 때 더욱 그렇다. 그 공간 속에 위치한 사람들에게서는 좀처럼 생기 있는 표정을 찾아보기 힘들다. 따뜻한 색감에도 불구하고 그들은 육중한 유리 같은 차가운 현실에 갇혀 있는 것 같다.

그림을 보는 사람에 따라서 인물의 표정이 다양하게 해석될 수 있는 것처럼 애매하다. 그럼에도 불구하고 대부분의 인물로부터 공통적으로 유추할 수 있는 것은 일종의 쓸쓸함과 외로움 그리고 고독과 멜랑콜리라고 할 수 있다. 이것은 매우 역설적이다. 일상 속의 따뜻하고 아늑한 공간으로 표현된 장소에 있는 표정 없는 사람들이 만들어 내는 쓸쓸한 느낌은 공간 때문에 배가된다.

호퍼가 포착한 시간 역시 전체적으로 일관된 느낌을 만들어 낸다. 저녁이나 한적한 오후 그리고 인적이 드문 밤과 같은 시간은 사람들의 외로움과 고독감을 더욱 잘 드러내 준다. 비록 그들이 혼자가 아니라도 말이다. 호퍼의 그림은 안식처처럼 편안하고 아늑하기에 그곳에 비추는 빛과 그곳에 머무는 사람들 그리고 그 공간에 배치된 사물들이 숨기고 있는 우울함의 적막을 더욱 두드러지게 보여 주고 있다. 전면에 어두운 색조와 표정으로 우울하다고 말하지 않고, 밝고 따스하고, 평화로운 색과 빛 속에 내재한 침묵과 우울의 결을 보여 주는 것이다.

한편 "우울한"이라는 수식어는 적절하게 느껴지지만 여전히 물음표를 지우기 어려운 것은 "욕망"이라는 단어다. 스트랜드는 호퍼의 그림 어디에서 어떤 형태의 "욕망"을 목격했다는 것일까? "욕망"은 그 의미가 매우 강렬하고 또 역동적이다. 그렇기 때문에 욕망과 우울은 사실 동시에 병립하기 어려운 조합이다. 차라리 우울은 욕망의 불충분한 충족으로 인한 결과로 나타나는데 호퍼의 그림 속에서는 충족되지 않았을 때, 이뤄지지 않았을 때 우울의 덫에 빠지게 될 만큼 필사적으로 표출하는 욕망은 거의 나타나지 않는다. 만약 그런 욕망의 코드를 해석하려 한다면 분명 그것은 외로움에서 벗어나고 싶은 욕망일 것이다.

여기에 또 하나의 역설적인 구도가 형성된다. 호퍼의 그림 속에서 그들이 열망하는 외로움으로부터의 도피는 아주 절절하게 표현되지 않는다. 오히려 호퍼의 그림 속 등장인물들은 그런 고독과 외로움과 쓸쓸함에 아주 익숙한 것처럼 보인다. 그래서 그들의 고독은 아주 정적으로 느껴진다. 그들의 외로움과 쓸쓸함 우울이 마치 방음 처리된 공간에서 나누는 대화처럼 낮고 조용하게 느껴지기 때문에 역설적으로 그 외로움에서 구원받고자 하는 그들의 욕망은 더 눈에 띄게 표현된다. 호퍼가 선택한 색들은 그런 이유에서 더욱 밝게 느껴진다. 색조가 화사하고, 따뜻하고, 더 밝은 곳으로 갈수록 그 바탕에서 느껴지는 고독과 우울은 더 진하게 대비되기 때문이다.

호퍼의 이러한 방식, 즉 따뜻한 외면 속에 감추어진 우울과 고독감을 표현하는 방식은 바로 전 세대만 해도 매우 달랐다. 낭만주의 시대 아르놀트 뵈클린이나 다비트 프리드리히 혹은 에드바르 뭉크의 그림 속에서 우울은 말 그대로 검은빛으로 표현되는 경우가 많았다. 낭만주의 시대의 우울과 고독의 색감이었던 어두운 검은빛이 모더니즘 시대를 거쳐 호퍼에 이르러 산뜻하고 밝은 빛으로 변화하는 데는 분명 이유가 있을 것이다. 그것은 명백히 전기의 광범위한 보급을 통한 도시의 발달과 자연적인 어둠을 완전히 극복한 현대 문명 때문이다. 과거, 자연의 완전한 어둠을 일상적으로 경험했던 시대에 고독과 우울은 말 그대로 어둡고 검은색의 영역이었다. 하지만 도시에서 태어나서 자라는 현대인들에게 자연 그대로의 어둠은 의도하지 않으면 경험할 수 없는, 자연적이면서도 더 이상 자연스럽게 경험할 수 없는 자연이 되었다.

도시는 밤을 인간의 삶에서 완전히 밀어내 버렸다. 그러자 인간은 과거 암흑과 어둠 속에서 느끼던 고독과 우울을 밝은 대낮이나 전기로 환하게 밝혀진 실내의 아늑함 속에서도 경험하게 된 것이다. 결론적으로 인간의 우울과 고독은 외부적인 빛의 환경에 종속되는 것이 아니다. 인간에게는 본질적으로 고독과 우울이 존재한다. 그리고 그것을 어둡게 표현하거나 밝게 표현하는 것은 방식의 문제일 뿐이다. 낭만주의에서건 호퍼의 경우에서건 우울과 고독이 일상 속에 혼재해 있음을 표현하기 위해서는 일상적인 배경이 가장 우선적으로 고려되었을 것이다.

상실과 부재의 멜랑콜리

> "잃어버리는 기술은 배우기 어렵지 않다
> 정말 많은 물건들은 잃어버려지는 의도로 가득 차 있어서
> 정말 그것들을 잃어버리는 것은 대수롭지 않다
>
> 매일매일 뭔가를 잃는다. 현관문을 잃어버린 후의
> 황망함을 받아들여라. 얼마나 시간들이 헛되이 지났는가
> 잃어버리는 기술은 배우기 어렵지 않다"
>
> _엘리자베스 비숍, 「원아트」

"없다"는 것은 부재나 상실과는 매우 다른 존재론적 형태라고 할 수 있다. 없다면 만약 무언가가 존재하지 않는다면 그것은 당연히 인간이 인식할 수 없을 것이다. 그렇다면 인간이 의식할 수 없는 것을 어떻게 존재하지 않는다고 말할 수 있는가? 존재하지 않는다는 판단은 인식과 경험이 결부된 판단이라고 할 수 있겠다. 가령 신화 속 용의 존재는 존재하지 않는가? 그것을 무라고 말할 수 있을까? 하지만 그것의 개념과 정의와 이미지가 존재하는 것은 사실 무라고 말할 수 없을 것이다.

무(無)라는 개념은 우리가 어렴풋이 인지할 수 있을 것 같지만 그것을 정의 내리기는 매우 어려워 보인다. 어떤 면에서 그것은 부재한 것과 동일한 것 같기도 하다. 하지만 부재의 경우 그 빈자리가 분명하게 나타

난다면 무의 개념은 그 빈자리의 개념마저도 없는 것이라고 할 수 있겠다. 『반야심경』(般若心經)에는 이런 구절이 등장한다. “무명도 없고, 무명 없앤 것까지 없으며, 늙고 죽음도 없고, 늙고 죽음 없앤 것까지 없다”(無無明 亦無無明盡 乃至 無老死 亦無老死盡)는 말이다. 여기엔 뭔가가 존재하지 않을 때 그것은 존재의 자리가 있으면서 없는 것과 아예 존재의 자리조차 없는 것이라는 이중적인 인식을 가능하게 한다. 쉽게 말해, 없는 것의 위상이 다른 것이다.

주체와 대상 간의 영향 관계가 자리와 위치의 문제라면 무의 개념은 어떠한 위치나 자리를 상정하지 않는 매우 절대적이고 최상위의 범주라고 할 수 있을 것이다. 그런 면에서 무의 문제는 상실이나 부재의 문제와 차원이 다른 이슈라고 해야 하겠다.

사르트르가 유복자였다면 그에게 아버지의 존재는 부재한 것이다. 아버지의 자리가 있지만 그 자리를 채워 줄 수 있는 합당한 주체가 존재하지 않기 때문이다. 부재는 빈자리다. 이 빈자리는 두고두고 사르트르의 사상이 형성되는 데 영향을 줬을 것이다. 어느 지면에서 사르트르는 이렇게까지 고백한 적 있다. “나는 다행히도 아버지가 일찍 죽었다.” 어떤 면에서 사르트르는 아버지를 잃지 않았다. 상실의 아픔이나 트라우마가 있을 수 없는 것이다. 태어났을 때 이미 존재하지 않았던 아버지를 상실할 수는 없는 것이다. 하지만 아버지의 부재, 아버지의 빈자리는 살아 있는 내내 지속적인 영향을 줬을 것이다.

어떤 의미에서 그것은 최초의 사회적 존재론의 불완전성 같고, 마치 신발 속의 모래알처럼 사르트르의 마음을 평생 불편하게 만들어 아버지의 부재를 늘 의식했을 것이다. 이러한 사르트르의 상황은 어려서 아버지를 잃은 사람의 경험과는 사뭇 다를 것이다. 아버지에 대한 기억이 있고 아버지와 함께했던 흔적들을 사후적으로 경험한 사람에게 일찍 죽은 아버지는 명백한 상실의 대상이다. 아버지와 사별했던 시기는 아주 어렸을 수도 있고 또 충분히 성인이 된 후일 수도 있다.

어떤 경우이든 아버지의 상실은 주체에게 영향을 줄 것이다. 그러한 상실감은 많은 경우 슬픔이나 우울증의 형태로 나타난다. 이것은 프로이트가 주장한 이래, 많은 상실에 대한 주관적인 반응의 도식이라고 할 수 있다. 하지만 상실에 대한 이러한 도식적인 반응은 주체가 어느 정도 성숙한 개체여야 하고, 아버지의 슬픔을 정말 마음으로 "슬퍼"할 수 있을 만큼의 평균적이고 정상적인 교양을 가지고 있어야 하며, 죽음에 대한 충분한 공감 능력이 있을 때 의미가 있다(카뮈의 『이방인』을 생각해 보면 뫼르소는 정상적인 애도의 능력이 없었던 것 같다). 그렇지 않은 경우 상실에 대한 정서적인 반응을 딱히 슬픔과 우울증이라는 이항적인 것으로만 보기는 어려울 것이다. 상실에 대한 반응은 매우 다양하다. 사회문화적으로 장례 문화만 살펴봐도 지역과 문화 인종에 따라 사별한 이에 대한 상실의 반응은 축제와 같은 것에서 비통한 것에 이르기까지 그 문화적 편차는 단순히 슬픔이나 우울이라고만 말하기엔 범위가 넓다. 그런 면에서 프로이트의 애도에 관한 이론은 상당히 단순하다고 할 수 있는데 많은 비평가가 경험적인 측면에서 확인할 수 있는 비합리적인 주장들을 맹목적으로 수용해서 경직된 이론으로 언급해 온 것은 안타까운 일이다.

상실에 대한 반응은 외적으로 동일하게 나타나지만 정서적으로 다를 수 있고 또 정서적으로 동일하지만 외적인 형태는 상이하게 나타날 수 있다. 프로이트는 정서라는 부분에 대해 무의식적인 작용이라는 획일적인 꼬리표를 달아서 애도의 심리에 나타날 수 있는 차별성을 원천적으로 봉쇄해 놓았지만 실질적으로 대상과 주체와의 관계에 따라서 상실의 반응은 도식화하기 어려울 정도로 다양하다.

사람들은 아버지가 죽은 것을 이해하지 못한 채 마냥 천진난만하게 아빠를 기다리는 아이의 모습을 매우 측은하게 생각한다. 아빠가 곁에 없는데도 아이는 혼자서 즐겁게 기차놀이를 하고 있다. 그렇다고 아이가 아빠의 상실을 애도하지 않는 것이라고 확신할 수 있을까? 경우에 따라서 사별이라는 상실에 대해 성인이 표현하는 슬픔의 정도는 이별을 이해하지 못하는 아이만큼이나 매우 무심하게 나타나기도 한다. 누군가에게 아버지와의 이별이 세상이 무너지는 슬픔이지만 또 누군가에게 그것은 단지 주말 저녁 한 번 더 다녀와야 하는 형식적인 조문의 일상이 될 수도 있다.

매 순간 사람들은 죽는다. 생물학적으로도 사람은 태어나는 순간부터 사실은 죽어 가는 것이다. 죽음은 사람들에게 환영받지 못한다. 그래서 태곳적부터 죽음은 공포와 회피의 대상이 되어 왔다. 현대사회는 죽음의 얼굴을 바꿔 놓았다. 옛날 검은 후드를 뒤집어쓰고, 커다란 낫을 들고 있던 공포의 사신에서 이젠 죽음은 온몸에 플라스틱 튜브를 주렁주렁 달고 입엔 커다란 투명 호흡기를 쓴 모습이다. 잘사는 것이 중요한 문제가 되었지만 이젠 정말 마무리를 잘하는 것이 훨씬 더 중요한 문제가 되었다.

사람이 죽으면 생물학적인 죽음의 의례를 거쳐, 상징적인 죽음의 의례를 거친다. 하지만 현대는 상징적인 죽음이 먼저 찾아온다. 실제 죽기도 전에 망자가 될 사람은 미리 병원으로 혹은 일상의 공간을 벗어난 요양원으로 옮겨지고 만다. 사랑하는 사람들과 죽기도 전에 미리 헤어져야 하는 것이다. 더 이상 집에서 활동하는 것이 어려워 병원으로 옮겨지는 순간, 많은 사람은 곧 회복해서 집으로 돌아올 것으로 생각하지만 그것이 집에서 보내는 마지막 순간인 경우가 대부분이다. 당사자도, 가족도 모두 그것을 알고 있다. 알고 있지만 공개적으로 인정하지 못한다. 그것이 집에서 함께 보내는 마지막 시간이 될 것이라는 것을.

차라리 그걸 인정한다면 오히려 집에서 보내는 마지막 시간들을 좀 더 의미 있고 행복하게 보낼 수 있을 것이다. 하지만 죽음은 마지막의 마지막까지도 부정되어야 하는 것이기에, 망자의 가족 누구도 섣불리 그 이별의 순간을 감히 예견할 수 없다. 가족 품에서, 평생 살아왔던 집에서, 자신이 늘 눕던 그 자리에서, 마지막 순간을 맞이하는 것은 또 다른 축복이다. 죽기 직전 병원이나 요양원으로 옮겨진 많은 사람은 낯선 곳에서 죽음만을 기다리는 다른 환자들에 둘러싸인 채 퀴퀴한 침대 위로 몸을 눕힌다. 간간히 찾아오는 가족의 방문을 의식 없는 눈으로 바라보며 아직 채 꺼내지도 못했던 말들을 입술의 움직임으로, 손끝의 까닥임이나 파르르 떨리는 눈꺼풀로 대신한다. 죽음은 인간이 한 번도 극복하지 못한 피할 수 없는 상실이다. 이전 회화의 역사에서 살펴보았던 도상학적 연관성에서 볼 수 있듯이 죽음은 멜랑콜리의 가장 비옥한 토양이고 역설적으로 인간이 삶에 대해서 가장 진지하고 엄숙하게 고민하게 하는 영원한 타인의 경험이다.

부재는 그것이 부재로 인식될 때 일종의 상실이 된다. 하지만 그 상실은 사후에 인지된 상실이고 직접 체감하는 상실과는 다르다. 부재는 어떤 면에서 아감벤이 말하는 "상상된 상실"(imaginary loss)과도 비슷한 맥락에서 논의될 수 있는 여지가 많다.

1980년대 주로 활동했던 필립 K. 딕은 익히 알려진 『토털리콜』, 『마이너리티 리포트』, 『블레이드 러너』와 같은 대표적인 할리우드 SF 영화의 원작 소설을 쓴 대표적인 미국의 SF 작가이다. 그는 원래 쌍둥이였는데 태어날 때 다른 형제는 살아남지 못했다고 한다. 태어나는 순간 형제를 잃은 것이다. 이것은 사후적으로 딕에게 깊은 내면의 상실감을 줬고, 그러한 상실감의 영향이 자신의 작품 세계에 적지 않은 영향을 줬다고 한다.

상실의 경험이 당시에 주체가 의식하지 못한다고 하더라도 여전히 유효한 상실로 간주되어야 하는 것인지의 문제는 쉽지 않다. 케이 딕의 경우 태어나던 순간 형제를 잃었지만 때로 태어나기 전에 상실하는 경우도 있기 때문이다. 유복자가 그렇고 혹은 자신이 태어나기 전의 손윗형제의 사망도 그렇다. 그럴 경우 상실은 경험적으로 체험된 것이라고 해야 하는가? 누군가가 케이 딕에게 형제가 있냐고 물었다면 그는 어떻게 대답해야 했을까?

케이 딕이 고백하는 것처럼 사후에 깨닫게 되는 상실 혹은 "상상적인 상실" 역시 실질적인 상실만큼이나 유효한 것으로 볼 수 있다. 심지어 인간은 경험적으로 나타나지 않은 추상적이고 관념적인 것에 대해서도 상실의 영향을 받는다. 기독교에서 말하는 원죄와 낙원에서의 추방은 가장 대표적인 "상상의 상실"이라고 할 수 있다. 혹 그것이 역사적인 사실이라 할지라도 수천 년 후의 인간이 에덴에서의 추방을 상실로 인정하기 위해서는 고도의 상상력이 필요하다.

16세기 형이상학파 시인이었던 존 던(John Donne)이 자신의 시, 「누구를 위해 종은 울리는가」에서 '어딘가에서 누군가를 위해 울리는 조종은 바로 자신을 위한 조종이기도 하다'고 했을 때 존 던은 그러한 "상상된 상실"을 매우 직접적으로 느끼고 있었을 것이다. 이런 맥락에서 김홍중의 다음과 같은 언급은 매우 의미가 깊다. “무언가를 상실해서 우울한 것이 아니라, 우울하기 때문에 상실을 인지하고, 상실을 회복하기 위해서 세계 내의 기호들을 삼키는 것이다. 우울자는 그가 단 한 번도 소유해 본 적이 없는 ‘그것’의 상실을 연기(pretend)하고 있으며, 동시에 그것의 회복을 끝없이 연기(delay)한다.”(김홍중, 20쪽)

소유한 적 없었던 것의 상실. 기억하지 못하는 대상에 대해서 상실감을 갖는다는 것은 멜랑콜리의 실체를 살피는 데 매우 중요한 변수가 된다. 특히 멜랑콜리의 인식론적 영향이 상실감이 발현하는 구체적인 과정과 연계될 때, 상실은 사건이 이뤄질 때와 경험할 때 멜랑콜리적인 증상이 어떤 식으로 나타나는지에 영향을 미친다는 점에서 더욱 그렇다. “한 번도 소유해 본 적이 없는 그것에 대한 상실”은 본질적으로 완전한 만족이 불가능한 인간의 욕망에 대해서 완벽하게 적용되며, 언제나 이상적인 피안의 세상을 그리는 종교적인 이데아에도 어김없이 들어맞는다.

이런 관점에서 제반 종교의 모든 근원적인 정서에는 멜랑콜리가 자리 잡고 있으며, 종교의 구축과 발흥은 이러한 멜랑콜리적인 정서를 어떤 방식으로 구제하고 조절하는가에 따라서 달라진다고 할 수 있을 것이다. 그리고 이 지점부터 종교적이고 철학적인 성찰이 시작된다고 할 수 있다. 욕망, 대상 그리고 상실과 멜랑콜리의 관계를 슬라보이 지젝크는 철학의 시작으로 설명했다. 그에 따르면 우울증에 사로잡힌 사람은 상실된 대상에 고착되었기 때문에 애도 작업을 수행할 수 없는 사람이 아니라, 오히려 대상을 실제로 소유하고 있기 때문에 대상에 대한 욕망이 철회되어 욕망을 상실한 주체로 설명한다. 여기서 우울증은 대상에 대한 좌절된 욕망의 극단적 상황이 아니라, 욕망이 제거된 대상 그 자체의 현존을 대변한다는 것이다. 지제크는 우리가 어떤 욕망의 대상을 소유하게 되었지만 그 대상에 대해서 실망하게 되었을 때 우울증이 발생한다고 보았다. 왜냐하면 그 대상은 절대 주체가 이상화시킨 대상과 일치할 수 없기 때문이다. 이러한 간극에서 비로소 철학은 시작된다.

현대 멜랑콜리의 논의가 프로이트에게 상당 부분 의존하는 것처럼 이러한 '상실', '상상된 상실' 그래서 치유할 수 없고 회복할 수 없는 상실은 프로이트 욕망 이론과 매우 유사한 프레임을 갖고 있다. 쉽게 말해, '상실의 치유'가 가능하다면 그것은 완전한 욕망의 충족, 에덴동산으로의 회귀, 죽고 난 후 천국에서의 완전한 영생을 얻는 것이 가능하다는 것과 같다. 하지만 '현실원칙'은 그것을 원칙적으로 불가능하게 만든다. 욕망은 늘 부족하게 채워지고, 항상 부족한 뭔가를 더욱 절실하게 요구하며, 그 이상적인 대상을 찾으려고 하지만 현실적으로 찾는 것은 수없이 많은 비슷하지만 절대 완벽하지 않은 대체물들뿐이다.

근원적인 상실은 원천적으로 충족될 수 없는 것으로 전제된 욕망이다. 그것은 현실적으로 존재할 수 없는 것으로 상정된 이데아와 같고, 인간이 감각적으로 경험할 수 없는 것으로 정의되는 물자체와도 비슷하며, 절대 완전한 정의로 설명될 수 없는 언어와 의미가 같다고 할 수 있다. 한편으로 존재감을 가지고 있으면서 물리적이고 구체적인 존재는 없는 것이다. 그것은 끊임없이 인간으로 하여금 빈자리를 채우려는 동기를 불러일으킨다. 그것은 존재론적인 것이면서 동시에 문화론적인 것이고, 본질적이면서도 문명에 내재한 것이기도 하다. 현대인들은 무엇을 상실했는지를 모르고 있다기보다 근원적으로 치유가, 회복이, 완전한 충족이 불가능한 욕망과 상실을 껴안고 살아간다. 자본주의 체제

안에서 이런 욕망에 대한 규제는 유명무실해졌으며, 아무 한계와 제한 없이 증식되는 욕망 앞에서 인간은 필연적으로 좌절할 수밖에 없는 것이다.

필립 K. 딕의 소설을 원작으로 한 영화 〈마이너리티 리포트〉(Minority Report)는 아직 도래하지 않은 것, 실질적으로는 아직 존재하지 않는 범죄를 소재로 한 SF 스릴러라고 할 수 있다. "상상된 상실"이라는 맥락과 비슷한 관점에서 이 영화는 "상상된 실체"를 모티브로 하고 있다. 상상된 상실이 현실 속에 매우 실제적인 영향을 끼쳤던 것처럼 이 작품에서는 "상상된 혹은 예지적인 알고리즘으로 예측된 행위"가 현실에서 실제적인 행위와 동등하게 취급을 받는 것이다. 아직 실현되지 않은 행위 혹은 아직 구현되지 않은 실체를 마치 이미 일어난 사건처럼 판단하는 설정은 매우 흥미롭다. 하지만 실제로는 존재하지 않지만 마치 존재하는 것처럼 간주하는 요소들은 역사적으로 늘 존재해 왔다. 종교적인 콘텍스트가 아니라 하더라도, 정치, 경제, 사회문화적 관점에서 이러한 상상된 것의 실재성은 오랫동안 많은 학자의 관심거리였다.

최근에 유발 하라리는 『사피엔스』와 『호모 데우스』를 통해 이러한 "상상적" 질서와 체계, 체제, 실체의 영향력을 언급한 바 있다. 하지만 이러한 "상상적"인 가치 혹은 "허구적"이면서 "비실제적" 가치는 이미 오래전 마르크스와 니체에 의해서 매우 심도 있게 다뤄진바 있다. "상상의 공동체"라는 개념으로 널리 알려진, 베네딕트 앤더슨은 이러한 허구적이고 "상상"에 근거한 현대사회의 경제적, 역사적, 민족적 개념이 근대 이후 민족 국가를 형성하는 데 이용된 것을 지적한 바 있다.

마르크스는 인간의 경제활동에 가장 기본적인 가치를 사용가치와 교환가치로 나누어 설명했는데 여기의 교환가치는 사실상 "상상된 가치"

라고 말할 수 있다. 그렇게 상상된 가치에 대한 공통의 믿음을 근거로 자본주의 경제활동이 가능해진다. 신용카드는 그러한 "상상된 가치"에 대한 무차별적이고 획일적인 믿음으로 가능해진 자본주의 시스템이다.

그런 관점에서 비트코인을 가리키는 '가상 화폐'라는 말은 동어반복이라고 할 수 있다. 이미 '화폐'는 가치를 가상적으로 가지고 있다는 공통의 믿음을 근거로 만들어진 것이기 때문이다. 비트코인을 가리켜 '가상 화폐'라고 부르는 의도적인 전략은 장 보드리야르의 시뮬라크라 이론을 생각나게 한다. 그에 따르면 디즈니랜드는 미국이라는 나라 자체가 디즈니랜드라는 사실을 감추기 위해서 만들어졌다고 한다. 마치 모든 인간이 어떤 관점에서는 감옥에 갇혀 있다는 사실을 감추기 위해 감옥이 필요한 것처럼 말이다.

상상적인 실체에 대한 개념은 경제적인 맥락뿐 아니라 정치적인 맥락에서도 광범위하게 사용되었다. 19세기 후반에 급속도로 형성된 민족국가라는 이데올로기 또한 일종의 "상상된" 개념이 적용된 사례라고 볼 수 있다. 베네딕트 앤더슨은 많은 국가가 지향하는 민족이라는 개념이 사실상의 "상상적 공동체"라고 주장해 민족주의 이데올로기가 사실상 편집된 허구이며 비역사적인 판타지라는 사실을 지적했다. 그것은 하나의 단일한, 통일된 국가를 구성하기 위해 정신적 구심점으로 필요했던 것이다.

인종적으로, 문화적으로, 지역적으로 서로 다른 많은 사람은 이렇게 민족이라는 "상상된 공동체"에 대한 믿음을 갖게 되면서 국가는 보다 일관되고 중앙집권적인 실체로 탄생할 수 있게 되었다는 것이다. 유발 하라리가 사용하는 "상상된 질서"의 의미는 사실상 이러한 마르크스나 앤더슨의 개념에서 크게 벗어나지 않는다. 그만큼 "상상된" 특질이 갖고 있는 의미는 현대사회에서 매우 중요하다.

상상된 "상실"이라는 측면에서 현대사회의 멜랑콜리를 이야기하고 있지만 어떤 면에서 멜랑콜리의 본질은 "상상된" 것에 있는지도 모르겠다. 왜냐하면 상상이라는 행위 자체가 일종의 불완전한 현실, 무언가가 결핍된 현실에 대한 거의 본능적인 반응이기 때문이다. 완전한 것은 상상을 추구하지 않는다. 모든 것이 완벽하게 그려지는 유토피아 사회가 대부분의 경우 디스토피아적인 모습으로 그려지는 것은 바로 그 완벽한 세계 속에서는 어떤 상상도 불가능하기 때문이다. "상상"은 그리하여 멜랑콜리의 가장 근원적인 본질이 된다. 고대 그리스에서부터 멜랑콜리의 특성을 가진 천재들이 놀라운 창조력과 상상력의 소유자였다는 사실은 새삼 당연했을 것으로 느껴진다. 현대사회의 많은 사회정치적인, 심지어 경제적인 메커니즘까지도 이러한 "상상된" 혹은 "가정된" 믿음을 근거로 이뤄진다. 그 "상상"의 믿음에 균열이 생길 때 현대사회는 지옥과도 같은 혼란과 무질서와 공황의 상태에 빠지게 될 것은 분명하다.

식인성과 멜랑콜리

식인주의를 뜻하는 카니발리즘(cannibalism)은 매우 마음을 불편하게 하는 말이다. 두려운 말이면서 혐오스럽고 불길하다. 인류학자들의 보고에 따르면 인류의 비교적 최근 시점까지 식인 풍습이 존재했다고 한다. 식인 풍습은 글자 그대로 사람을 잡아먹는 것만을 의미하지는 않는다. 식인 풍습에는 고대인들이 가지고 있었던 상징적이면서도 종교적인 특성이 많이 반영되어 있다.

특히 멜랑콜리와 관련해서 식인성의 문제는 거의 전적으로 상징적이며 은유적인 것으로 파악할 필요가 있다. 멜랑콜리와 관련이 깊었던 토성 신화에서부터 사실 식인성이라는 문화적 상징 혹은 은유는 사회, 문화, 종교 등 각 분야에 매우 미묘하게 혼재되어 있다. 그리스 신화에서 볼 수 있는 자식을 잡아먹는 크로노스, 시초를 가진 모든 것에게 종말을 가져오는 시간은 이미 멜랑콜리와 아주 깊은 연관성을 가지고 있었음을 설명했다.

식인성은 문명사회가 되면서 인류의 원초적 기억 저편으로 사라졌을 것으로 쉽게 생각하지만 여전히 우리 일상 속에도 식인 풍습의 영향과 풍습의 유산은 희미하게 남겨져 있다. 가장 일상적으로 우리가 접할 수 있는 문화적 식인성의 흔적은 가톨릭의 영성체라고 할 수 있을 것이다. 가톨릭 신자라면 쉽게 이해할 수 있겠지만 영성체는 예수의 몸과 피를 상징적으로 먹고 마시는 행위이다. 이러한 행위를 통해 예수의 피와 살을 내 몸의 피와 살과 섞게 함으로써 예수의 선한 본질 혹은 기독교의 교리를 더 잘 이해하고 수행할 수 있을 거라는 믿음을 갖게 되기 때문이다.

피와 살을 섭취해 그 성질이 전염될 수 있을 거라는 믿음은 아직도 주변에서 흔히 볼 수 있다. 특히 임신부가 어떤 혐오스러운 음식을 피할 때 여기에는 음식을 통한 전염이라는 매우 고전적인 믿음이 바탕에 있는 것이다. 임신부는 개 혹은 게와 같은 음식을 되도록 피하려 하는데 바로 그 동물의 특질이 아이에게로 전이될 수 있을지도 모른다는 두려움 섞인 믿음 때문이다. 이러한 믿음 체계는 프로이트가 지적한 것처럼 가톨릭의 영성체에서 고스란히 재현된다.

멜랑콜리 이론이 가지고 있는 상징적인 식인성은 그리스의 새턴 신화에서부터 각인되어 있었지만 현대에 이르러 프로이트에 의해 다시 강조되기 시작했다. 특히 정신분석학이 광범위하게 널리 퍼지면서 멜랑콜리는 매우 일상적인 용어가 되었고, 상실된 대상과 주체 사이의 관계에 대해 애도와 멜랑콜리를 구분하는 그의 설명은 이후의 연구자들에게 많은 영감을 줬다.

"멜랑콜리의 두드러진 정신적인 특성은 대단히 고통스러운 절망, 외부 세계에 대한 관심의 중단, 사랑할 수 있는 능력의 상실, 모든 활동의 중지, 자존감이 급격히 추락해 자신을 스스로 다그치거나 모욕할 때 외에는 말을 꺼내지 않는 상태로 나타나며, 몽상 속에서 자신을 스스로 벌주는 행위에서 절정을 이루게 된다. 하지만 애도에는 그러한 자신에 대한 벌주기가 나타나지 않는다."

_「슬픔과 우울증」, 244쪽

프로이트가 밝히고 있다시피 멜랑콜리는 주체가 세상에 대해 가지고 있는 태도와 많은 관계가 있다. 상실된 대상을 향해 있던 리비도를 주체는 제대로 통제할 수 없고, 그 결과 주체는 멜랑콜리에 압도당하게 된다. 그 결과 주체는 리비도를 다른 외적 대상이 아닌 바로 자기 자신에게 투사함으로써 멜랑콜리의 자기애적 증상을 만들어 낸다는 것이다. 이로 인해 대상과의 동일시가 일어나고, 대상과의 합일은 식인성이 가지는 상징적인 문화적 의미라고 할 수 있다. 식인성을 통해 자신의 주체가 사라지는 것은 프로이트가 표현한 바로 자존감의 추락이고 빈곤한 자아에 해당한다.

"애도에서 우리는 자아가 완전히 흡수되어 버린 애도 작업을 통해 관심의 상실과 금지가 완전히 설명될 수 있음을 보았다. 반면 우울 속에서는 알 수 없는 상실감이

비슷한 내적인 결과로 나타나며 결과적으로 우울증적 금지의 원인이 된다. 다른 점이 있다면 그것은 우울증의 금지는 우리에게 다소 혼란스럽게 느껴지는데 그것은 도대체 무엇이 주체를 그렇게 완전히 흡수하는지를 우리가 알 수 없기 때문이다. 우울한 사람은 애도에서 빠져 있는 무언가를 보여 주는데 그것은 자존감의 극심한 감소와 아주 심한 자아의 빈곤화라고 할 수 있다. 반면 애도에서 빈곤해지고 공허해지는 것은 주체가 아니라 세상이다. 하지만 멜랑콜리에서 그것은 오로지 자아만 그렇게 된다."

_「슬픔과 우울증」, 245–246쪽

"빈곤한 자아"라는 전형적인 멜랑콜리의 특성은 나르시시즘의 특성에서도 나타난다. 프로이트는 「슬픔과 우울증」을 집필하기 몇 년 전 나르시시즘에 관한 논문을 발표하기도 했다. 프로이트는 나르시시즘에 대해서 그것은 외부의 세상에서 철회된 리비도가 자신을 향하게 되는 메커니즘이라고 설명했다(「나르시시즘에 관해」, 75쪽). 이것은 프로이트가 멜랑콜리를 설명할 때 한 것과 거의 동일한 표현이다. 나르시시즘이 주체와 객체 사이의 관계를 모호하게 하는 것처럼 멜랑콜리 역시 자아와 대상 사이의 관계를 모호하게 만든다. 다시 말해 누가 주체였고, 누가 대상이었는지 누가 대상이었고 누가 주체가 되었는지를 불분명하게 만든다는 것이다. 이러한 주체와 객체의 전이는 앨프리드 히치콕의 〈사이코〉(Psycho)와 브라이언 드 팔마의 〈드레스드 투 킬〉(Dressed to Kill)에서 매우 극명하게 드러난다.

이런 관점에서 멜랑콜리는 사랑하는 대상을 잃어버린 주체가 자신과 대상을 동일시하려는 병적인 증후라고 할 수 있다. 여기서 상실한 대상과 자신을 일치시키려는 동일시의 행위는 종종 식인적인 이미지로 나타난다. 그것은 대상이 주체를 "먹어 버리는" 형태로 나타나는 것이다. 『사이코』에서는 상실된 어머니의 존재가 살아남은 아들의 자아를 "먹어 버렸고" 히치콕의 주제를 임상 정신의학의 무대로 치환한 〈드레스드 투 킬〉에서는 여성적인 자아가 남성적인 자아를 집어삼키는 형태로 나타난다. 이 두 영화는 모두 한 주체 안에 병존하는 또 다른 자아가 원래 자아를 잠식해 가는 점진적인 과정을 그리고 있다.

조르조 아감벤(Giorgio Agamben)은 멜랑콜리의 메커니즘에 대해 그것이 "대상을 먹어 치움으로써 자아는 대상과 한 몸이 되려고 한다"고 설명한 적 있다. 이러한 멜랑콜리의 담론 체계에서 식인성의 의미는 매우 중요한 의미를 갖는다. "프로이트에게 멜랑콜리는 양심을 가지고 있는 증오였다. 그리고 이후 줄리아 크리스테바나 멜라니 클라인 같은 뛰어난 정신분석학자들에게 멜랑콜리는 완전히 식인적인 특성을 가지고 있는 유아기적 공격성과 매우 밀접한 관련이 있는 것으로 여겨졌다."

먹는 행위는 대상과 주체의 구분과 경계를 없앤다. 멜랑콜리커는 상징적으로 이러한 식인증적 단계로 퇴행한 상태이고 그러한 특성은 일종의 유아기로의 퇴행을 의미한다. 여기에 대해서 김홍중은 다음과 같이 설명하고 있다.

> "즉 유아는 자신이 가장 사랑하는 것을 오직 씹어 삼킴으로써만, 파괴시켜 소화시킴으로써만 소유할 수 있다. 대상을 '물리적으로' 부정해야만 그 대상을 점유할 수 있는 유아와 마찬가지로 우울자 역시 자신이 상실한 것과 자기 자신을 구분하지 못하는 일종의 식인증적 단계로 퇴행한 자들이다."
>
> _김홍중, 16쪽

이와 같이 상실한 대상에 의해 주체를 잃어버린 비교적 완벽한 사례를 몇 편의 영화를 통해 살펴볼 수 있다. 멜랑콜리적인 주체는 상실로 인해 상징적인 차원에서 식인증적 단계로 퇴행한다. 그리고 그 단계에서 이미 현존하지 않는, 그래서 상상과 기억 속에 존재할 수밖에 없는 대상을 상정하는데 퇴행의 정도가 극단적인 것이 되면, 먹힌 것이 오히려 주체를 지배하게 되는 역전 현상이 벌어지게 된다. 마치 숙주의 몸 속에 들어가 주체를 조종하게 되는 메커니즘을 실행하게 되는 것이다.

T. S. 엘리엇의 『황무지』에 나타난 멜랑콜리의 도상[19]

도상학(Iconography)은 19세기 독일의 아비 바르부르크(Aby Warburg)에 의해 문화학 연구의 한 갈래로 정립된 후 에르빈 파노프스키(Erwin Panofsky)에 의해서 본격적으로 그 이론과 적용이 널리 알려진 회화 분석의 기본적인 틀이다. 바르부르크 이전의 도상학자들에게는 주로 "종교, 문학적 기원, 제식과 종교미술의 관계"가 주된 연구 대상이었지만 바르부르크에게 그림의 연구란 곧 "종교, 시, 신화, 학문 그리고 사회적·정치적 생활과 그림의 관계"[20]에 대한 연구였으며, 그에게 미술은 단지 눈을 즐겁게 하는 시각적인 심미적 자극이 아니라, "역사적 삶의 다층적 구조와 밀접하게 연관"[21]된 것이었다. 따라서 도상 분석은 각 시대와 유파가 어떤 도상학적 이미지를 사용하느냐를 파악하여 작품의 주제와 의미를 시대와의 연관성 속에서 이해할 수 있게 해 준다. 파노프

---

19 이 글은 2012년 『서강인문논총』에 실린 글을 수정·보완한 것이다.

20 얀 비알로스토키, 「도상학의 역사」, 『도상학과 도상해석학』, 에케하르트 캐멀링 편, 이한순 옮김, (사계절, 1997), p. 50.

21 비알로스토키, 같은 책, p. 50.

스키는 도상학을 "미술작품의 주제나 의미를 형식과 대별해 다루는 분야"[22]라고 정의했고, 얀 비알로스토키(Jan Bialostocki)는 파노프스키의 해석 체계가 "관습적 알레고리, 문학적 주제와 정신사의 한 부분인 상징에 대해 이해하고 해석하는 일"이라고 규정하고 있다.[23] 그 결과 도상해석학은 미술사학자뿐만 아니라, 인문학 연구 및 학자들에게도 커다란 영향력을 발휘하게 되었으며[24], 시각예술이 가지는 보편적인 특질을 생각할 때 도상해석학은 인류의 모든 시각 유산을 그 대상으로 한다고 해도 지나치지 않을 것이다.[25]

도상학적 분석은 예술적 모티프들의 열거 작업으로 구성되는 전도상학적 단계와 여기서 파악된 모티프의 주제와 개념에 관습적으로 해석되는 의미를 적용하는 단계를 거쳐 최종적으로 그 의미에 담긴 "이미지, 이야기, 알레고리"를 정확히 종합하고 해석하는 것[26]을 의미한다. 파노프스키가 뒤러의 〈멜랑콜리아 I〉에 대한 기념비적인 도상학적 분석을 했던 것처럼 애덤 키츠스(Adam H. Kitzes) 역시 도상학적 연구와 멜랑콜리와의 밀접한 관계를 강조하고 있다.[27] 이후 부연되겠지만 멜랑콜리라는 주제는 중세의 화가였던 알브레히트 뒤러(Albrecht Dürer)나 그의 동시대인이었던 루카스 크라나흐(Lucas Cranach)와 같은 화가들에 의해

22 에르빈 파노프스키, 『도상해석학 연구』, 이한순 옮김, (시공사, 2001), p. 23.

23 비알로스토키, 같은 책, p. 53.

24 비알로스토키, 같은 책, p. 53.

25 에케하르트 캐멀링, 「머리말」, 『도상학과 도상해석학』, 에케하르트 캐멀링 편, 이한순 옮김, (사계절, 1997), p. 3.

26 파노프스키, 같은 책, p. 26~29.

27 Adam H. Kitzes, *The Politics of Melancholy from Spenser to Milton*, (New York: Routledge, 2006), p. 11.

대표적인 알레고리로 다뤄졌다. 알레고리는 다시 파노프스키의 정의에 따라 "좁은 의미의 도상학적 영역"[28]에 속하기 때문에 멜랑콜리라는 주제를 도출해 내기에는 도상학적 분석이 매우 유용한 것이다.

멜랑콜리는 비록 그 개념의 시초는 플라톤으로까지 거슬러 올라갈 만큼 긴 역사를 가지고 있지만 20세기, 특히 모더니즘 시기에 그 문화적 개념이 다시 "정의되고, 평가"된 매우 중요한 현상이다.[29] 『우울증의 해부』(*The Anatomy of Melancholy*)에 나타난 로버트 버튼(Robert Burton)의 정의에 따르면 멜랑콜리는 "슬픔, 두려움, 고통, 불만, 고뇌, 권태" 등을 수반하는 일종의 병리학적인 정신 상태라고 할 수 있다.[30] 특히 보들레르와 라포르그(Jules Laforgue) 그리고 엘리엇으로 이어지는 모더니즘적 기류에 나타난 멜랑콜리는 당시의 사회문화적 조류를 살펴보는 핵심적인 시금석의 역할을 하는 만큼 현대사회를 이해하고 분석하는 데 매우 중요하다. 멜랑콜리는 프로이트의 「슬픔과 우울증」(*Mourning and Melancholia*)을 통해서 단지 슬픈 감정의 상태를 지칭하는 것 이상의 사회문화적인 의미를 갖게 되었고, 특히 발터 벤야민(Walter Benjamin)의

---

28 파노프스키, 같은 책, p. 26.

29 Harvie Ferguson, *Melancholy and the Critique of Modernity*, (London: Routledge, 1995), p. 19.

30 Robert Burton, *The Anatomy of Melancholy*, Ed. Lawrence Babb, (Michigan: Michigan State UP, 1965), p. 125. 멜랑콜리아(melancholia)라는 단어는 "그리스어 μελαγχολία의 라틴 번역어"(Stanley Jackson, 4쪽)로서, 이것은 두려움이나 우울과 같은 정신적 질병을 의미한다. 이 용어는 atra bilis라는 라틴어를 거쳐서 서양의 4체액설 중 하나인 검은 담즙을 의미하는 black bile로 옮겨진다(Jackson, 4쪽). 멜랑콜리를 의미하는 용어는 약간씩 형태가 다르게 나타나는데 malencolye, melancoli, malencolie, melancholie, melancholy 등으로 표기되었다. 스탠리 잭슨에 따르면 17세기 멜랑콜리아 melancholia라는 용어는 일종의 질병을 가리키는 용어로 쓰였다고 한다(Jackson, 5쪽). 특히 감정적인 징후로서 중요한 위치를 가지고 있는 멜랑콜리는 특히 모더니즘 시기에 만연했던 권태의 감정을 비롯, 슬픔과 절망, 좌절 등의 우울한 감정들과 매우 밀접한 관계를 가지고 나타난다.

연구, 『독일 비애극 원천』(*The Origin of German Tragedy*)에서 멜랑콜리의 현대적 르네상스가 본격적으로 이뤄졌다.

멜랑콜리를 주제로 한 가장 널리 알려진 그림은 아마도 알브레히트 뒤러의 〈멜랑콜리아 I〉일 것이다. 고작 A4용지 크기 정도 되는 이 그림 한 장은 이후로 수없이 많은 동일 주제 회화에 영향을 줬고, 현재까지도 그 의미는 전혀 퇴색하지 않고 더욱더 풍부한 문제의식을 던지고 있다. 도메니코 페티의 〈우울〉(*La Mélancolie*)은 뒤러가 전 세대에서 표현했던 주제와 동일한 모티브를 갖고 있다. 제르맹 바쟁에 따르면 뒤러의 〈멜랑콜리아 I〉이 "객관적인 지식을 성취하기에는 부족한 자신의 능력에 맞서는 인간 정신을 찬미"하는 것이라면, 페티의 〈우울〉은 "죽음과 구원의 문제를 깊이 숙고하는 겸손하며 기독교적인 인물"을 그리고 있다.

하지만 전체적인 구도 및 화면 속에 등장하는 대표적인 정물들은 뒤러와 비슷하다. 졸고 있는 개와 지구의, 책 그리고 어두침침해져 가는 하늘. 이 모든 것은 우울의 주제를 표현한 회화에서 공통적으로 나타나는 도상들이다. 단지 페티의 〈우울〉은 그림 속 인물이 해골을 앞에 두고 뭔가 골똘히 생각에 잠겨 있는 것을 보여 주는데 이러한 도상학적 패턴 역시 어느 정도 일반화된 양상이라고 할 수 있다. 특히 해골은 인간의 필멸성, 즉 '메멘토 모리'의 대표적인 도상으로서 중세 죽음의 춤을 비롯한 많은 그림에서 나타난다. 인간의 죽음이 책 위에 놓여 있는 것은 결국 인간의 모든 지식 체계가 가지는 허망함을 말해 주고 있다고 해야겠다. 인간이 추구하는 과학과 지식과 지혜의 모든 것은 죽음 앞에서 무력하다. 살아서 인간은 마치 자신이 죽음을 초월하고 그것을 능가할 수 있을 것 같은 지적인 착각을 하고 있지만 결국 인간은 시간 속에서 소멸할 수밖에 없다. 과학과 수학과 철학은 언제나 무한과 영원을 탐구하려고 하지만 인간은 단 100년도 살지 못하는 처참한 괴리를 "우울"자는 몸서리치게 실감하는 것이라고 할 수 있다.

회화나 조각에서 나타나는 우울의 전형적인 도상은 로댕의 〈생각하는 사람〉에 나타난 것과 비슷하다. 니체의 유명한 초상화 사진처럼 깊은 생각에 잠긴 사람의 전형은 한쪽 손을 턱에 괸 채 무언가를 응시하거나 생각에 잠겨 있는 모습이다. 시대가 달라지면서 화면 속에 등장하는 구체적인 사물들은 조금씩 달라지지만 근원적인 도상은 대체적으로 비슷하게 되풀이된다. 모래시계, 박쥐, 저녁, 지구의, 컴퍼스, 돋보기, 책, 개, 공, 돌, 숫자, 열쇠. 이런 사물들은 일상적인 것이라고 할 수도 있겠지만 우울을 주제로 한 회화에서 공통적으로 나타나는 모티브로써 멜랑콜리적 담론의 중요한 요소들이라고 할 수 있다. 특히 멜랑콜리는 시간의 주제와 밀접한 관계를 가지고 있는데 우울의 도상 한편에 등장하는 모래시계는 바로 죽음의 신이 늘 함께 지니고 다니는 것과 동일하다. 멜랑콜리의 도상이 시간을 환기시키고 있는 것은 결국 도상학적으로 해골의 의미와 등가를 이루고 있다고 봐도 될 것이다.

『황무지』는 총 5부에 걸쳐서 현대인의 정신적인 황폐성과 현대 문명의 비인간성, 생에 대한 권태와 우울이라는 암울한 주제를 표현하고 있다. 도상학적인 측면에서 엘리엇은 다양한 도상학적 이미지들을 효과적으로 배치하고 제시해, 궁극적으로는 멜랑콜리와 그 인접 모티프라고 할 수 있는 '바니타스', '메멘토 모리', '카르페 디엠' 그리고 '죽음의 춤'이라는 죽음에 관한 고전적인 주제를 표현하고 있다. 벤야민에 의해 현대적, 특히 모더니즘적 중요성을 부여받게 된 멜랑콜리는, 단지 보들레르에게서 엘리엇으로 이식된 19세기의 감성적인 유산만은 아니었다. 멜랑콜리는 오랜 역사를 가지고 있는 문화사적 개념으로 신화적으로는 새턴, 크로노스, 의미적으로는 죽음과 시간 그리고 상징적으로는 중세의 회화에서 다뤄졌듯 다양한 "우의도상"[31]을 중심으로 표현되어 왔다. 벤야민은 "개, 공, 돌"[32]의 이미지를 멜랑콜리의 도상으로 지적하지만 『황무지』에는 훨씬 더 많고 다양한, 전형적인 도상학적 아이콘들이 등장한다.

1부는 4월에 꽃피는 라일락에 대한 언급으로 시작하는데 여기에는 꽃이라는 아주 전형적인 바니타스의 도상이 제시되고 있다. 바니타스는 중세에 인생의 허망함, 덧없음, 인간의 유한성 등을 상기시켜 주는 사물들을 지칭하는 개념으로 정물화나 초상화의 한 장르를 의미한다.[33] 여기에는 죽은 사람 혹은 죽음 자체를 표현하는 마카브르 주제가 자주 동반되어 나타나는데 그것은 해골, 노인, 뼛조각, 모래시계, 괘종시계, 낫 혹은 묘지 인부들의 삽과 같은 상징들로 나타난다.[34] 죽음의 땅에서 다시 피어나는 라일락의 이미지는 삶과 죽음의 순환이라는 원형적 모티프를 제시하면서 동시에 인간의 필멸성, 유한성, 죽음으로의 예속이라는 의미를 상기시킨다. 다소 음울하고 어두운 주제는 곧 거칠고 메마른 삶의 편린에 대한 단상으로 이어진다.

"기억과 욕망"이 마치 "엉겨 붙은 뿌리"처럼 교직되어 "… 태양이 내리쬐고, / 죽은 나무 밑엔 그늘이 없고, 귀뚜라미의 위안도 없고 / 메마른 돌 틈엔 물소리 하나 없다"(『엘리엇 전집』, 47-48쪽)[35]는 현실의 묘

31 발터 벤야민, 『독일 비애극의 원천』, 조만영 옮김, (새물결, 2008), p. 194.
32 발터 벤야민, 같은 책, p. 194.
33 필립 아리에스, 『죽음 앞의 인간』, 고선일 옮김, (새물결, 2004), p. 576.
34 필립 아리에스, 같은 책, p. 576~577.
35 이후의 시 본문 인용은 이창배 교수의 번역을 따랐으며 『엘리엇 전집』으로 표기한 후 쪽수

사는 사막과 같은 이미지를 환기시키며 뒤이어 이어지는 “트리스탄과 이졸데”에서 사랑의 상실이라는 이미지로 수렴 진다. 바그너의 오페라를 사용한 이 부분은 특히 멜랑콜리의 상징성을 밝히는 데 매우 유용한데, 전통적으로 “트리스탄과 이졸데”는 상실과 비극이라는 주제 의식과 맞물려져서 인용되고 또 이해되어 왔기 때문이다. 조지 윌리엄슨(George Williamson)이 지적했듯이 비극적 사랑의 주인공이었던 트리스탄과 이졸데는 “비극적 열정”[36] 때문에 치유될 수 없는 상처를 입었고, 이것은 작품의 주된 메타포 중 하나인 어부 왕의 상처와 유비적인 관계를 맺고 있는 것이다.[37]

> *“바람은 가볍게*
> *고국으로 부는데*
> *아일랜드의 우리 님*
> *그대 어디서 머뭇거리느뇨*
> …
>
> 밤늦게 히아신스 정원에서 나와 함께 돌아왔을 때
> 나는 아무 말도 하지 못했고 앞도 보이지 않았고, 나는
> 산 것도 죽은 것도 아니었고, 아무것도 몰랐었다.
> 다만 빛의 한복판에서 그 침묵을 들여다보았을 뿐이었다.
> *바다는 황량하고 님은 없네.”*

를 병기했고 필요한 경우엔 부분적으로 수정했다.

36 George Williamson, *A Reader's Guide to T. S. Eliot: A Poem-by-Poem Analysis*, (New York: Syracuse UP, 1998), p. 131.

37 Grover Smith, *T. S. Eliot's Poetry and Plays: A Study in Sources and Meaning*, (Chicago: U of Chicago P, 1974), p. 75.

“바다는 황량하고 님은 없네”라는 구절에 이르러서 시는 상실의 바다라는 이미지를 제시하는데, 이것은 19세기 낭만주의 화가들이 멜랑콜리적 우울 혹은 경이로운 자연 앞에서 인간의 유한함을 표현하는 방식과 유사하다.[38] 여기 등장하는 히아신스 꽃과 소녀는 라일락과 같이 꽃이라는 바니타스의 전통을 따르는데, 꽃이라는 도상적 아이콘으로 유추할 수 있는 생의 덧없음에 대한 인식이 바로 “산 것도 아니고 죽은 것도 아닌” 허무의 주제로 드러난다. 그것은 “빛의 심장” 속에 있는 죽음과도 같은 “침묵”이며 한때 화려하게 살았던 삶의 어두운 종말인 것이다. “넓고 황량한” 바다의 그 무한함 앞에서 인간은 한낱 한 줌의 먼지와 같은 존재이며 그러한 각성은 바로 “한 줌 흙 속의 공포”로 나타나게 되는 것이다. 이러한 인간의 필멸성에 대한 인식 혹은 유한함과 왜소함의 인식은 바다라고 하는 무한의 도상, 영원의 이미지와 대조적으로 병치되면서 멜랑콜리적인 정서를 주도적으로 환기하고 있다.

> “죽은 나무 밑엔 그늘이 없고, 귀뚜라미의 위안도 없고
> 메마른 돌 틈엔 물소리 하나 없다. 다만
> 이 붉은 바위 밑에만 그늘이 있을 뿐
> (이 붉은 바위 그늘 밑으로 들어오라).”
>
> _『엘리엇 전집』, 47–48쪽

대상이 존재하지 않는 무의 이미지 그리고 바위 밑의 “그늘”이라는

---

38 백내승, 「카스파어 다비트 프리드리히의 그림에 나타난 ‘죽음’의 의미」, (숙명여대 석사학위 논문, 1996), p. 22.

이미지는 공교롭게도 죽음과 허무를 잘 표현해 주는 도상들이다. 중세 시대 이후 죽음에 대한 인간의 실존적 문제의식을 문화사적인 관점에서 파악한, 필립 아리에스(Philippe Aries)는 18세기 로마의 산타마리아인 캄피텔리 성당에 있는 한 무덤의 예를 들면서, "무와 그림자"는 바니타스에서 메멘토 모리로 이어지는 죽음과 허무의 주제를 잘 표현해 주는 것이라고 지적하고 있다.[39] 묘지와의 즉각적인 연상을 불러일으키는 이러한 이미지는 18세기 토머스 그레이(Thomas Gray)가 멜랑콜리적인, 삶의 우울과 허무한 측면을 그려 낸 묘지의 이미지와 비교적 정확하게 교차한다. 묘지는 17~18세기에 사용된 "죽음에 대한 또 다른 이미지"이며 "지상에 있으나 빛이 제거된 공간"[40]이다.

이러한 멜랑콜리적인 정서는 같은 연에서 사용된 전도서의 인유에 의해서 좀 더 분명하게 읽힐 수 있다. 엘리엇이 『황무지』의 노트에서 밝히고 있다시피 1부의 2연에서는 성서의 『에스겔서』와 전도서에서 인용된 부분이 있다. 23행 "죽은 나무는 쉴 곳이 되지 못하고 귀뚜라미도 위안의 소리를 전하지 않는다"라는 부분은 전도서에서 인유한 것으로 밝히고 있는데, 전도서는 그 전체의 주제가 하늘 아래 새로운 것은 아무것도 없다는 매우 허무적인 주제 의식을 표현하고 있다. 또한 비슷한 맥락에서 인유된 『에스겔서』 역시 비탄의 고통과 슬픔에 관한 것으로 끝나고 있음을 상기할 때, 성서의 인유에서 엘리엇이 차용하는 것은 삶의 공허하고 우울한 측면을 강조하기 위함이며 그것은 개념적으로 멜랑콜리라는 문화적 징후로 나타난다고 할 수 있을 것이다. 인간 삶의

39 아리에스, 같은 책, p. 604.

40 아리에스, 같은 책, p. 609.

바니타스를 탄식하는 전도서의 일부를 옮겨 보면 다음과 같다.

> “전도자가 가로되 헛되고 헛되며 헛되고 헛되니 모든 것이 헛되도다. 사람이 해 아래서 수고하는 모든 수고가 자기에게 무엇이 유익한고 한 세대는 오되 땅은 영원히 있도다. 해는 떴다가 지며, 그 떴던 곳으로 빨리 돌아가고 바람은 남으로 불다가 북으로 돌이키며 이 돌며 저리 돌아 불던 곳으로 돌아가고 모든 강물은 다 바다로 흐르되 바다를 채우지 못하며 어느 곳으로 흐르든지 그리로 연해 흐르느니라.”
>
> _『전도서』 1장, 2–7쪽

여기서 ‘헛되다’라는 뜻의 ‘vanity’는 히브리어 ‘לֵבֶה’에서 온 것으로 그 의미는 숨결, 수증기 혹은 진공과 같은 뜻을 가지고 있는 것이다.(http://www.milon.co.il/ general/ general.php? term=לֵבֶה). 이와 같이 ‘헛됨’이라는 바니타스의 의미는 기본적으로 안개, 구름, 연기와 같은 곧 사라지기 쉬운 물질성을 지닌 것과 매우 밀접한 관계를 지니는데 이러한 이미지들은 이후 촛불, 안개, 비실재, 연기 등과 같은 형태로 매우 빈번하게 등장한다. 이러한 바니타스의 개념에는 다소 기독교적인 관념도 포함되는데 그것은 엘리엇이 차용하는 성배전설과도 관련이 깊다.

도시의 비인간화와 문명의 불모성이라는 문화사적인 주제에 대해 엘리엇이 상당 부분 성배전설에 근거하는 것은 널리 알려진 사실이다. 헬렌 가드너(Helen Gardner)가 『황무지』의 일관성은 그 형식이 아니라 “내재된 신화”[41]에 의한 것이라고 했을 때 신화의 내용에 해당되는 것은 제시 웨스턴(Jessie L. Weston)이 분석한 바 있는 성배전설을 의미하는 것이었다. 여기서 성배전설이 가지는 기독교적 함의는 ‘바니타스’를 통해서

---

41 Helen Gardner, *The Art of T. S. Eliot*, (London: The Cresset Press, 1949), p. 43.

유추될 수 있는데, 역사적으로 '바니타스'는 '메멘토 모리' 사상과 더불어 중세의 기독교에 적극적으로 수용되었고[42] 많은 예술 작품 속에 반영되었다. 따라서 성배의 도상학적 의미는 다른 일련의 도상학적 아이콘과 같이 '바니타스'나 '메멘토 모리'와 비슷한 맥락에서 이해될 수 있는 것이다. 기독교에서 추구하는 영원의 개념과 비교해 볼 때 현세는 지극히 짧고 순간적이며, 전도서에서 아주 분명하게 표현되고 있듯 인간의 삶은 기독교적 세계관에 비해서 아주 덧없는 것이기 때문이다. 더욱이 '죽음의 춤'을 그리고 있는 중세 그림 중에는 십자가에 매달린 '예수의 도상'과 '죽음의 춤'의 도상이 동시에 나타나는 경우[43]가 존재하는 것은 이러한 해석에 많은 설득력을 제공해 주고 있다. 이러한 주제를 나타내는 도상학적 아이콘은 계속 제시된다.

뒤이어 등장하는 소소스트리스 부인의 에피소드에도 다양한 도상학적 아이콘들이 등장한다. 소소스트리스 부인은 카드 점을 잘 치기로 유명하다. 여기서 카드를 통해서 제시되는 이미지들, 즉 익사한 수부의 괘나 "떼를 지어 빙빙 도는 군중" 그리고 "천궁도" 등은 죽음, 죽음의 춤 그리고 우주적인 시간의 의미를 지닌 도상학적 아이콘이라고 할 수 있다. 특히 죽음의 춤이라는 모티프는 중세부터 이어져 내려오는 도상학적인 기호 중 하나로 신분의 지위고하를 막론하고 죽음은 누구에게나 공통적으로 찾아오는, 피할 수 없는 인간의 운명이라는 묵시론적인 주제를 표현하고 있다. 특히 한스 홀바인(Hans Holbein)을 비롯한 많은

---

42 울리 분덜리히, 『메멘토 모리의 세계: 죽음의 춤을 통해 본 인간의 삶과 죽음』, 김종수 옮김, (길, 2008), p. 18.

43 분덜리히, 같은 책, p. 45.

화가가 그리는 '죽음의 춤'을 다룬 회화들에서는 죽음을 상징하는 해골들과 인간들이 둥글게 원을 그리면서 춤을 추는데 이러한 원형의 이미지는 생의 덧없음을 상징하는 바니타스를 표현하는 둥근 수레바퀴의 이미지로 연결된다.

> "아, 떼를 지어 빙빙 돌고 있는 군중이 보이는군.
> 고맙습니다. 만일 에퀴톤 씨 부인을 만나시거든
> 천궁도는 내 자신이 가지고 간다고 말해 주세요.
> 요새는 조심해야 하니까요."
>
> _『엘리엇 전집』, 49쪽

소소스트리스 부인의 점괘가 보여 주는 도상학적 이미지들이 바니타스 혹은 묵시론적 시간이라는 주제와 밀접한 관련이 있을 뿐 아니라, 부인이 사용하는 카드 자체도 중세 회화에서 아주 전형적인 멜랑콜리적인 주제를 표현하는 도상학적 아이콘이었다는 사실은 『황무지』 1부에 매우 집약적이고 전형적인 도상학적 이미지들이 배치되어 있음을 부정할 수 없게 만든다. 소소스트리스 부인의 천궁도 역시 자신의 꼬리를 물고 있는 뱀(우로보로스) 혹은 모래시계와 더불어 시간을 나타내는 도상학적 상징 중 하나이다.[44] 또한 동시에 멜랑콜리적인 상징을 나타내기도 하는데 이것은 멜랑콜리를 주관하는 새턴의 의미가 종종 "운명의 수레바퀴"[45]로 나타나기 때문이다. 운명의 수레바퀴는 결국 계속해서 순환하는 시간을 의미하며, 시간에 대한 이러한 인식이 결국 인간

---

44 파노프스키, 같은 책, p. 130.

45 리처드 커니, 『이방인, 신, 괴물』, 이지영 옮김, (개마고원, 2004), p. 307.

의 덧없는 삶과 필연적인 죽음이라는 문제를 제기하는 것이다. 천궁도의 시각적 표현도 이러한 바니타스의 수레바퀴와 같이 원으로 표현되며 동시에 천궁도가 궁극적으로 의미하는 것이 우주론적인 시간이라는 사실을 상기할 때 죽음의 춤과 수레바퀴 그리고 천궁도 모두는 인간으로서 피할 수 없는 필멸성과 그것에 대한 자각으로부터 오는 삶에 대한 허망함에 이르는 매우 묵시론적인 주제를 표현한다고 할 수 있다. 죽음과 삶의 허무감을 직시하게 하는 이미지들은 1부의 끝으로 가면서 그 현대성 혹은 도시의 어두운 측면을 강조하는 도상학적 상징과 함께 나타나고 있다.

> "비실재의 도시
> 겨울 나라 새벽 갈색 안개 속으로
> 군중이 런던교 위로 흘러간다. 저렇게 많이
> 나는 죽음이 저렇게 많은 사람을 죽게 했다고는 생각지 못했다.
> 때로 짤막한 한숨이 터져 나오고,
> 각자 자기 발 앞에 시선을 집중하고 간다.
> 언덕을 오르고, 킹 윌리엄가로 내려가 성 메어리 울노드 교회가
> 마지막 일격이 꺼져 가는, 아홉시 종소리로
> 예배 시간을 알리는 그곳으로 군중은 흘러갔다."
>
> _『엘리엇 전집』, 49쪽

휴 케너(Hugh Kenner)에 따르면 『황무지』는 근원적인 "공포와 절망 그리고 뭔가 더 오래되고 더 깊은 곳에 있는 두려움"을 표현한다고 한다.[46] 이렇듯 공포와 두려움을 야기하는 도시의 "비실재"적 이미지는

46 Hugh Kenner, *The Invisible Poet*, (London: Methuen Co., 1979), p. 138.

뒤에 제시되는 "갈색 안개"에 의해서 구체화되는데, 이 안개는 객관적인 현실 세계를 가리고 실재와 환상의 경계를 모호하게 해 실제 런던교를 건너가는 살아 있는 사람들과 그들의 피할 수 없는 죽음의 운명을 중첩적으로 그려 내고 있다. 오로지 자신의 "발 앞에 시선을 집중하고" 걸어가는, 마치 영혼을 잃어버린 좀비처럼 정해진 시계 소리에 맞추어 자기 삶을 살아가는 군중들의 모습을, 죽음의 춤을 추는 도상학적인 이미지로 재현하는 것이다. 이것은 개인에게 찾아오는 죽음이 아닌, 집단적 죽음이라는 암시를 통해 죽음의 실존적 측면보다는 신화적이고 문화사적인 의미를 상기시키는 듯하다.

2부 "장기 두기"는 제목에서 전형적인 도상학적 이미지를 유추할 수 있는데 전체적으로 시각적인 모티프들이 첫 부분에 집약적으로 제시되고, 뒷부분에서는 도상학적 주제와 밀접한 메시지를 직접적으로 제시하고 있다. 장기 혹은 체스는 도상학적 전통에서 카드놀이와 같이 인간의 허망한 인생이라는 바니타스의 주제를 표현하기 위해 자주 사용되는 모티프이다.[47] 20세기 초 스웨덴의 영화감독 잉마르 베르히만(Ingmar Begman)이 페스트가 창궐하던 중세의 '죽음의 춤'이라는 모티브를 차용해 만든 영화 〈제7의 봉인〉에서도 장기는 매우 상징적인 장치로 나타난다. 현대적인 의미에서 모든 인류를 의미하는 '에브리맨'을 상징하는 십자군 기사는 자신에게 찾아온 죽음을 조금이라도 더 늦추기 위해, 죽음과 계속 장기를 두려고 한다. 기사가 만난 죽음은 개별적인 죽음이 아니라, "보편적인 죽음과의 대면"[48]이라는 것을 아주 명백하게 보여

---

47 분덜리히, 같은 책, p. 15.

48 Denise Ming-yueh Wang, "Ingmar Bergman's Appropriations of the Images of Death in

주는데 결국 기사는 죽음을 이기지 못하고 다른 사람들과 마찬가지로 죽음의 손에 이끌려 '죽음의 춤'을 추면서 죽음을 뒤따라가게 된다. 이것은 1부에서 런던교를 지나는 군중들의 모습을 상기시킨다.

특히 2부의 도입 부분에서 엘리엇은 마치 중세의 바니타스 회화를 보는 것처럼 아주 세부적으로 생생하게 그리고 있는데, 주된 이미지들은 촛불이나 향수를 담은 색색의 유리병들이다. 많은 바니타스 회화에서 나타나듯이 촛불은 자기소진성과 꺼지기 쉬움의 특성 때문에 "전통적으로 생과 죽음 혹은 사랑 등을 상징한다고" 알려져 있다.[49] 향수 역시 공기 중에 쉽게 흩어지고 그것을 담고 있는 유리병들 역시 깨지기 쉬운 것들로, 도상학에서 자주 등장하는 "바니타스의 어트리뷰트(attribute)"[50]이며 촛불이 비치는 체경, 즉 거울은 16~17세기에는 덧없음의 모티브로서뿐만 아니라 시간의 상징물로 사용되었다.[51]

파노프스키는 체사레 리파(Cesare Ripa)의 "시간"에 대한 해설을 인용하며 시간들 가운데 현재만이 보이고 존재하는데, 그 현재라는 것도 아주 짧고 불확실해 거울 속의 허상에 지나지 않음을 상기시켜 준다.[52]

The Seventh Seal," 『중세르네상스 영문학』 17권 1호, (중세르네상스영문학회 2009), p. 41.

49 정영목, 「막스 벡크만의 밤-도상학적 이미지에 관한 연구」, 『미술사 연구』, (미술사연구회, 1990), p. 49.

50 Matilde Battistini, *Symbols and Allegories in Art, Trans*. Stephen Sartarelli, (Los Angeles: The J. Paul Getty Museum, 2002), p. 292. 어트리뷰트(attribute)는 어떤 주제의 특성을 표현하는데 그러한 속성을 지닌 것으로 나타나는 전형적인 사물들 혹은 상징이다. 이를테면 깃털, 보석, 향수병, 꽃 등은 바니타스의 어트리뷰트라고 할 수 있다.

51 파노프스키, 같은 책, p. 160.

52 체사레 리파의 11번 도판, "세월"에는 시간과 관련된 다양한 도상학적 아이콘이 등장하는데 그것은 어린아이, 거울, 천궁도, 모래시계, 낫을 든 신과 서로 꼬리를 물고 있는 뱀 그리고 천궁도 등이다. 체사레 리파, 『이코놀로지아』, 김은영 옮김, (루비박스, 2007), p. 44. 이러한 도상들은 흥미롭게도 『황무지』에 직접적 혹은 약간 변형된 형태로 나타난다.

거울이 주는 이러한 덧없음의 인식으로 인해 마침내 거울은 덧없음, 즉 바니타스의 전형적인 상징이 된다.[53] 따라서 거울 속에 비친 촛불은 그 이중적 배치로 인해 중첩된 도상적 이미지의 의미를 강조하는데, 그것은 인간 삶의 덧없음을 직시하라는 도상학적 의미를 가진 것으로 이해될 수 있을 것이다. 16세기 독일의 루카스 푸르테나겔(Lucas Furtenagel)의 그림 〈화가 한스 부르그마이어와 그의 부인 안나〉(*Der Maler Hans Burgkmair unde seine Frau Anna*)는 거울을 들여다보는 한 쌍의 나이 든 부부를 묘사하는데, 거울에서는 죽음의 상징인 두개골이 튀어나오려 하고 있다.

이것은 거울이 주는 바니타스의 모티브와 메멘토 모리의 모티브가 동시에 표현된 것이라고 할 수 있다. 아리에스의 지적처럼 "전통적 메멘토 모리"는 주제적 친화성으로 인해 '바니타스'로 전이되는 과정이 있었기 때문이다.[54] 여기에서 제시되는 촛불, 거울, 향수 그리고 유리병 모두가 인간의 바니타스라고 하는 도상학적 주제를 일관적으로 제시해 주는 효과적인 아이콘들이라고 할 수 있다.

"일곱 개 가지 친 촛대의 불길이 체경에 이중으로 비쳤고
이 빛을 받으며 비단갑에서 쏟아져 나오는
보석의 광채는 한데 어울려
원탁 위에 넘쳐흘렀다
상아병이나 색유리병들의 마개는 빠져 있는데
그 속에 든 것은 그 여자의 이상한 합성 향료"

53 파노프스키, 같은 책, p. 160.
54 아리에스, 같은 책, p. 579.

_『엘리엇 전집』, 50쪽

여기서 엘리엇이 묘사하는 부분은 흡사 정물화와 같은 인상을 주는데 아리에스에 의하면, 정물화는 일종의 바니타스와 같은 것이다.[55] 왜냐하면 "이러한 유형의 정물화에서는 사물들이 그 기능이나 마모성으로 시간의 흐름과 불가피한 종말"[56]을 환기시키기 때문이다. 또한 궁극적으로 이러한 사물들이 표현하는 것은 바로 "불확실한 삶에 대한 멜랑콜리"[57]였음을 아리에스는 밝히고 있다. 이러한 관점은 바로 뒤에 제시되는 필로멜라의 신화가 제공하는 주제적 맥락에 의해서 더욱 강조된다. 필로멜라는 테레우스에 의해 "무참하게 능욕당했"고, 그에 대한 복수로 필로멜라는 테레우스에게 그의 자식을 요리해서 먹게 한다. 이것은 실질적으로 도상학적 이미지라고 간주할 수는 없겠지만 넓은 의미에서 멜랑콜리적인 주제, 즉 토성의 카니발리즘이라는 모티프와 연관되고 있음을 생각할 때 변형된 멜랑콜리의 모티프이며, 그럼으로써 도상학적 의미를 강화하는 데 효과적으로 나타나고 있다. 그것은 필로멜라의 신화가 시의 1차적인 서사 구조에 직접 등장하는 것이 아니라, 시가 묘사하는 한 장면 속에 있는 또 하나의 그림 속에 나타나는 필로멜라이기 때문이다. 그리하여 마치 필로멜라의 신화는 시가 묘사하는 장면 속에 하나의 도상학적 모티프로 간주될 수 있는 것이다. 형식적인 측면에서 벽난로 위에 놓인 필로멜라의 그림은 마치 중세에 유행하던

55 아리에스, 같은 책, p. 580.
56 아리에스, 같은 책, p. 580.
57 아리에스, 같은 책, p. 582.

관습을 살짝 변형시킨 것처럼 보인다.

> "고풍의 벽난로 위에는
> 삼림의 풍경을 내려다보는 창문과도 같이
> 그 야만스러운 왕에게 무참히 능욕당한
> 필로멜라의 그림이 걸려 있다. 그러나 그림 속에서 나이팅게일은
> 감히 범할 수 없는 목소리로 전 황야를 가득 채우며
> 여전히 울고 있고 세상은 여전히 그 짓을 계속하고 있다."
>
> _『엘리엇 전집』, 50쪽

아리에스가 밝힌 바에 따르면 16세기에서 19세기 중엽에 이르기까지 바니타스의 상징들, 즉 해골이나 인생의 덧없음에 대한 경구 따위가 실생활 매우 깊은 곳까지 퍼져 있었는데, 특히 벽난로 위의 선반에 "인생이 짧고 불확실하다는 사실을 떠올리게 하는 경구를 새기는 일이 매우 일상화되어 있었다"[58]고 한다. 벽난로의 선반은 생활 속에서 늘 지나치고 마주치는 공간으로서 그곳에 배치된 것이 무엇이건 간에 보는 사람의 시선을 늘 받을 수밖에 없는 것이다. 따라서 선반 위에 놓인 필로멜라의 그림은 보는 이로 하여금 신화 속의 복수와 잔혹함 그리고 카니발리즘으로 표현된 시간의 파괴적 속성은 새턴 신화와 멜랑콜리와의 관계를 떠올리게 하며, 동시에 그러한 비극적인 사건을 통해 인간에게 남는 것은 허망함뿐이라는 생에 대한 허무적인 인식을 지속적으로 상기시킬 수 있었을 것이다. 이렇듯 바니타스 회화에서 자주 나타나는 도상학적 아이콘과 필로멜라의 신화는 결국 직접적으로 삶의 무의미를 드

58 아리에스, 같은 책, p. 581.

러내는 대화로 연결된다.

> "저 소리는 무엇이에요?"
> 문 밑을 지나는 바람 소리지.
> "자 저 소리는 무엇이에요? 바람이 무얼 하는가요?"
> 아무것도 아무것도 아니지.
> "아무것도 모르시나요? 아무것도 안 보이나요? 아무것도 기억 안 나나요?"
>
> _『엘리엇 전집』, 51쪽

바람은 형체가 없지만 그러한 형체 없음, 곧 무에 대한 지시성으로 인해 도상학적 의미를 띠고 있으면서 실제로는 바람과 같은 성질과 직접적으로 연관되는 부채와 바람을 상징하는 악기 등으로 표현되고 있다. 여기서 바람이 "아무것도 없음"을 의미함으로써, 이전에 등장했던 바니타스의 도상학적 아이콘들은 일관된 흐름 속에서 나타나고 있음을 알 수 있다. 왜냐하면 이러한 "아무것도 없음"의 혼란한 상태에서 화자는 결국 "장기"를 두기로 결심하는데, 그것은 도상학적 측면에서 볼 때 생의 덧없음을 자각하는 것에서 시작되어 결국 그것을 극복하지 못하고 다시 생의 덧없음을 상기하는 도상학적 아이콘으로 회귀하는 구조를 보여 주는 것이다. 마지막 부분에서 "시간입니다. 서두르십시오"라고 강조하는 것은 마치 삶에서 누릴 수 있는 것을 놓치지 말고 빨리 누려야 한다는 메시지를 강조하는 것처럼 보인다. 그것은 외견상 '카르페 디엠'이라는 자신에게 남아 있는 삶의 에너지를 즐길 수 있을 때 즐겨야 한다는 메시지와 일맥상통하는 것처럼 보인다. '카르페 디엠'의 주제 의식은 사실상 바니타스의 인식과 매우 밀접한 관계를 가지고 있는데, 그것은 바니타스의 인식이 바로 인간의 필멸성을 인식하는 데 있기 때문이고 그러한 필멸성에 대한 인식에서 현재를 누려야 한다는 자각이 발생하기 때문이다. 이런 맥락에서 '카르페 디엠'은 '메멘토 모리'와 밀접한 관계가 있으며 늘 인간의 필멸성을 자각하고 살아가는 삶은 부인할 수 없는 생의 허무를 의미하는 '바니타스'의 개념으로 이어진다.[59]

3부 "불의 설교"는 템스강 변에 대한 묘사로 시작하지만 뒤이어지는 주된 이미지는 죽음과 연관된 것들이다. '해골'은 직접적인 죽음의 상징일 뿐만 아니라 연속해서 강조되는 '쥐'의 출현은 마치 중세에 창궐했던 페스트를 연상시킨다. 해골과 쥐의 이러한 병치는 흑사병이 몰고 온 집단적인 죽음을 그린 중세의 '죽음의 춤'의 도상학적 이미지와 일치한다.

> "해골이 부딪치는 소리와 귀에서 귀로 퍼지는 킥킥대는 웃음소리를 듣는다.
> 쥐가 한 마리 살며시 풀숲 속으로
> 끈적거리는 배때기를 끌며 둑 위로 기어갔다.
>
> …
>
> 낮은 추녀 밑 작은 메마른 다락방에 버려진 해골들은
> 해마다 쥐 발에 걸려 덜그럭거릴 뿐이다."
>
> _『엘리엇 전집』, 54쪽

여기에 등장하는 해골들—정확히 말해서 뼛조각들—은 그 조각난 상태로도 해골이 지니는 것과 같은 "동등한 상징적 가치"[60]를 지니고 있다. 파노프스키는 '쥐'의 모티프가 시간을 의미하는 도상학적 체계에

---

59 분덜리히, 같은 책, p. 14.
60 아리에스, 같은 책, p. 577.

등장하는 사례를 제시하며 이러한 '쥐'의 도상학적 의미는 "매일 밤과 낮에 파괴되는 생명"[61]이라고 설명하고 있다. 쥐와 시간 그리고 그 궁극적 유추 개념이라고 할 수 있는 죽음으로 이어지는 관계는 '죽음의 춤'이라는 이미지로 수렴된다. 울리 분덜리히(Uli Wunderlich)가 지적하듯 '죽음의 춤'은 문화, 사회, 예술적인 현상이지만 그 개념을 분명히 정의내리기는 어렵다. 이 개념은 지역에 따라서 조금씩 변형된 명칭으로 나타나는데, 일반적으로 프랑스어로 Danse Macabre, 독일어로 Totentanz 혹은 영어로 Dance of death라고 부른다. 이 죽음의 춤은 여러 의미를 지니는데 춤을 추는 사신을 의미하거나 망자를 위한 춤 혹은 망자에 맞선 춤을 의미한다. 장례식과 추도식 혹은 죽음을 내쫓기 위한 춤도 포함되지만[62] 가장 지배적인 도상학적 이미지는 앞에서 언급한 바니타스 혹은 메멘토 모리와 같은 인간의 필멸성을 드러내는 도상학적 아이콘으로 나타난다고 할 수 있다. 이 '죽음의 춤'과 관련된 쥐와 해골들의 이미지는 뒤이어 5부에서 좀 더 구체적인 시의성을 가지고 나타나게 된다.

'죽음의 춤'이라는 도상학적 이미지와 더불어, 3부에서는 현대사회에서의 정신적인 불모성 혹은 권태와 황폐성이라는 측면이 그려지고 있다. 특히 비실재의 도시와 호텔에 대한 묘사는 마치 20세기 대도시 삶의 고독과 권태 그리고 쓸쓸함을 주로 그렸던 에드워드 호퍼(Edward Hopper)나 도시와 멜랑콜리의 주제를 자주 그렸던 키리코(Giorgio de Chirico)의 그림의 한 장면을 떠올리게 한다. 메난드는 『황무지』를 단지

61 파노프스키, 같은 책, p. 153.
62 분덜리히, 같은 책, p. 31~32.

서구문화의 "정신적 메마름"(spiritual dryness)에 대한 것이 아니라, 어떻게 그 "정신적 불모성"이 인식되느냐에 관한 것이라고 주장하는데[63] 여기서 멜랑콜리는 바로 정신적 불모성이 수용되는 과정이 외화된 징후라고 볼 수 있는 것이다.

> "비실재의 도시
> 겨울 한낮의 갈색 안개 속에서
> 스미르나의 상인, 수염이 시꺼먼
> 유게니데스는 포켓 가득히 건포도의
> 런던착 운임 보험료 지불 보증 일람불 어음을 가지고 있었다.
> 그는 저속한 프랑스 말로
> 캐논 스트릿 호텔의 오찬에 나를 초대하고
> 이어서 주말 휴가는 메트로폴 호텔에서 쉬자는 것이었다."
>
> _『엘리엇 전집』, 55쪽

도시 전체를 감싸는 "갈색 안개"가 도시의 황폐함을 가려 줄지 모르지만 오히려 "갈색"이라는 색채에서 유추할 수 있는 것처럼 이것은 자연적인 안개가 아닐 것이다. 여기서 안개는 공업화 산업화의 여파로 오염된 자연이며 그 속에서 인간은 집이라는 안락한 공간보다 늘 이방인들로 채워지는 "호텔"에서 안식을 찾게 되는 것이다. 이러한 비인간화된 도시에서의 삶은 마치 안개처럼 금방이라도 사라질 것처럼 별다른 의미도, 가치도 없는 것으로 여겨지며 이런 맥락에서 안개는 매우 중요한 의미를 관장하고 있다.

---

63 Menand, 같은 책, 89.

뒤이어 타이피스트와의 감정 없는 사랑의 장면이 나타나는데 여기서도 매우 전형적인 도상학적 아이콘들이 등장한다. 전통적인 관점에서 여자가 들여다보는 "거울"이나 "만돌린" 등은 바니타스를 소재로 한 회화에서 빈번하게 나타나는 도상학적 모티브이며, 그것은 곧 사라져 버릴 삶의 의미와 가치를 상징한다. 또한 타이피스트와의 의미 없는 정사 장면 속에 나타나는 "양초와 축음기"는 『황무지』와 비슷한 시기에 세계대전 이후의 암울한 실존적 조건을 그린 막스 베크만의 그림, 〈밤〉(*The Night*)에서도 "남녀의 성적인 상징물로" 풀이되고 있다.[64]

여기 묘사된 두 사람의 사랑 없는 관계에 대해 축음기에 바늘을 올려놓는 것처럼 아주 단순하고 무의미한 행위라는 암시가 전통적으로 읽혀 왔던 것은 축음기가 가지고 있는 기계적인 반복 그리고 그 행위의 무미건조함을 통해서이다. 축음기는 이전에 실제 노랫소리가 가지고 있었던 일회적인 가치, 직접 노래를 부르고 그 노랫소리를 듣는 것에서 느껴지는 생생한 의미를 상실하게 하고, 음악이라는 것을 언제든지 원하기만 하면 무한히 반복해서 들을 수 있는, 그렇기 때문에 효용적 가치는 있을지 몰라도 그 존재론적 가치는 상실한 단순한 오락거리로 만들어 버리고 말았다. 그리하여 본질의 상실이라는 현대 세계의 획일적인 특성을 상징적으로 드러내고 있는 것이다.

"여자는 돌아서서 잠시 거울을 들여다본다.

64 정영목, 「막스 벡크만의 밤–도상학적 이미지에 관한 연구」, 『미술사 연구』, (미술사연구회, 1990), p. 50.

떠나간 애인의 생각은 이제 거의 없이
하나의 희미한 생각이 여자의 머리를 지나간다.

...

기계적인 손길로 머리를 쓰다듬고,
축음기에 레코드를 거는 것이다."

_『엘리엇 전집』, 56–57쪽

엘리자베스 드류(Elizabeth Drew)는 타이피스트와의 사랑의 장면에 나타난 축음기에 대해 "성적 행위의 기계적이고 자동적인 측면을 강조"[65]하기 위한 것이라고 언급하는데 이것은 앞서 소개된 베크만도 동일하게 지적한 부분이며, 도상학적인 의미가 매우 분명하게 나타난 것이라고 할 수 있다. 축음기와 함께 여자가 거울을 들여다보는 것은 자신의 모습을 아름답게 치장하려 한다기보다는 아주 습관화된 행동으로써 축음기에 레코드를 거는 것과 같은 매우 무의식적이고 기계적인 반응이라고 해야 할 것이다.

또한 앞서 살펴보았듯이 거울이 지니는 도상학적 의미는 삶의 허무와 필멸성에 대한 자각 등과 결부되면서 전체적인 사랑의 허망함과 무의미함을 강조하고 있다. 찰나에 지나고 마는, 의미 없는 사랑의 허망함은 뒤에 나타나는 "만돌린의 음악"이나 파도에 부서지는 "포말"과 같은 금방 사라져 버리는 이미지들에 의해 그 바니타스적 함의가 지속적으로 유지되고 있다. 그것은 마치 선술집에서 들려오는 노랫가락과 "어

65 Elizabeth Drew, *T. S. Eliot: The Design of His Poetry*, (New York: Charles Scribner's Sons, 1949), p. 81.

부들의 껄껄대고 지껄이는 소리"처럼 잠시 떠들다가 금방 사라져 버리고 마는 것이다. 이런 생의 덧없음에 대한 자각은 결국 인간으로 하여금 삶에 대한 아무 기대도 갖지 못하게 만들고 만다.

"마게이트 모래벌판에서였습니다.
나는 무엇이 무엇인지
알 수가 없습니다.
더러운 양손의 갈라진 손톱,
아무것도 기대하지 않는
비천한 인간들"

_『엘리엇 전집』, 58쪽

이러한 허무적인 인식은 바로 4부에서 화려하고 아름다웠던 인생의 시기가 결국은 죽음으로 종결될 수밖에 없다는 냉정한 자각을 요청하는 것으로 이어진다. 4부 "물가의 죽음"은 "페니키아 사람 플레바스"가 죽은 지 2주일이 된 것을 알리는 것으로 시작해서 플레바스가 살아 있었을 때 얼마나 멋진 사람이었는지를 생각해 보라는 종용으로 끝이 난다. 이러한 삶과 죽음의 극적인 대비는 현재의 삶을 살아가는 사람들에게 한편으로는 죽음을 준비해야 하는 필요성을(아르스 모리엔디) 또 한편으로는 현재를 즐기는(카르페 디엠) 인식을 제공해 줬을 것이다. 한때 아름다운 사람도 죽어서 해골이 된다는 모티브는 분덜리히의 조사에서 밝혀진 것처럼 다음과 같은 오래된 구절에서도 확인된다: "우리가 과거에 그러했던 것이 지금의 그대들이고 지금 우리의 모습은 장차 그대들의 모습이다"[66] 이것은 바로 살아 있는 사람과 해골의 모습으로 나타난 죽음과의 대화인 것이다.

삶과 죽음의 순환적인 운명은 5부 "우리가 말한 것"에서 다시 나타난다.

"살아 있던 그분은 이미 죽었고
살아 있던 우리들은 지금 죽어 간다."

_『엘리엇 전집』, 60쪽

이러한 생의 허무함을 인지하고 난 후의 세상은 엘리엇이 묘사하듯이 황폐하고 심지어 부조리하며 절망적이다. 그곳에서는 "설 수도 누울 수도 앉을 수도 없"고 "산속엔 정적마저 없"으며 "비가 따르지 않는 메마른 불모의 우레만 있을 뿐"인 것이다. 거기에서 들려오는 소리는 마치 파헤쳐진 무덤 속에서 일어난 죽음이 살아 있는 사람을 향해 "비웃"듯이 지르는 비명뿐이다.

"산 중엔 고독마저 없고
다만 금 간 흙벽 집 문에서
시뻘건 음산한 얼굴들이 비웃으며 소리 지른다."

_『엘리엇 전집』, 60쪽

이러한 절망적 분위기는 보다 직접적인 죽음의 자각으로 이어진다. 엘리엇의 노트에 따르면 "항상 그대와 나란히 걷는 그 제삼자는 누군

66 분덜리히, 같은 책, p. 82.

가?"에 등장하는 이미지는 섀클턴의 탐험대가 극지방에서 겪은 환각을 모티프로 한다고 밝히고 있는데, 그것은 동시에 앞서 언급된 "죽음의 춤" 회화에서 자주 등장하는 전형적인 죽음의 이미지와 중첩된다.

> "항상 그대와 나란히 걷는 또 한 사람이 있다.
> 갈색 망토에 싸여, 머리를 싸맨 채 발자국 소리도 없이
> 그것이 남자인지 여자인지도 모르겠다.
> 그러나 그대 곁에 있는 자 누구인가?"
>
> _『엘리엇 전집』, 61쪽

항상 곁에 있지만 막상 보려고 하면 볼 수 없고, 남자인지 여자인지 알 수 없는 이 형체는 바로 죽음이다. 수도사의 망토를 걸친 해골의 모습으로 종종 표현되고, 종종 죽음의 상징인 낫을 들고 있기도 하며, 신분의 지위고하를 막론하고 모든 사람을 이끌고 죽음으로 행진하는 사신의 이미지인 것이다. '죽음의 춤'의 주제는 19세기를 거쳐 현대에 이르기까지 계속해서 다양한 방식으로 수용되고 있는데, 특히 19세기와 20세기를 뒤흔들었던 유례없는 대규모의 전쟁과 사회변혁들은 중세의 페스트가 그랬던 것처럼 대규모의 집단 학살과 죽음을 목격하게 했다. 유례없는 규모의 집단적 죽음을 목격하고 난 후 죽음의 소재, 즉 '마카브르'의 주제들은 크게 유행하게 된다.[67] '마카브르'란 인간의 사실적인 죽음을 소재로 표현한 것을 일반적으로 가리키는데 아리에스에 따르면 마카브르는 '죽음의 춤'의 개념에서 비롯된 의미의 확장으로 여겨진

---

67 아리에스, 같은 책, p. 238.

다.[68] 이것은 세계대전 시기 영국과 프랑스에서 '죽음의 춤'을 소재로 한 예술 활동이 매우 급속한 유행으로 퍼져 나갔다는 분덜리히의 조사와도 일치하는 사실이다.[69] 모더니즘 시기에 '죽음의 춤' 모티브가 많은 사람의 관심을 끈 것은 비단, 문학, 회화뿐 아니라 무용과 춤에 이르기까지 광범위한 것이었다.[70]

특히 전쟁과 같은 사회문화적 외상에 대한 상징으로 20세기의 많은 예술 작품에서 두드러지게 나타났는데 오토 딕스(Otto Dix)나 프란스 마저렐(Frans Masereel), 막스 베크만(Max Beckmann)의 그림에서 보이듯 전쟁과 비참한 병사, 해골의 모습 등이 빈번한 소재로 선택되었고, 『황무지』에서도 역시 이러한 전쟁과 병사, 폭격의 이미지 등이 전편에 걸쳐서 간헐적으로 나타나고 있다. 2부의 끝에서 앨버트가 귀환한 병사로 나타나는 것은 마치 5부에서 본격적으로 묘사되고 있는 전쟁의 참상을 위한 작은 암시처럼 보이는데, 5부에서는 마치 폭격으로 인해 파괴되는 도시들과 그 폐허 위로 중첩되는 죽음의 행렬을 묘사하는 것처럼 보인다.

"공중에 높이 들리는 저 소리 무엇인가
모성적인 슬픔의 울음소리
끝없는 벌판 위에 떼 지어 가는 후드를 쓴 군중들은 누구인가
다만 평평한 지평선에 에워싸여
갈라진 대지에서 고꾸라지며 가는 그들은 누구인가

---

68 아리에스, 같은 책, p. 212.
69 분덜리히, 같은 책, p. 224.
70 이명주, 『기독교무용에 나타난 '죽음의 춤'과 도상해석학을 통한 의미체계 연구』, (세종대 박사학위 논문, 2011), p. 161.

산 너머 저 도시는 무엇인가
보랏빛 대기 속에 깨지고 다시 서고 터진다
무너지는 탑들
예루살렘 아테네 알렉산드리아
비엔나 런던
비실재의"

_『엘리엇 전집』, 61–62쪽

마치 중세의 페스트가 무차별적으로 인간을 죽음의 고통으로 몰고 갔던 것처럼 전쟁 또한 인간에게 혹독한 죽음의 자각을 불러일으켰다. 뒤이어 "나자빠진 무덤들" 사이에 나타나는 "마른 뼈"들은 무덤가에서 춤을 추는 도상학적 이미지와 정확하게 일치하고 있다. 하지만 페스트에서 유추할 수 있는 죽음은 단순한 죽음이 아니다. 그것은 사람들이 특히나 더 두려워했던 "준비되지 않은 죽음"[71]이다. 햄릿이 클로디어스를 살해할 수 있는 결정적 순간에 망설인 이유는, 자신의 일격이 클로디어스에게 '준비된 죽음'을 가져다줄 것을 우려했기 때문 아니었을까? 이것은 중세에 아르스 모리엔디(Ars Moriendi), 즉 "죽음의 기술"을 의미하는데 보통 중세 후기에 나타난 교훈적인 내용의 종교서나 기도서를 지칭한다.[72] 이러한 아르스 모리엔디의 주된 내용은 바로 슬기롭게 죽음을 맞기 위해 "올바른 삶을 사는 방법"[73]이다. 죽음의 문제를 다루고 있다는 점에서 아르스 모리엔디는 '죽음의 춤'과 동등한 문화적 의미를 갖는데, 이러한 아르스 모리엔디의 특별한 교훈은 『황무지』의 마지막

71 분덜리히, 같은 책, p. 17.
72 분덜리히, 같은 책, p. 16.
73 분덜리히, 같은 책, p. 17.

부분, 천둥이 말한 것과 상당 부분 일치한다고 볼 수 있다. "우레의 울림: 주라, 동정하라, 자제하라"의 충고 속에는 온통 죽음으로 꽉 채워진 현대 문명의 야만성 속에서 우리가 어떻게 살아가야 할 것인가를 매우 축약적으로 나타내 주는 것이다. 이것은 비인간화된 도시와 문명으로부터의 해방이고, 삶을 살아가는 과정이 곧 죽음의 과정이라는 프로이트의 명제를 상기할 때 매 순간 우리가 우리의 죽음을 자각하며 견지해야 하는 태도인 것이다. 죽음으로 충만한 이 삶의 세계는 필연적으로 인간을 고뇌하고 사색하게 하는데 이러한 멜랑콜리적인 요소는 말미에 등장하는 '히에로니모'에 의해서 더욱 분명해진다.

> ""폐허의 탑 안의 아퀴텐느 왕자"
> 이러한 단편으로 나는 나의 폐허를 지탱해 왔다
> 그러면 당신 말씀대로 합시다. 히에로니모는 다시 머리가 돌았다."
>
> _『엘리엇 전집』, 63쪽

'히에로니모'는 셰익스피어의 『햄릿』에 결정적인 모티브를 제공한 것으로 여겨지는 『스페인 비극』에 등장하는 인물로, 자식을 잃은 것을 복수하기 위해 연극을 이용하는 플롯을 보여 준다. 자식을 잃은 피해자이면서 동시에 그 복수를 추구하는 살인자이기도 한 히에로니모는 필연적으로 삶과 죽음의 문제를 고뇌하지 않을 수 없었을 것이다. 자식을 잃은 것에 대한 복수심으로 가득 찬 히에로니모는 명백히 햄릿과 같은 멜랑콜리적 인물로 이해될 수 있을 것이며[74] 히에로니모와 더불어 자

74 리처드 커니, 『이방인, 신, 괴물』, 이지영 옮김, (개마고원, 2004), p. 280.

신의 왕권을 잃어버린 채 높은 탑 위에 유폐된 아퀴텐느 왕자 역시 멜랑콜리의 도상학적 인물로서 상당한 설득력을 지닌다. 라인하르트 쿤(Reinhard Kuhn)에 의하면 "왕좌에서 쫓겨난 군주의 상징"[75]으로서 아퀴텐느 왕자는 어부 왕과 함께 좌절과 절망 그리고 깊은 상실감을 표현한다고 한다. 권좌에서 쫓겨난 모티브는 신화적으로 새턴 신화, 즉 제우스에게 축출당한 크로노스 신화와 관련이 있으며 궁극적으로 이 신화적 도상은 크로노스의 또 다른 이름 사투르누스, 곧 멜랑콜리를 주관하는 새턴으로 연결되면서 궁극적으로는 멜랑콜리라는 수렴점을 지향하게 된다.

아퀴텐느 왕자에 관한 인유의 출처는 프랑스의 시인 네르발의 「물려받지 못한 자」인데, 줄리아 크리스테바(Julia Kristeva)는 멜랑콜리에 관한 자신의 연구서 『검은 태양』(*Black Sun*)의 제목을 바로 같은 시의 같은 연에서 빌려왔다. 크리스테바에 의해 비유적으로 묘사된 검은 태양, 즉 우울의 태양은 환하게 세상을 비추는 것 같지만 사실 그 빛은 어둠이고 그 희망은 절망의 끝이다. 역사적으로 우울은 천재성의 징조 혹은 광기의 증거로 이해되었다. 서양의 4체액설은 중세 아랍학자들에 의해 천체에 대한 학문과 결합되면서(Arikha, 118쪽) 멜랑콜리는 토성과 매우 밀접한 관계를 갖게 된다.[76] 파노프스키에 따르면 토성의 그리스식 이름은 크로노스(Kronos)이다. 이 이름은 그리스어로 시간을 가리키는

---

75 Reinhard Kuhn, *The Demon of Noontide: Ennui in Western Literature*, (New Jersey: Princeton UP, 1976), p. 108.

76 레이몬드 클리방스키, 프리츠 삭슬, 에르윈 파노프스키의 공저, 『토성과 멜랑콜리』는 이러한 천체와 인간의 체액과의 연관 관계에 대해, 멜랑콜리는 토성과, 낙천성은 목성, 다혈질의 담즙질은 화성, 무기력의 점액질은 금성이 관장한다고 한다. Raymond Klibansky, Fritz Saxl, Erwin Panofsky, Saturn and Melancholy, (Nendeln: Krausreprint, 1964), p. 127.

단어 흐로노스(Chronos)와 발음이 유사해서 사람들은 결국 토성을 의미하는 단어와 시간의 신을 의미하는 단어를 혼동했고, 결국에는 토성을 가리키는 새턴(Saturn)이라는 말에 시간의 신을 의미하는 흐로노스의 문화적 의미가 결합하게 되었다고 한다.[77] 토성은 중세의 아랍학자들에 의해 지구를 둘러싼 천체의 행성들 중 가장 느린 별로 인식되었으며, 나중에는 토성을 의미하는 새턴이라는 단어가 시간과 토성이라는 의미를 동시에 갖게 된다. 결국 토성과 시간이라는 두 개념적 주체가 합쳐지는 결과를 가져왔고, 의인화된 시간의 이미지 속에는 전통적인 토성의 이미지, 즉 늙고, 거칠고, 사나운 농부이면서 동시에 지혜로운 이미지가 중첩되게 된다. 토성의 바로 그 '느림'의 이미지는 현대의 권태 혹은 지루함이라는 정서적인 세계감으로 연결된다. 『황무지』에 나타난 '권태'와 '지루함' 혹은 '생명력이 없음'에 이르는 많은 이미지들은 벤야민이 "마음의 나태"[78]라고 설명한 중세의 '아케디아'(acedia)의 연장선상에 있는 것인데, 이러한 감정은 19세기 이후 현대에 이르기까지는 '권태'(ennui) 혹은 '지루함'(boredom)으로 나타나게 된다. 특히 아케디아는 사막 한가운데 있던 수도원의 수도사들에게 결정적인 영향을 미치게 되었으며, 특히 수도사들의 수행에 가장 취약한 시간인 정오에 빈번히 발현하게 된다. 이러한 정오의 권태감은 수도사들에게 종교적 의무를 다하지 못한다는 죄책감을 안겨 줬고, 아케디아는 '정오의 악마'(the

77 크로노스와 Κρσνος Kronos, 흐로노스는 Χρσνος Chronos(in Rome, Saturn) 그 발음상의 유사성 때문에 사람들에게 두 개별적인 신화적 존재의 속성이 하나로 통합되었을 것이라고 추측한다. 이것으로 농업의 신인 크로노스의 상징인 낫이 시간의 신, 곧 죽음을 관장하는 크로노스의 속성으로 겹쳐지면서 낫은 인간을 추수하는 도구로써, 즉 죽음을 상징하는 아이콘으로 나타났음을 지적한다. 파노프스키, 같은 책, p. 134.

78 벤야민, 같은 책, p. 199.

demon of noontide)라고도 여겨졌다. 그 죄책감에서 연유하는 슬픔의 감정은 현대의 실존적 권태의 감정으로까지 연결되어 문화적으로 권태, 슬픔, 멜랑콜리 등 정서적 친근어들은 모두 동일한 문화사적 배경을 가지고 있다고 할 수 있다. 이러한 일련의 도상학적 아이콘들은 죽음의 문제와 멜랑콜리의 문제를 도상학적으로 수렴해, 시 전체를 관통해서 흐르는 '죽음의 춤', '메멘토 모리' 그리고 '바니타스'와 같은 주제 의식들을 멜랑콜리와 연결시킴으로써 작품의 주제 의식을 종합적으로 천명하고 있다고 할 수 있겠다.

끝으로 "아기 얼굴의 박쥐들이 보랏빛 황혼 속에서 / 휴우휴우 울고 날개 치며 / 까만 벽을 거꾸로 기어 내려"(『엘리엇 전집』, 62쪽)가는 괴기한 초현실주의적인 장면 속에도 멜랑콜리의 알레고리가 표현되는 전형적인 도상학적 이미지가 집약적으로 나타난다. 이 묘사는 도상학적 측면에서 멜랑콜리를 가장 성공적으로 표현한 것으로 여겨지는 뒤러의 〈멜랑콜리아 I〉의 장면과 도상적 이미지가 중첩되는데, 이것은 멜랑콜리가 인간의 정신을 덮치는 시간대인 "저녁"과 이 시간대를 지배하는 "박쥐"의 존재 그리고 멜랑콜리의 도상에 자주 등장하는 "아기 천사"의 이미지가 그것이다.[79] 이 멜랑콜리의 도상들은 전쟁의 이미지로 유추된 죽음의 문제와 결부되어, 현대 문명에 대한 우울한 사색을 종용하는 것처럼 여겨진다. 이와 같이 『황무지』에 나타난 주된 도상학적 상징들을 종합해 볼 때 『황무지』에 나타난 도상학적 아이콘들은 바니타스, 메멘토 모리, 멜랑콜리라는 주제로 수렴되는 양상을 보이고 있으며, 이러

79 하인리히 뵐플린, 『알브레히트 뒤러의 예술』, 이기숙 옮김, (한명, 2002), p. 244~249.

한 도상학적 기호들은 도시에서의 권태와 삶의 무의미, 허무 의식과 불안한 실존과 같은 주제 의식을 표현한 비슷한 시기 모더니즘의 회화들에서도 쉽게 발견된다. 이런 이유로 모더니즘이라는 문화 예술적인 자장 속에서 도상학적 해석은 시와 예술의 이해를 더욱 깊이 있게 만들 수 있을 것이다.

파노프스키는 도상해석학의 과정을 보다 정확하게 하기 위해 "문화적 징후의 역사"가 고려되어야 한다고 했는데 이것은 작품에 대한 "다양한 역사적 연관 관계에 있다고 생각되는 문화적 증거자료들을 비교하면서 해석을 보완하고 완성해 가는 것"[80]을 의미한다. 여기서의 "문화적 증거자료" 들은 인물, 시대, 나라, 정치, 종교, 문학, 철학 등 사회 전반에 걸친 모든 자료를 의미하며, 지금까지 『황무지』에 나타났던 다양한 도상학적 모티브들이 고찰된 맥락이기도 하다. 『황무지』는 모더니즘 시기에 점차 문학 고유의 서사적 시간의 측면보다 공간적인 미학, 즉 회화적 특성을 보여 준 대표적인 작품이며, 이런 맥락을 바탕으로 『황무지』는 입체파 회화와의 기법적인 유사성이나 몽타주와 같은 영화의 시각예술적 기법 혹은 콜라주 기법과 같은 회화적 기법의 관점에서 분석되기도 했다. 하지만 기존의 회화적 분석의 틀은 다소 외형적인 관점에서만 적용되어 왔던 반면 도상학적 분석은 시에서 차용된 이미지에 대한 문화사적이며 동시에 어느 정도 일관된 관점을 제공함으로써 모더니즘의 세계감과 밀접하게 맞닿아 있는 『황무지』의 주제 의식을 드러내는 데 보다 효율적인 것으로 여겨졌다. 보들레르와의 영향 관계에

80 에르빈 파노프스키, 「도상학과 도상해석학」, 에케하르트 캐멀링 편, 이한순 옮김, (사계절, 1997), p. 158.

서도 유추될 수 있듯이 『황무지』의 전반적인 어조와 분위기 그리고 그 저류에 흐르는 주제 의식은 도시 속에서 비인간화된 문명에 대한 멜랑콜리적 시선이라고 할 수 있을 것이다. 다시 말해, 점점 황폐해 져가고 있는 현대 문명의 이면과 그 속에서 살아가는, 상실감과 무기력과 권태감으로 가득한 현대인들의 실존적 고뇌의 미학적 발현이라고 할 수 있는 것이다.

모더니스트로서 엘리엇이 다양한 문학적 인유를 통해 그 당시의 모더니즘적 기류의 "문화적 조건들을 모색"[81]하려던 것이라면, 그 문화적 조건들에 해당되는 요소들 중 멜랑콜리는 매우 중요한 위치를 차지한다고 볼 수 있는데, 이러한 멜랑콜리적 측면들은 『황무지』에 나타나는 도상학적 이미지들로 수렴되고 읽혀질 수 있다. 따라서 도상학적 해석의 적용은 『황무지』에 나타난 멜랑콜리의 도상이라는 특성을 매우 분명하게 제시해 줄 수 있었다. 주제적인 측면에서 『황무지』에 나타난 많은 다양한 도상은 전통적으로 멜랑콜리의 도상들과 아주 밀접한 것으로 파악되었다. 그것은 중세의 정물 회화에서 나타나는 바니타스 혹은 인간의 덧없는 인생과 필멸성을 강조한 메멘토 모리, 필멸성에 대한 인식을 통해서 현재, 바로 지금을 즐겨야 한다는 카르페 디엠 그리고 모든 인간은 지위고하를 막론하고 죽음을 피할 수 없다는 메멘토 모리라는 주제들이 다양한 도상학적 아이콘을 통해 제시되었다. 그리하여 궁극적으로는 엘리엇의 『황무지』에 나타나는 암울한 세계관과 삶에 대한 허무적인 인식이 다양한 도상들을 통한 멜랑콜리라는 문화적 징후를

---

81 Menand, 같은 책, p. 6.

나타내는 장치들로 충분히 파악될 수 있다는 것이다.

MELANCHOLY

Chapter 5.

영화와 멜랑콜리

- 앨프리드 히치콕, <사이코>
  : 주체를 삼켜 버린 상실의 대상
- 스티븐 스필버그, <A.I.>
  : 상실은 대체될 수 있는가?,
  포스트 휴먼의 딜레마
- 안드레이 타르코프스키, <솔라리스>
  : 유령처럼 되돌아오는 상실과
  멜랑콜리의 환상성
- 앤드루 니콜, <가타카>
  : 불완전함의 멜랑콜리가 만들어 낸
  천재적인 열정 낸 천재적인 열정
- 리들리 스콧, <블레이드 러너>
  : "인간보다 더 인간적인" 것의
  의미와 멜랑콜리의 혁명성
- 루키노 비스콘티, <베니스에서의 죽음>
  : 치명적인 자기애의 멜랑콜리

앨프리드 히치콕, <사이코>
: 주체를 삼켜 버린 상실의 대상

메가폰을 든 프로이트. 이것은 영화감독 앨프리드 히치콕의 별명이었다. 별명이 말해 주듯 히치콕 감독의 많은 영화는 마치 프로이트의 정신분석학 이론을 영화로 재구성한 것으로 종종 해석되었다. 그의 대표작인 〈현기증〉(Vertigo), 〈이창〉(Rear Window) 등을 비롯한 많은 영화가 정신분석학적 관점에서 분석되어 왔고 또 많은 비평가가 그의 영화에 힘입어 프로이트의 이론을 대중적으로 널리 확산시키기도 했다. 〈사이코〉는 영화사적으로도 매우 중요하지만 동시에 정신분석학적으로도 아주 풍부한 담론의 대상이 되어 왔다.

한 여인이 직장에서 현금 5만 달러를 훔쳐 달아나면서 영화의 본격적인 전개가 시작된다. 갑자기 손에 들어온 현금의 유혹을 넘기지 못한 채, 마리온은 회삿돈 5만 불을 은행에 예금하러 간다면서 그대로 들고 도망친다. 추적을 피하기 위해 중간에 차를 바꾸고, 심지어 주야로 운전하면서까지 멀리 도망치던 마리온은 비까지 내리는 밤길을 더 이상 갈 수 없어 가까운 모텔에서 하룻밤 머물기로 한다. 모텔은 한적한 곳에 있었지만 다른 선택의 여지가 없었던 마리온은 일단 하룻밤 그곳에서 보내기로 한다. 모텔은 노먼이라는 젊은 남자가 자신의 어머니와 함께 운영하고 있었는데 공교롭게도 그날 밤, 모텔엔 다른 손님이 없었다.

늦은 밤 간단한 식사를 부탁하고 샤워를 하면서 노먼과 이야기를 나눈 마리온은 곧 객실에 쉬러 들어가고, 노먼은 자신의 어머니와 이런저런 큰소리로 대화를 나누는 모습이 보인다. 하지만 샤워 도중 마리온은 갑자기 칼을 들고 찾아온 의문의 노파에 의해서 살해당하게 된다. 이후 마리온의 행방을 찾는 마리온의 동생 부부에 의해서 본격적인 사건이 전개된다. 마리온의 동생은 사설탐정 애보거스트를 고용해서 노먼의 모텔을 은밀하게 살펴보는데 애보거스트 역시 조사 도중 의문의 살해를 당하게 된다.

결국 마리온 동생의 집요한 추적과 추리를 통해, 노만의 모텔에 뭔가 수상한 것이 있음을 감지한 경찰과 그 일행은 호텔을 본격적으로 수색하기 시작한다. 경찰과의 수색 중에, 마리온의 동생은 지하실에서 노먼의 어머니를 발견한다. 하지만 마리온의 동생이 발견한 노먼의 어머니는 이미 부패한 미라와 같은 상태였다. 그동안 노먼이 어머니와 나눈 대화는 모두 바로 이 오래전에 사망한 모친의 시신이었던 것이다. 이후 경찰의 조사를 통해 노먼은 그런 어머니의 시신을 마치 살아 있는 사람처럼 대했다는 사실을 알게 된다. 그동안 있었던 의문의 살인 사건 모두 노먼의 짓이었다는 사실이 밝혀진다.

하지만 노먼의 심문을 담당했던 형사는 자신이 심문한 사람은 노먼이 아니라 노먼의 어머니였다고 말한다. 형사는 노먼의 자아가 이미 노먼의 어머니 자아에게 완전히 잠식되어, 지금 감방에 갇혀 있는 사람은 노먼이 아니라 사실상 노먼의 어머니라는 것이다. 그의 설명에 따르면 노먼은 자신이 어머니를 살해한 것에 대한 견딜 수 없는 죄책감을 가지고 있었고, 그러한 죄책감이 노먼의 마음속에 어머니의 자아를 갖게 했다는 것이다. 결국 노먼은 본래 자기 자신의 자아와 어머니의 자아를 동시에 갖게 되었는데 이 두 자아 사이에는 항상 주도권에 대한 갈등과 경쟁이 존재했던 것이다. 어느 쪽 자아도 주도권을 상대에게 넘겨주지 않으려고 했는데 그 결과, 노먼이 매력적인 젊은 여성의 유혹을 받거나 호감을 느끼게 되면 남성으로서의 아들의 자아가 월등히 강해지는 현상이 나타나게 된다. 그렇게 젊은 여성들의 유혹 때문에 자신의 주도권을 빼앗기게 된 어머니의 자아는, 질투와 질시의 마음이 생기면서 다시 노먼의 자아를 위축시키면서 집어삼키게 된다. 순간적으로 노먼의 육체를 지배하게 된 어머니의 자아는 아들의 자아를 강하게 끄집어낸 원인이 되었던 젊은 여성들을 공격하게 되었다는 것이다.

영화의 대미를 장식하는 형사의 정신분석학적 결론에 따르면 노먼의 자아는 점점 더 세력을 확장해 나가던 어머니의 자아에 의해서 완전히 지배당하게 되었다는 것이다. 멜랑콜리적인 관점에서 살펴보면 이러한 어머니 자아의 지배는 매우 흥미롭다. 노먼은 어머니에 대한 상실감을 아주 어려서부터 가지고 있었고, 결정적으로 자신이 어머니를 살해하게 되었을 때 그러한 상실감은 노먼의 내면에 투사되면서 멜랑콜리적인 메커니즘을 발동시킨다. 그것은 일종의 유년기로의 퇴행을 의미하는데 유년기로의 퇴행이 가지고 있는 가장 큰 특징 중의 하나는 바로 식인성이라는 것이다. 그것은 사실적으로 나타날 수도 있고 또 상징적으로 나타날 수도 있는데 〈사이코〉에서 이러한 식인성은 아들의 자아를 집어 삼키는 어머니의 자아라는 상징적인 의미로 나타나게 된 것이다.

마리온과 노먼이 처음 대화를 나누던 모텔의 사무실에는 여러 동물의 박제가 벽에 걸려 있었다. 이런 박제가 상징하는 것은 일차적으로 노먼의 어머니가 일종의 박제된 상태로 계속 모텔에 함께 존재한다는 것을 의미하기도 하지만 멜랑콜리적 관점에서 살펴보면 박제는 살아 있었던 사실의 흔적이다. 존재하고 있지만 존재 자체가 그 존재의 상실을 의미하는 역설적인 장치이기도 한 것이다. 또한 움직임과 생명력이 사라진 박제는 마치 하루하루 변화 없이 똑같은 일상을 반복하는 노먼의 삶을 마치 박제된 삶과 같은 유비적 관계를 이끌어 내기 위한 장치로도 볼 수 있다. 노먼은 한적한 모텔에서 별다른 대화 상대도 없이 아주 무료한 날들을 보내고 있었을 것이다. 이렇게 추정되는 권태는 노먼의 내면에서도 두 개의 자아가 서로 팽팽하게 대치된 폭풍 전의 고요와 같은 상태였을 것이다. 하지만 갑자기 찾아온 마리온으로 인해 권태로운 일상이 갑자기 분주해지고 흥분하게 되면서, 균형을 이루던 자아의 대치 상태는 순식간에 노먼의 자아가 우세해지는 형국으로 가게 된 것이다.

브라이언 드 팔마 감독의 1980년 작, 〈드레스드 투 킬〉은 상실의 대상이 주체를 삼키는 방식에 있어서 성적인 역할의 변화가 두드러진 작품이다. 워낙 프로이트를 존경했던 팔마는 자신의 작품 속에 정신분석학적 도상을 삽입시킴으로써 히치콕에 대한 오마주를 표현하기도 했다. 특히 이 영화는 명백히 프로이트적인 주제와 히치콕적인 장치가 교묘하게 혼용된 작품이라고 할 수 있다. 기본적인 얼개는 히치콕의 〈사이코〉와 매우 비슷하지만 좀 더 할리우드적이라고 할 수 있다. 특히 당시 관능적인 여배우로 유명했던 앤지 디킨슨의 농염한 연기는 〈사이코

〉에서 다소 싱겁게 표현되었던 관능적 욕망에 대한 묘사를 아주 감각적으로 소화하고 있다.

많은 사람에게 영화 〈배트맨〉(Batman)에 등장하는 푸근한 집사로 익숙해진 마이클 케인이 영화 속 심리상담가 로버트 엘리엇으로 등장한다. 그는 낮에는 심리상담가로 사람들의 정신과 상담을 하지만 밤에는 여장 남자로 분장해 거리를 활보하는 성정체성의 혼란을 겪는 사람이다. 엘리엇에게는 두 개의 서로 다른 성적 자아가 존재하는 것이다. 다시 말해, 그에게는 남성적인 자아와 여성적인 자아가 공존한다. 〈사이코〉에서와 마찬가지로 이 두 개의 자아는 끊임없이 서로와 투쟁한다. 두 개의 자아 사이의 투쟁은 외적 조건에 따라서 특정한 자아의 힘이 세지거나 위축되기도 하는데 그럴 땐 위축된 자아가 다시 힘을 얻는 순간 보복을 실행한다.

엘리엇은 낮에는 남성적인 자아, 곧 이성적인 자아라고 말할 수 있는 자아를 가지고 정상적인 심리학 박사로서의 일상을 영위한다. 하지만 어느 날 아주 관능적인 여인(앤지 디킨슨)이 자신을 찾아오게 되었을 때 엘리엇은 남성으로서 여인에 대한 강렬한 성적 욕망을 느끼게 된다. 갑자기 팽창한 남성적 욕망은 엘리엇의 내면에 있던 남성적 자아에 지배적인 주도권을 만들어 주게 되면서 여성적 자아는 심하게 위축된다. 위축된 여성적 자아는 그러한 남성적 자아를 팽창시킨 여인에 대한 복수를 꿈꾸게 된다. 여성적인 자아가 활발해지는 밤이 되면, 낮 동안 억제되고 위축되어 있었던 여성적인 자아가 복수와 증오를 가득 품고, 남성적 자아를 강력하게 발현시켰던 여인을 찾아가 복수를 한다. 다시 말해, 남성적 자아를 유혹해 성적 욕망을 강화시켰던 여자에게 엘리엇 내면의 억눌린 여성적 자아가 복수를 하는 것이다. 이러한 구도는 히치콕이 〈사이코〉에서 보여 줬던 어머니와 아들의 자아가 보여 줬던 경쟁 관계와 유사하다고 할 수 있다.

두 작품 모두 일종의 정신분석 혹은 심리분석가가 등장한다는 점에서 영화가 직접적으로 관여하는 주제는 매우 심리학적인 것이라고 할 수 있다. 다른 할리우드의 액션 블록버스터 영화와는 달리, 이 두 편의 영화는 개인의 내면에 잠재된 심리적인 주체의 역동적인 활동과 사건을 소재로 한 것이다. 다소 지루할 수도 있는 정신적인 것의 활동성을 이처럼 스펙터클한 장면으로 극화한 것은 정말 놀라운 일이다. 또한 단순히 극적인 사건의 전말을 보여 주는 것뿐만 아니라 그 배경에 고도로 지적인 이론이 포진해 있다는 사실은 이 두 편의 영화가 오래도록 영화 비평의 고전적인 텍스트로 읽히는 이유일 것이다.

스티븐 스필버그, <A.I.>
: 상실은 대체될 수 있는가?, 포스트 휴먼의 딜레마[82]

> "우리는 지금 자신이 누구인지 알고 있지요,
> 하지만 우리가 어떤 사람이 될 수 있는지는
> 아무도 모릅니다."
>
> _『햄릿』, 4막 5장

여러 종교와 신화 속에 빠지지 않고 등장하는 서사는 아마도 인의 탄생에 관한 것일 것이다. 성경 속 창세기에 등장하는 아담과 이브는

82 이 장은 2017년 『문학과 종교』에 수록된 논문의 형식과 내용을 수정 보완하였다.

가장 널리 알려진 이야기일 것이고 그리스 신화 속 프로메테우스가 머리 뒤로 돌을 던져 인간을 만들었다는 이야기나 중국 신화에 등장하는 반고의 이야기에도 역시 인간 탄생의 이야기가 포함되어 있다. 인간의 근원에 대한 호기심과 질문은 아마도 가장 오랫동안 인간이 집요하게 숙고해 온 화두라고 할 수 있을 것이다.

인간은 과연 어떻게 탄생했고 또 인간의 가장 중요한 본질은 무엇인가? 과연 무엇이 인간으로 하여금 인간적일 수 있도록 만들 수 있는 것인가? 파스칼은 『팡세』 323장에서 인간의 궁극적 본질과 정체성에 대한 고민을 극단으로 몰고 간 바 있다. 자신을 구성하는 것들을 하나씩 잃게 된다면 과연 자신을 끝까지 자신으로 만들어 줄 수 있는 그 궁극의 본질은 무엇인가? 누군가가 아름다워서 사랑한다면 그 아름다움이 사라지고 난 후에도 그 대상을 사랑할 수 있을 것인가? 자신에 대한 고민을 인간 일반으로 확대해서 본다면 과연 인간을 인간이게 만들어 주는 그 본질은 무엇인가?

과학기술의 발달은 이러한 질문을 훨씬 더 복잡하게 만들었다. 특히 인공지능 기술이 개발되고, 물리적인 움직임이 가능한 로봇을 개량하게 되면서 인간은 소설이나 애니메이션에서나 볼 수 있었던 안드로이드, 인간형 로봇이라는 비현실적이었던 판타지를 현실 속으로 조금씩 실현해 나가고 있다. 안드로이드에 대한 관념은 단지 현대의 최신 과학 이론에 힘입은 것 때문만은 아니다. 레오나르도 다 빈치의 스케치에는 인간 신체의 기능에 대한 해부학적인 분석과 그 기능을 기계적·물리적인 운동으로 해석하려던 시도들이 담겨 있는데 이것은 그가 동물들의 생물학적인 기능을 기계적인 것으로 환원해 다양한 발명품을 구상하는 데 많은 도움을 줬을 것으로 유추하게 한다(Bruce Mazlish, 15쪽).

일련의 알고리즘을 통해서 어떤 결과적인 반응이 도출된다면 그것은 동물이건 기계이건 모두 동일한 원칙이라고 할 수 있다. 그러다 보니 로봇과 컴퓨터가 외부의 데이터를 처리하는 것은 한편으로 동물들의 방식과 원칙적으로 크게 다르지 않게 보인다. “사실 우리는 인간의 경우도 뇌 안의 많은 감각 회로와 감정 회로들이 데이터를 처리해 완전히 무의식적으로 행동을 유발할 수 있음을 알고 있다. 그렇다면 동물들에게 있다고 생각되는 감각과 감정은 주관적 경험이 아니라 무의식적 알고리즘에서 나오는 것은 아닐까?” 유발 하라리의 이런 의문은 인간을 정말 인간적인 것으로 결정짓는 것이 무엇인가에 대한 아주 오래되고도 보편적인 궁금증을 표현하고 있다. 심지어 근대 철학의 아버지라고 여겨지는 데카르트는 이런 식의 이론을 지지한 나머지, 인간을 제외한 다른 모든 동물은 일종의 “기계와 같은 마음이 없는 자동 장치”(『호모 데우스』, 154쪽)와 같다고 주장했다. 이와 같은 믿음을 가진 당시의 학자들은 당연히 동물들이 겪을 수 있는 고통과 괴로움을 부정했다. 그들에게 동물들은 단지 좀 더 정교한 기계장치에 불과하므로 마취제 없이 해부를 시행하기도 했던 것이다. 데카르트도 기계 동물에 대한 관념을 가지고 있었고, 자크 보캉송(Jacques Vaucanson)은 기계 오리라는 기계 자동인형을 구상하기도 했다. 더 나아가 18세기, 쥴리안 드 라 메트리(Julien Offray de La Mettrie)는 “인간도 기계이며 인간의 신체는 일종의 시계 장치와 같은 것”이라고 주장했던 사실을 브루스 메즐리시는 지적한 바 있다. 이미 과거의 이론이 되었지만 과학기술의 발달과 더불어 이러한 인간 존재에 대한 궁극적인 질문은 점점 더 구체화되고 현실화되었다.

특히 인공지능의 발달은 과거 상상 속에서나 가능했을 법한 기계 인간의 존재를 성큼 가까운 미래로 만들었다. 그러나 인공지능이 인간의 지적인 능력 혹은 어떤 예술적인 성취를 흉내 낼 수 있을지는 모르지만 여전히 인공적인 결과물들은 인간적인 것과 확연한 차이를 보여 주고 있다. 하지만 그 차이가 점점 줄어드는 방향으로 무한히 수렴한다면 과연 인간과 기계 인간의 차이는 어떻게 구분할 수 있을까? 이러한 기계 동물, 기계 인간과 관련한 동화나 소설은 역사적으로 매우 다양하게 쓰여 왔다. 한스 안데르센의 동화에서 메리 셸리의 『프랑켄슈타인』 그리고 프랑크 바움의 『오즈의 마법사』에 등장하는 깡통 나무꾼이나 로봇이라는 말의 어원을 제공했던 카렐 차펙의 『R.U.R.』과 같은 작품들은 모두 로봇이라는 소재를 통해 살아 있는 것과 기계적인 것의 차이와 의미를 모색하고 있다. 인간과 안드로이드 혹은 기계 인간과의 비교에서 가장 흔히 등장하는 결정적인 차이는 마음의 유무라고 할 수 있다. 인간의 프로그래밍 기술이 아무리 고도로 발달한다 하더라도 마음을 혹은 어떤 욕망하는 의지를 인공적으로 부여할 수는 없다.

하지만 어떤 인공적인 존재가 이러한 마음에 해당하는 무언가를 얻게 된다면 과연 그 시점에서 우리는 인간과 유사 인간과의 차이를 어떻게 받아들일 수 있을까? 하지만 오랜 시간 동안 많은 과학자가 인간의 마음과 영혼 이런 비물질적인 것의 존재를 물리적으로 증명해 보려고 했지만 모두 실패했다. 만약 과학적으로 설명할 수도 없고, 어떤 기능이 있는지 어떻게 작용하는지도 모른다면 마음을 그냥 폐기할 수 있는 것인가 하는 유발 하라리의 의문은 인간의 영혼에게도 그대로 적용되었다. 생물학, 생명공학이 고도로 발달하면서 과학자들은 개인적으로는 영혼의 존재를 믿고 있겠지만 절대 그들의 전문적인 학술지에 영혼에 대한 논문을 제출하지는 않을 거라는 지적은 주목할 만하다(『호모 데우스』, 165-66쪽). 하지만 이러한 현재의 상황이 더욱 진전되어, 마침내 인간과 너무나도 똑같은 인공적인 인간이 등장하게 된다면 인간은 자신과 똑같이 닮은 새로운 종에게 과연 어떤 윤리적, 철학적, 신학적 관점을 적용시킬 수 있을 것인가? 특히나 그러한 인공적인 존재가 인간이 가지고 있는 내면적인 상실감을 극복하기 위해 의도적으로 만들어졌다면 과연 인간은 그러한 상실감을 극복할 수 있을 것인가, 아니면 인간의 상실감은 더욱더 깊어질 것인가?

이러한 상실의 문제는 모더니즘 이후 지속적으로 문명권 세계에 아주 깊은 인식론적 문제의식을 제기하고 있고 그것은 멜랑콜리라는 세계관으로 응축된다. 실제로 20세기 초반부터 사회, 문화, 예술의 많은 영역에서 이러한 상실감을 기반으로 한 멜랑콜리적 세계 인식은 널리 퍼져 있었으며, 점점 더 증가하는 항우울제의 소비는 비록 직접적으로 연계된 사안이라고 할 수는 없더라도 간접적으로 멜랑콜리와 현대 사회 혹은 과학기술 시대가 매우 밀접한 연관이 있음을 시사한다. 이러한 멜랑콜리는 앞서 언급한 인간형 안드로이드의 존재와 결부해 한 가지 질문을 구성한다. 간단히 말해, 인간은 자신의 내적 상실감을 극복하기 위해 자신과 똑같은 안드로이드 혹은 "포스트 휴먼"의 존재를 위안으로 삼을 수 있을까?

프리츠 랑이 1927년, 영화 〈메트로폴리스〉(Metropolis)에서 마리아라는 로봇을 통해 안드로이드의 전형적인 모습을 재현한 이후 기계 인간, 안드로이드가 등장하는 소설과 애니메이션, 영화들이 만들어졌다. 일본 애니메이션의 신이라고 추앙받는 데즈카 오사무는 이미 1950년대 초반에 최초로 〈우주소년 아톰〉(원제: 〈철완 아톰〉(鉄腕アトム))을 구상했다. 인간과 안드로이드의 존재가 만들어 내는 존재론적 고민은 이미 일

본 애니메이션의 가장 인기 있는 소재 중의 하나라고 할 수 있다. 1979년 마쓰모토 레이지 원작의 〈은하철도 999〉는 이러한 문제를 매우 진지하게 천착했던 작품이다.

〈은하철도 999〉의 테츠로는 기계 인간 사냥꾼에게 쫓기던 중 어머니를 잃게 된다. 기계 인간들이 인간보다 더 우월한 신 종족이 되어 버린 미래, 어떤 기계 인간들은 인간 사냥을 즐기기도 한다. 테츠로와 테츠로의 엄마는 어느 눈 내리는 밤, 기계 영주의 지역을 걷다가 기계 인간들의 사냥감이 되고 만다. 기계 인간들은 테츠로와 그의 엄마를 마치 짐승을 사냥하듯 낄낄거리면서 쫓아다닌다. 연약한 인간의 공포와 슬픔과 무력함을 즐길 만큼 즐긴 기계 인간들은 사냥을 끝낸 후 테츠로의 엄마를 전리품으로 챙겨 간다.

인간이 기계에 의해서 살육당하고 소비당하고 농락당하는 디스토피아적인 미래의 모습 그리고 그러한 암울한 시대에 인간적인 것과 기계 인간이 되는 것의 의미를 아이에게서 천천히 살피는 이 애니메이션은 인공지능과 인간형 로봇이 더 이상 공상의 산물로만 치부될 수 없는 현재의 시점에 매우 시사적인 문제의식을 던져 주고 있다. 〈은하철도 999〉는 테츠로가 기계 인간의 몸을 찾아 먼 행성으로 떠나는 길고 긴 오디세이라고 할 수 있다.

〈은하철도 999〉가 탄생되던 무렵인 1970년대에는 과학과 로봇공학이 인간의 상상력을 따라가기엔 턱없이 부족했고, 당연히 인간과 비슷한 기계라는 소재는 만화 같은 공상 속에서나 가능한 일이었다. 하지만 2000년이 넘어서면서 유전자와 생물학은 물론이고 기계공학적인 차원에서 인류는 비약적인 발전을 이뤄냈다. 기계 인간이라는 테마는 더 이상 공상과학소설만의 소재가 아니었다. 오히려 그것은 가까운 시일 내에 이뤄질 수 있는 경이로운 현실에 가까워지고 있다.

〈은하철도 999〉의 주인공 테츠로가 인간의 아이로서 기계 인간이 되기 위해 떠나는 정신적 성숙의 오디세이라면, 스필버그의 2001년 영화, 〈A.I.〉는 인간과 같이 아주 정교하게 만들어진 로봇 소년이 인간이 되기 위해 떠나는 모험과 그 여정의 결말에 관한 영화라고 할 수 있다.[83] 원작은 1968년 《하퍼스 바자》(*Harper's Bazaar*)에 게재된 영국 SF 작가 브라이언 올디스(Brian Aldiss)의 단편소설, 『슈퍼장난감이 보낸 그 여름』(*Supertoys Last All Summer Long*)이다. 영화와 소설의 기본적인 얼개는 비슷하지만 영화 속에 등장하는 동화적인 모티프와 문학적 소재들은 시나리오 단계에서 추가된 것으로, 영화의 서사적 완결성을 성취하는 데 많은 도움을 주고 있다. 특히 피노키오 이야기나 『오즈의 마법사』를 연상시키는 플롯은 동화라는 다소 가벼운 소재를 통해 인간 존재의 본질과 윤리라는 다소 무거운 주제와 결합해 관객에게 어느 정도의 지적인 이해를 요구하기도 한다. 기계 인간의 존재를 통해 인간의 본질에 대해 고민하게 한다는 주제는 필립 K. 딕의 소설 『안드로이드는 기계 양을 꿈꾸는가』(*Do Androids Dream of Electric Sheep?*)를 영화화한 〈블

83 널리 알려진 것처럼 〈A.I.〉는 최초에 스탠리 큐브릭(Stanley Kubric) 감독에 의해서 기획되었다가 큐브릭 감독이 스필버그에게 연출을 부탁해 만들어졌다. 당시 스필버그 감독은 〈E.T.〉를 통해 외계인과 인간의 감정을 절묘하게 연출했는데 이것은 큐브릭으로 하여금 로봇을 통해서도 그와 같은 인간적인 감정을 연출할 수 있을 것이라는 믿음을 갖게 했을 것이라고 로저 에버트는 지적한 바 있다. http://www.rogerebert.com/reviews/great-movie-ai-artificial-intelligence-2001. 큐브릭 감독은 늘 피노키오 동화에 대한 이야기를 하면서 많은 애착을 보였다고 하는데, 이것은 결국 원작 소설에는 없었지만 영화로 제작되면서 구성상 아주 중요한 요소로 포함되었다. 특히 스필버그는 아주 미세하게나마 큐브릭 감독에 대한 오마주를 영화 속에 삽입했다. 특히 〈A.I.〉에는 〈시계태엽 오렌지〉, 〈샤이닝〉, 〈2001: 스페이스 오디세이〉와 같은 영화의 흔적들이 미세하게 숨어 있다고 한다. http://www.nytimes.com/movie/review?res=9C0DE2DD1739F93AA15755C0A9679C8B63

레이드 러너〉(Blade Runner)에서 매우 인상적으로 다뤄진 바가 있다. 흥미롭게도 이 두 영화의 원작이 되었던 올디스와 딕의 원작 소설은 모두 1960년대 후반에 비슷하게 출간되었다. 벌써 반세기도 훨씬 전에 기계 인간과 인간의 존엄성에 대한 문제의식이 아주 정교하게 제시되었다는 사실이 놀라울 뿐이다.

한국의 40대들에게는 오래전의 기억으로 남아 있을 일본 애니메이션 〈우주소년 아톰〉은 여러 가지 면에서 이 영화와 인연이 있다. 무엇보다도 〈A.I.〉의 가장 기본적인 이야기의 얼개는 〈우주소년 아톰〉과 관련이 있다. 〈우주소년 아톰〉과 〈A.I.〉 모두 불의의 사고로 잃은 아들의 모습을 본떠 기계 인간을 만들었다는 내용으로 기본 스토리가 설정되어 있다.

처음 망가(manga)로 연재되었던 〈우주소년 아톰〉에서 텐마 박사는 사고로 아들 토비오를 잃게 된다. 그 후 박사는 그 상실을 대체하기 위해 토비오의 모습을 그대로 닮은 로봇 아톰을 만들게 된다. 〈A.I.〉에서 데이비드가 마침내 하비 박사를 찾아갔을 때 데이비드는 대량생산되고 있는 자신과 똑같은 데이비드들만 본 것이 아니라, 박사의 책상 위에 놓인 그의 아들 데이비드의 사진도 보게 된다. 하비 박사가 아들의 모습을 본떠 데이비드를 만들었다는 것을 쉽게 이해할 수 있다.

<우주소년 아톰> 작가, 데즈카 오사무(Tezuka Osamu, 1928~1989)

〈우주소년 아톰〉은 데츠카 오사무에 의해 고분샤에서 1952년부터 1968년까지 망가로 연재되었다. 놀라운 것은 아톰이 처음 등장한 시점이 1952년이라는 것이다. 브라이언 올디스의 단편소설보다도 훨씬 더 이전에 이

미 로봇 아이를 소재로 한 스토리가 등장한 것이다. 만화의 기본적인 줄거리는 다음과 같다.

일본 최고의 과학자인 텐마 박사는 사고로 아들을 잃게 된 후 첨단 기술과 놀라운 능력을 탑재한 로봇 아톰을 만든다. 하지만 아톰이 진짜 아들을 대체할 수 있을 거라고 믿었던 텐마 박사는 진짜 아이처럼 자라지 않는 아톰에 실망하고, 곧 아톰을 로봇 서커스단에 팔아 버리고 만다. 우여곡절 끝에 아톰은 오차노미즈 박사에 의해 서커스단을 탈출하고, 오차노미즈 박사는 아톰에게 로봇 가족을 만들어 준다. 그리고 아톰은 가족과 박사를 지키기 위해 여러 모험을 하는 것으로 이야기가 전개된다. 〈우주소년 아톰〉은 1963년 처음 텔레비전에서 방영되었고, 이후 1980년대에 컬러 애니메이션으로 다시 제작되었다. 많은 사람이 기억하는 〈우주소년 아톰〉은 아마 1980년 버전일 것이다.

단순히 이 정도의 사실들로 아톰과 〈A.I.〉가 갖고 있는 영향의 인과관계를 유추하는 것은 무리일 수 있다. 최초 〈A.I.〉의 제작에 관심을 가지고 있었던 스탠리 큐브릭 감독은 1965년 테츠카 오사무에게 편지를 보낸다. 〈우주소년 아톰〉을 본 큐브릭이 데츠카 오사무에게 자신의 영화 〈2001: 스페이스 오디세이〉의 미술을 맡아 달라 한 것이다. 하지만 가족과 동료들이 있는 일본을 떠나 영국으로 가서 일하는 것은 쉬운 선택이 아니었다.

결국 데츠카 오사무는 큐브릭의 제안을 거절하지만 그 역시 큐브릭의 영화로부터 많은 감동을 받은 것으로 알려져 있다. 이 정도의 관계라면 〈우주소년 아톰〉에서 브라이언 올디스의 단편을 거쳐 〈A.I.〉로 이어지는 일종의 계보가 일관되게 이어지고 있음을 확인할 수 있을 것이다. 다시 말해 2001년 제작된 〈A.I.〉에는 반세기 전에 이미 그 기본적인 아이디어가 있었다는 것이다.

브라이언 올디스의 원작 소설 『슈퍼 장난감이 보낸 그 여름』은 기계 인간이라는 소재를 통해 과연 인간적인 것은 무엇이며, 인간적인 가치와 결합된 도덕과 윤리의 문제를 매우 심도 있게 고찰하고 있다.

기후변화로 인한 자연재해로 인구 조절이 불가피해진 지구는 아이를 낳는 것을 엄격히 금지하고 있다. 많은 사람은 진짜 아이를 낳는 대신 로봇 아이를 키운다. 모니카와 헨리 역시 젊은 부부이지만 아이를 낳을 수 있는 자격을 얻지 못한 채 데이비드와 테디를 데리고 살고 있다. 그런 모니카는 데이비드와 친아들과 같은 소통의 감정을 느끼지 못하고, 데이비드는 그런 엄마, 모니카와의 관계 그리고 자신에 대한 고민과 불안을 안고 살아간다. 데이비드는 모니카가 정말 자신을 사랑하는지 그리고 자신이 정말 진짜 아들인지를 궁금해한다.

하지만 어느 날 모니카 부부는 인구 통제국으로부터 아이를 가져도 된다는 허가를 받게 되고, 이후 모니카는 데이비드에게 기계적인 문제가 있다고 하면서 다시 데이비드를 공장으로 돌려보내기로 한다. 하지만 데이비드는 여전히 자신에게 어떤 일이 닥칠지를 알지 못한 채 엄마의 따뜻한 품과 사랑을 그리워하며 소설은 끝난다.

스필버그의 화려하고 다채로운 필모그래피 중에는 세상의 불가해성과 잔인함에 맞서는 외로운 아이를 주인공으로 전면에 내세운 영화가 더러 있다. 스필버그의 가장 유명한 영화라고 할 수 있는 〈E. T.〉와 J. G. 발라드의 소설을 원작으로 한 영화 〈태양의 제국〉(Empire of the Sun)이 그랬고, 〈A.I.〉 역시 그 연장선상에 있다고 할 수 있다

영화의 배경이 되는 것은 온실가스로 인해 빙산의 대부분이 녹아 버린 시대다. 베를린, 암스테르담, 뉴욕 같은 대도시들은 깊은 바닷속에

잠겨 버렸다. 거대한 바다가 인간 문명을 삼켜 버린 시대를 읊조리는 내레이션으로 시작하는 이 영화는 로봇이 인간들과 함께 살아가는 미래를 그린다. 〈블레이드 러너〉와 같은 무겁고 침울한 분위기는 아니지만 인류는 기능적인 측면에서 유용한 로봇을 대량으로 만들어 낼 수 있게 되었다. 아이를 돌보는 로봇, 집사 로봇, 애인 로봇, 정원사 로봇 등 거의 모든 분야에서 단순하고 위험한 일이나 인간에게 쾌락을 가져다줄 수 있는 로봇들이 존재했다. 영화 속에 등장하는 데이비드의 조력자인 지골로 조가 그런 것처럼 로봇들은 인간보다 훨씬 더 뛰어난 능력을 가지고 있었다.

하지만 그와 동시에 능력이 뛰어난 만큼 로봇들은 인간들로부터 폭력적인 증오와 미움의 대상이 되었다. 로봇으로 인해 자신의 지위를 위협당한다고 느낀 사람들은 로봇을 부정하고 혐오하며 더 나아가 로봇들을 파괴한다. 도처에는 로봇을 사냥하는 사냥꾼들이 존재한다. 주인을 잃거나 고장이 난 로봇들은 어두운 숲속을 헤매며 로봇 쓰레기장에서 부품을 교체하고 밤의 사냥꾼들을 피해 가며 존재를 연명한다. 로봇들에게도 자신의 존재를 지속하고자 하는 욕망이 있는 것으로 그려진다.

존재의 지속은 인간적인 차원에서 단지 살고 싶어 하는 욕망으로 치환될 수 있지만, 사실 물리적으로 모든 물질은 있는 그대로의 상태를 지향한다는 아주 단순한 관점에서도 이해할 수 있다. 그런 면에서 자신의 존재를 연명하려는 로봇들의 힘겨운 몸부림은 더욱 설득력 있게 다가온다. 도시의 어두운 거리에서 힘들게 살아가는 로봇들은 도시의 사냥꾼들에게 포획되고, 그렇게 포획된 많은 로봇은 "플레쉬 페어"(Flesh Fair)라는 볼거리 쇼에 끌려와서 차례차례 처형당한다.

이 축제에 몰려든 사람들은 열광하면서 로봇들을 파괴하고, 다시 인간의 존엄성을 찾자고 미친 듯이 소리친다. 그들에게 이 축제는 "살아있음을 축하"하며 "인공적인 것들을 파괴하는" 신성한 의식과도 같다. 로봇의 머리 위로 황산을 붓고, 로봇을 대포에 넣어서 쏘고, 로봇의 사지를 하나씩 뽑아내는 등 온갖 방법으로 로봇을 파괴하는 쇼를 진행하면서 사람들은 미친 듯이 열광한다. 온갖 처참하고 고통스러운 방법으로 로봇들을 처단하면서 광적으로 인간의 존엄성을 부르짖는 모습은 아이러니하다.

인간적인 것의 근원적인 본질과 가치에 대해서 깊이 고민하지 않는 인간들에게 기계 로봇은 그저 자신들의 일자리를 빼앗아간 배은망덕한 쇳덩어리일 뿐이다. 하지만 자신의 일에 대한 책임감과 기억을 가지고 있는, 그래서 그 존재를 더 오래 연명하고자 하는 절박한 바람을 가진 로봇들의 모습은 관객들에게 과연 인간의 존엄성이 어디에 존재하는가를 묻는 것처럼 느껴진다.

인류 문명의 역사에 대해 조금만 관심을 가지고 있어도 가질 수 있을 법한 데자뷔이지만 사실 인간이 로봇들에게 가하는 저 무수한 잔혹 행위들은 역사적으로 인간에게도 행해진 바 있다는, 아주 극단적인 풍자처럼 읽혀지기도 한다. 인간의 존엄을 부정했던 인류의 역사는 현재로부터 그리 멀지 않다.

인간과 로봇의 인격적 경계의 불분명함에 대한 다소 충격적인 질문으로 영화는 시작한다. 그러면서 하비 박사는 사랑을 받고, 사랑할 수 있는 로봇을 소개한다. 이전까지는 수없이 많은 로봇 중에 어린이 로봇은 존재하지 않았다. 현실적으로 기능적인 측면에서 아이 로봇이 할 수 있는 것은 별로 없었기 때문이다.

그러던 중 사이버트로닉스에서 최초로 남자아이 로봇을 만들어 낸다. 그것은 한편으론 자식을 잃은 사람들을 위한 로봇이었다. 자식을 잃고 상실과 비탄에 빠져 있는 부모들에게 다시 자신의 아이와 똑같은, 영원히 그 모습 그대로 존재할 수 있는 로봇을 만들어 준 것이다. 아이 로봇의 유일한 목적은 사랑이다. 특히 아이가 부모에 대해 가지는 그 무한하고 숭고한 사랑이다. 많은 부모들은 자신들이 아이에게 사랑을 준다고 생각한다. 흔히 부모의 사랑은 무조건적이고 조건 없는 내리사랑이라고 하는 것처럼 말이다.

하지만 어떤 부모의 사랑이 부모를 향한 아이의 사랑만큼 순수할 수 있을까? 부모의 사랑은 사실 조건도 제한도 요구도 많다. 부모는 현실에 몸담고 있기 때문이고, 현실에는 정말 많은 제약이 있기 때문이다. 그런데도 우리는 부모의 사랑이 정말 무조건적인 것이라고 말할 수 있을까? 이와 다르게 아이가 부모를 사랑하는 마음은 어른과 같지 않다. 혼나고, 매를 맞아도, 밥을 굶어도, 아이들은 언제나 부모를 사랑한다. 아이들에겐 다른 선택의 여지가 없지만 다른 선택의 여지가 필요한 것도 아니다. 아이들은 오로지 부모의 사랑을 원하며 또 부모에 대한 무한한 사랑을 갖고 있다. 아이들은 아직 현실의 제약이 존재하지 않는다. 그래서 부모보다 더 무한한 사랑의 힘을 가지고 있다. 인간은 이제 그런 아이와 같은 마음을 가진 로봇을 만들어 낸 것이다.

영화에서 모니카와 헨리 부부에게는 혼수상태에 빠진 아들 마틴이 있다. 모니카는 언젠가 아들이 혼수상태에서 깨어날 것으로 믿으면서 매일 마틴을 찾아가 책을 읽어 준다. 기술적으로, 의학적으로 아무 희망이 없으므로 이제는 마틴을 놓아줘야 한다는 의사의 권고에도 모니카는 마틴을 포기할 수 없었다. 그런 모니카의 모습을 보다 못한 남편 헨리는 최초로 만들어진 아이 로봇에 많은 관심을 갖게 된다. 마틴의 자리를 대신 채워 줄 수 있는 아이. 오로지 부모의 사랑과 부모를 사랑하는 것만으로 충분한 아이. 더 이상 자라지도 않고 늙지도 않는, 영원히 부모와 사랑을 주고받을 수 있는 아이 로봇은 현재의 모니카 부부에겐 최선의 선택처럼 보였다. 그렇게 해서 헨리는 데이비드라는 이름의 아이 로봇을 집으로 데려오게 된다.

데이비드를 처음 본 모니카는 로봇이라는 이질적인 인상과 실제 아이와 같은 외모의 정교함 사이에서 가벼운 현기증을 느낀다. 실제 아이인지 로봇인지 구분하기 어려운 데이비드를 보면서 모니카는 한편으로 공포스럽고 또 두렵게 느끼지만 동시에 마틴의 빈자리를 채워 줄 것 같은 아이다운 친근함을 어렴풋이 느낀다. 마침내 모니카는 데이비드를 자기 소유의 로봇으로 인정하고 로봇과의 관계를 설정하기로 결정한다.

데이비드와의 관계를 설정하는 내용의 설명서에는 이런 말이 적혀 있었다. "이 로봇의 부모로 인식되면 그 기억은 영원히 지워지지 않는다"고. 그건 마치 인간이 자신의 부모에 대해 가지고 있는 원천적인 기억과 동일한 것처럼 읽혀진다. 그만큼 로봇과의 관계를 활성화시키는 것은 매우 중요하고 돌이킬 수 없는 것이었다.

로봇과의 관계 형성이 마치 사람 간 관계와 비슷하다는 사실을 충분히 숙고하고 마음을 굳힌 모니카는 마침내 데이비드를 활성화시킨다(imprinting). 그러자 이전까지 다소 어색한 감정만을 표현하던 데이비드는 훨씬 더 자연스러운 소년의 모습으로 변한다. 활성화되기 전까지는 약간 자연스럽지 않은 이웃집 아이 같았지만, 관계 형성이 이뤄지면서 순식간에 자신의 아이가 된 것처럼 데이비드는 모니카를 아주 자연스럽게 엄마라고 부른다. 데이비드에게 설정된 프로그램의 유일한 목적은 엄마의 사랑이었다. 엄마의 사랑을 원하고, 엄마의 곁에 머물고, 엄마의 동화 이야기를 듣는 것이 데이비드가 해야 할 일이었다.

하지만 예기치 않게 모니카의 진짜 아들인 마틴이 깨어나면서 데이비드와 모니카의 관계는 예측할 수 없는 파국으로 치닫게 된다. 마틴이 집으로 돌아오면서 데이비드는 엄마의 사랑을 두고 마틴과 경쟁하는 관계가 된 것이다. 그러면서 데이비드는 모니카의 사랑을 빼앗기지 않기 위해 로봇으로서는 해서도 안 되고 또 할 수도 없는 일들을 경험하게 된다.

엄마의 사랑을 받을 수 있다는 마틴의 거짓말에 속아 잠든 모니카의 머리칼을 자르다가 모니카를 소스라치게 놀라게 하거나 수영장에서는 마틴을 안고 물속에 빠지면서 마틴을 거의 죽게 만들기도 한다. 모니카에 대한 데이비드의 맹목적인 집착에 위험을 느낀 모니카와 헨리는 결국 데이비드를 포기하고, 다시 사이버트로닉스에 데이비드를 데려다주기로 한다. 하지만 어린이 로봇은 기억을 지울 수 없기 때문에 소유주를 바꿀 수가 없다. 만약 모니카가 데이비드를 포기하면 데이비드는 폐기될 수밖에 없는 운명인 것이다. 하지만 한때 자식 같은 사랑을 품었던 데이비드를 그렇게까지 할 수 없었던 모니카는 결국 소풍을 가자고 데이비드를 데리고 나섰다가 어느 숲속에 데이비드를 홀로 두고 떠나간다. 데이비드는 자신을 버리지 말아 달라고 절규하면서 끝까지 떠나는 모니카를 붙잡으려 한다.

> "가지 말아요 엄마. 저를 두고 가지 말아요. 제가 인간이 되면 저를 사랑해 주실 거죠? 인간이 되면 저를 사랑해 주실 거죠?"

하지만 데이비드의 울부짖는 절규를 뒤로한 채 모니카는 떠나가고 그 때부터 데이비드 홀로 긴 여행을 시작한다. 데이비드의 목적은 단 한 가지였다. 그것은 모니카가 읽어 준 피노키오 동화 속의 푸른 요정을 찾아가는 것이었다. 푸른 요정이 나무 인형 피노키오를 인간 아이로 만들어 준 것처럼 데이비드는 푸른 요정이 자신도 인간 아이로 만들어 줄 것이라 생각한 것이다. 데이비드는 푸른 요정을 찾아가 자신도 인간 아이로 만들어 달라고 부탁할 것이었다. 인간이 되고 나면 분명 엄마가 자신을 사랑할 것이라고 생각한 것이다.

진짜 어린아이들은 나이가 들면서 동화와 현실을 구분한다. 더 이상 피노키오의 푸른 요정은 존재하지 않는 것을 알게 되고, 산타클로스도 사실은 빨간 모자를 쓰고 창문을 넘어 들어온 아빠라는 것을 알게 된다. 핼러윈의 호박 랜턴도 더 이상 무섭지 않고, 숲속엔 백설 공주와 일곱 난쟁이가 없다는 사실도 알게 된다. 하지만 데이비드는 그걸 깨달을 수 없다. 그런 지적인 성숙은 애초에 프로그램되어 있지 않은 것이다. 데이비드는 엄마를 "사랑"하도록 프로그램되어 있었고 그 기억은 영원히 지워지지 않는다. 그렇게 데이비드는 푸른 요정을 찾으러 가는 긴 여행을 떠난다. 데이비드의 모든 여정은 그 사랑을 실천하기 위한 과정이다. 그리고 그 과정은 실제 아이가 엄마의 사랑을 찾으려 하는 절박한 몸부림 이상의 울림을 관객에게 던져 준다.

데이비드는 푸른 요정을 찾으러 다니는 도중, 성인용 로봇 지골로 조를 만나게 된다. 지골로 조는 아주 유쾌하고 재미있는 로봇으로 푸른 요정을 함께 찾아주기로 한다. 갖은 우여곡절을 겪고 난 데이비드는 결국 푸른 요정을 만나러 가는 단서를 찾아 마침내 눈물을 흘리는 사자가 있는 세상의 끝까지 찾아가게 된다. 그리고 그곳에서 데이비드는 자신을 만들었던 하비 박사의 연구실을 찾는다. 박사의 연구실 문 앞에는 이런 글귀가 적혀 있었다.

> "함께 가자, 인간의 아이야.
> 야생의 샘물이 흐르는 곳으로
> 요정의 손을 잡고
> 세상은 네가 이해할 수 있는 것보다
> 훨씬 더 많은 슬픔으로 가득 차 있단다."

영화에서 사용된 이 문구는 윌리엄 버틀러 예이츠(W. B. Yeats) 시의 한 구절이다. 정확히 말하자면 슬라이고(Sligo) 주변을 배경으로 한 요정과 아이가 주인공인 한 편의 시에서 매 연마다 반복되는 후렴구와 같은 부분이다. 예이츠의 시 전편에 대한 이해가 없다면 얼마나 적절하게 이 구절이 배치되었는지 파악하기 어려울 수도 있다. 시의 전체적인 주제는 동화와 같이 아름다운 자연의 묘사와 대비해 인간 세상 속의 슬픔과 탄식과 비탄을 불러들이고 있다.

결국 동화의 이야기를 끝까지 순진하게 믿었던 데이비드에게 세상은 너무도 가혹하고 잔인한 곳이라는 비극적인 깨달음을 환기시킨다고 할 수 있다. 그런 면에서 동화와 같은 아름다운 자연의 정경의 묘사가 인간 세상의 슬픔과 병치되는 아름답고도 서글픈 정경은 혹독하고 잔인한 인간 세상과 맞서 사랑을 구하려는 데이비드의 안타까운 모습과 절묘하게 중첩되어 정서적인 공감대를 증폭시킨다.

사라진 아이

슬루크 우드의 거친 바위 고지가
호수 속으로 잠겨 드는 곳에,
왜가리들이 푸드덕거리며
잠에 겨운 물쥐를 깨우는
나뭇잎으로 무성한 섬이 있다.

그곳에 우리는 딸기 그리고 가장 붉게 여문,
체리를 가득 채운
요정의 술통을 숨겨 두었지.

함께 가자, 인간의 아이야.
요정의 손을 잡고,
호수로 황야로.
세상은 네가 아는 것보다 훨씬 더 많은 울음으로 가득 차 있단다.

파도처럼 쏟아지는 달빛이 희미한 잿빛 모래톱 위에서
어둡게 일렁이는 곳,
로시즈 곶의 제일 먼 곳에서
우리는 옛 춤을 엮으며,
손잡고 눈빛을 주고받으며,
밤새도록 춤을 춘다.
달이 저 멀리 도망칠 때까지.

우리는 앞으로 뒤로 뛰어다니면서
포말을 일으키는 물결을 좇아간다,
세상은 늘 문제가 많아
잠들어 있어도 늘 불안하다.

함께 가자, 인간의 아이야.
요정의 손을 잡고,

호수로 황야로.
세상은 네가 아는 것보다 훨씬 더 많은 울음으로 가득 차 있단다.

굽이치는 물이 글렌캐르(Glen-Car) 위의 산에서
쏟아져 내리는 곳,
별 하나도 제대로 씻어 주지 못하는
웅덩이에서
우리는 설핏 잠든 송어를 찾아
귀에 중얼거리며
마음 불안한 꿈을 건넨다.
작은 시냇물 위로 눈물 흘리는
야생 고사리밭에서
슬며시 몸을 내밀며.

함께 가자, 인간의 아이야.
요정의 손을 잡고,
호수로 황야로.
세상은 네가 아는 것보다 훨씬 더 많은 울음으로 가득 차 있단다.

엄숙한 눈빛을 가진 그 아이가
우리와 함께 간다.
아이는 이제 포근한 산허리와,
송아지들의 나지막한 울음소리,
난로 위에 올려진 주전자의
가슴 적시는 평화의 노랫소리나,
귀리통을 빙빙 돌며 뛰어다니는
갈색 쥐들의 울음소리를 듣지 못하리라.
왜냐하면 사람의 아이인 그 아이는
요정과 함께 손을 잡고
호수로 황야로 떠났기 때문이다.
아이가 아는 것보다 훨씬 더 많은 울음으로 가득한 이 세상으로부터 말이다.

_예이츠, 「잃어버린 아이」("The Stolen Child"), 1886

지골로 조와 데이비드가 함께 찾았던 "다알아 박사"에게 데이비드는 질문을 던진다. "푸른 요정은 로봇 아이를 진짜 사람으로 만들 수 있나요?" 이 질문에 갑자기 "다알아 박사"의 전원이 꺼지고 화면에는 이 구절이 떠오른다. 이것은 사실 하비 박사가 의도적으로 만들어 놓은 것으로 데이비드가 실제 아이와 같은 절실함을 가지고 자신을 찾아올 수 있는지를 실험한 것이었다.

하지만 데이비드는 이 문구를 발견하고는 자신이 인간이 될 수 있을 거라는 희망을 갖게 된다. 데이비드가 희망을 갖게 되는 장면은 얼핏 보면 자연스럽게 넘어갈 수 있지만 엄밀히 말해, 희망을 갖는 것은 인간만의 속성이다. 기계, 특히 인공지능 로봇이라면 그것은 가능성에 대한 정교한 계산에 불과하다. 영화가 계속 관객에게 던지는 질문의 핵심은 이것이다. 만약 로봇이 희망을 가질 수 있다면 그것은 정말 로봇일 수 있는가? 데이비드는 엄마에게 돌아가 엄마의 사랑을 받고자 한다. 그러나 그러자면 먼저 인간이 되어야 한다. 데이비드의 한 가지 일념은 오직 그것뿐이었다. 그리고 그 가능성을 확인한 것만으로도 데이비드는 행복해한다.

인간과 달리 데이비드는 한 번 프로그램된 기억을 영원히 간직한다. 인간의 아이였다면 그 정도 어린 나이에, 생사를 넘나드는 고생을 겪으면서 엄마에 대한 기억은 아득한 원형적인 기억으로 어렴풋이 남게 될 것이다. 흔히 한 개인의 정체성을 구성하는 데 반드시 필요한 부분이 기억이라는 것을 생각해 본다면 이러한 설정은 매우 역설적이다. 오히려 지워지지 않는 기억을 가지고 있기 때문에 인간적이지 않은, 그러면서도 한편으로는 많은 인간이 원하지만 실현할 수 없는 지워지지 않는 기억을 실제로 성취한 데이비드의 모습은 연민의 대상이지만 동시에 공포의 대상이 되기도 한다. 그래서 영화는 인간에 의해 정의된, 인간적인 것이 정말 인간적일 수 있는 것인가에 대한 질문을 던진다.

하지만 데이비드가 하비 박사의 연구실에서 발견한 것은 놀랍게도 자신과 똑같은 다른 아이 로봇이었다. 벽에 걸려 있는 수없이 많은 어린이 로봇. 데이비드는 자신 역시 그 로봇들 중 하나라는 사실을 깨닫게 된다. 흰옷을 입고 책을 읽고 있던 또 하나의 데이비드를 보는 순간, 데이비드는 엄마의 사랑을 잃게 될지 모른다는 불안감에 갑작스러운 폭력성을 보이게 된다. 램프를 휘둘러 또 다른 데이비드의 머리를 날려 버리던 그때 하비 박사가 들어와 데이비드를 진정시키며 데이비드에게 말한다.

"넌 특별하단다."

그렇다, 데이비드는 정말 특별했다. 데이비드는 동화 속의 요정 이야기를 믿을 정도의 정신세계를 가진 로봇이었던 것이다. 그런 면에서 하비 박사는 사실 인간을 만든 것과 같다. 그는 데이비드를 달래며 말해준다.

"넌 진짜 인간의 아이란다. 너 이전의 로봇들은 꿈이 없었거든. 하지만 넌 동화를 믿고 사랑의 힘으로 희망을 품으며 여행을 떠났지. 넌 정말 특별하단다."

인간의 약점 중의 하나는 존재하지 않는 것에 희망을 갖는 것이고 인간은 그것을 꿈이라고 부른다고 하비 박사는 말했는데, 이제 박사는 그런 인간적인 특징을 가진 로봇 데이비드를 만나게 된 것이다. 처음이 로봇을 만들었던 하비 박사 역시 자신의 자식을 잃었던 슬픔을 대체하기 위해 데이비드를 만들었다. 그에게도 자식을 잃은, 상실의 슬픔이 있었던 것이다.

데이비드가 하비 박사의 연구실을 찾아갔을 때 그의 연구실에 있는 사진은 모두 하비 박사의 실제 어린 아들의 것이었다. 그리고 그때 데이비드는 깨닫는다. 하비 박사의 진짜 아들을 모델로 자신이 만들어졌다는 것과 그렇게 만들어진 자신과 똑같은 로봇이 수백 개 존재한다는 사실을. 수없이 많은 복제 데이비드 사이에서 자신 역시 또 하나의 복제 로봇이라는 사실에 데이비드는 절망한다. 데이비드의 절망 역시 보통의 로봇이라면 느낄 수 없는, 가능할 수 없는 정신적인 작용이었다. 역설적으로 바로 그러한 절망감으로 인해 데이비드는 스스로 자신의 삶을 포기하려고 한다. 물에 잠긴 맨해튼의 빌딩 꼭대기에서 망연자실하게 물속을 응시하며 데이비드는 아래로 몸을 던진다. 스스로 존재를 포기할 만큼의 자의식이 있는 로봇이라면 이것은 로봇인가, 인간인가?

영화의 서사 속에 꾸준히 교차하면서 나타나는 동화의 이야기는 〈A.I.〉와 아주 긴밀하게 연계되어 있다. 나무 인형 피노키오가 인간의 아이가 된다는 동화 속의 구성이 아이 로봇인 데이비드가 실제 아이가 되길 바란다는 설정과 너무나도 잘 맞아떨어지기 때문이다. 푸른 요정의 모티프는 그래서 데이비드의 희망이자 동시에 절망의 축이 된다. 오로지 푸른 요정을 찾아 인간의 아이가 되길 원했지만 결국 자신이 수없이 많은 복제 로봇 중의 하나에 불과하다는 사실을 깨닫게 된 것이다.

수없이 많은, 똑같이 생긴 로봇의 하나에 불과하다는 사실을 깨닫고 모든 것을 포기했을 때 데이비드는 물속에서 푸른 요정을 만나게 된다. 깊은 물 속에 잠긴 코니아일랜드 놀이공원의 잔해 속에는 피노키오

마을도 있고, 피노키오를 인간의 아이로 만들어 준 푸른 요정의 조각상도 함께 있었다. 단지 바닷속에 가라앉은 놀이공원의 잔해에 불과하지만 데이비드는 그것이 진짜 푸른 요정이라고 믿는다. 데이비드의 정신 능력은 그렇게 순진하게 프로그램되어 있기도 했지만 동시에 그만큼 데이비드에겐 푸른 요정의 희망이 절실했다. 깊은 바닷속에서 희미해져 가는 잠수정의 불빛으로 푸른 요정을 비추며 데이비드는 자신을 인간의 아이로 만들어 달라고 기도한다. 그 자리에 꼼짝도 하지 않은 채, 아무 대답도 없는 푸른 도자기 인형에게 데이비드는 끊임없이 기도한다.

깊은 바닷속으로의 침잠은 그 자체로 데이비드가 멜랑콜리의 정수에 둘러싸여 있는 것을 의미한다. 바다는 멜랑콜리와 아주 내밀한 친연성을 가지고 있다. 뒤러의 가장 대표적인 판화, 〈멜랑콜리아 I〉에서도 멀리 뒤로 배경이 되는 것은 바다였고, 낭만주의 시대를 전후로 멜랑콜리의 정서를 환기하는 많은 그림은 바다를 배경으로 그려졌다. 특히 시간을 상징한다는 점에서 바다는 멜랑콜리의 총체적인 아이콘이라고 할 수 있다. 그런데다가 데이비드가 홀로 깊고 어두운 바닷속에 잠기게 되는 장면은 마치 끝없는 상실의 심연 속으로 침잠하는 멜랑콜리의 시각화된 이미지라고 볼 수 있다. 잠수정의 불빛은 더욱 희미해져 가고, 바다는 서서히 얼어붙기 시작한다. 바다가 얼어붙어 몸을 움직일 수 없게 된 이후에도 끝까지 푸른 요정을 응시하며 인간이 되기를 희망하는 기도는 멈추지 않는다. 바다도 얼어붙는 엄청난 추위 속에서 데이비드도 천천히 작동을 멈추게 된다.

그리고 데이비드가 다시 깨어난 건 2,000년 후의 먼 미래였다. 지구를 지배한 것 같은 알 수 없는 안드로이드형 생명체들은 데이비드의 기억을 읽는다. 데이비드에게 남겨진 기억을 살펴보던 그들은 마치 연민과 동정을 가진 존재처럼 데이비드를 가엾게 여긴다. 하지만 그들 역시도 데이비드를 인간으로 만들어 줄 수는 없다. 대신 그들의 과학으로 할 수 있는 것은 데이비드가 이전에 잘라 가지고 있었던 모니카의 머리카락으로 다시 그녀를 재생해 주는 것. 비록 그 재생은 하루만 지속될 수 있었지만 데이비드는 절실하게 모니카를 만나고 싶어 한다. 데이비드는 말한다. "엄마 모니카는 좀 더 살아 있을 수 있을지도 모르잖아요. 엄마는 특별할 수도 있잖아요." 그리고 데이비드는 정말 엄마를 만나게 된다. 엄마와 함께 숨바꼭질을 하던 그 똑같은 집에서. 커피를 타고, 음식을 준비하고, 동화책을 함께 읽고. 데이비드는 모니카와 함께 하고 싶었던 것들을 하면서 하루를 보낸다. 재생된 모니카는 다시 깊은 잠에 빠져들고, 곁에 누운 데이비드 역시 자신이 만들어지고 나서 처음으로 깊은 잠에 빠져든다.

데이비드는 여러 면에서 멜랑콜리적 상실감의 물리적인 재현이다. 하비 박사가 잃어버린 자신의 아들을 모델로 데이비드를 만들었다는 것은, 결국 하비 박사 자신의 내적인 상실을 대체하기 위해 데이비드를 창조해 낸 것이라고 할 수 있다. 멜랑콜리한 자의 창조성은 데이비드가라는 정교한 로봇의 탄생으로 이미 증명되었다. 하비 박사도 모니카 부부도 처음에는 데이비드를 통해 자신들의 내적인 상실감을 극복하려고 했다는 면에서 데이비드의 존재는 역설적이다. 그 자신은 상실을 치유하기 위해 존재하지만 사실 그의 존재 자체가 상실된 대상과 일치하기 때문이다. 결국 자신이 대체하려는 상실된 대상을 끊임없이 환기시키는 역설적인 작용을 하게 된다.

영화는 다소 도식적이라고 느껴질 정도로 많은 멜랑콜리의 도상을 가지고 있다. 푸른 요정을 찾으러 지골로와 함께 루즈 시티로 가는 길은 거대한 입의 형상을 한 다리를 지나야 한다. 거대한 입속으로 들어가는 모습은 마치 프로이트가 설명한 것처럼 멜랑콜리한 사람에게서 나타나는 구순기로의 퇴행을 상징한다고 볼 수 있다. 이런 구순기로의 퇴행은 하비 박사를 만나는 장면에서 데이비드가 자기와 똑같이 생긴 또 다른 데이비드를 탁상 램프로 때려 부수고 마는 폭력성으로 나타난다. 자신이 자신을 파괴하는 것, 그것은 멜랑콜리의 메커니즘에서 나타나는 일종의 자학 혹은 자기 파괴와 동일하게 읽힌다. 겉으로는 질투의 감정으로 나타나지만 데이비드는 자기가 기계 인간이라는 사실을 정면에서 보여 주는 그 증거를 없애 버리고 싶은 것이었다. 자신이 기계 인간이라서 엄마에게 버려졌다는 인과관계, 상실의 원인이 자신에게 있다는 사실을 부정하려는 시도라고 할 수 있다.

데이비드와 테디 베어 그리고 지골로 조가 함께 푸른 요정을 찾아 떠나는 여정은 마치 오즈의 마법사에서 도로시가 에메랄드 시티를 찾아 떠나는 과정을 연상하게 한다. 도로시도 데이비드도 결국은 집으로 돌아가는 것이 목적인, 아주 긴 여행을 떠나는 것이기 때문이다. 루즈 시티에서 데이비드가 만난 것은 날개 달린 천사의 형상을 하는 성모마리아다. 이 날개 달린 천사는 뒤러의 〈멜랑콜리아 I〉을 비롯, 많은 멜랑콜리의 도상에서 나타나는 전형적인 모습인데, 데이비드의 상실과 이러한 도상이 겹쳐 나타나는 것은 매우 흥미롭다. 처음 푸른 요정을 찾으러 떠날 때, 여행을 함께 하던 조는 이런 말을 한다. "파란색은 멜랑콜리의 색이지." 피노키오를 인간으로 만들어 준 푸른 요정은 상실감의 멜랑콜리를 보여 주는 데이비드의 존재와 절묘하게 맞아떨어진다.

그리고 모니카와의 하루를 보낸 데이비드는 모니카가 아주 깊은 잠에 빠져들기 시작할 때 자신도 처음으로 잠을 자게 된다. 잠은 멜랑콜리의 아주 중요한 도상이다. 알브레히트 뒤러와 루카스 크라나흐의 그림을 비롯한 멜랑콜리를 주제로 한 많은 그림 속에는 고뇌하는 천사와 그 곁에서 권태로운 낮잠을 즐기는 개가 등장한다. 김동규는 수면 중의 꿈 세계가 멜랑콜리적 예술가의 창조의 공간이라고 설명한 바 있으며(『멜랑콜리아』, 160쪽), 잠의 신 히프노스는 밤의 신 닉스의 자식이면서 동시에 죽음의 신 타나토스와 형제의 관계를 맺고 있다. 그것은 다시 간접적으로 인간의 필멸성을 고뇌하는 멜랑콜리한 천사의 모습으로 연관된다.

영화 〈A.I.〉는 여러 가지 면에서 멜랑콜리의 본질과 그것의 확장된 외연의 의미를 아주 잘 보여 준다. 많은 멜랑콜리 담론에서 멜랑콜리는 상실의 빈자리를 다루는 것으로 여기지만 페디다와 크레펠린의 논의에서 볼 수 있듯 그것은 상실된 대상을 현실로 끌어오는 일종의 "몽환적 기제"에 해당한다. 이 영화에서 그러한 "몽환적 장치"는 공상과학영화라는 장르로 대체되었지만 멜랑콜리적 메커니즘이 가지고 있는 본질적인 특성을 잘 보여 주고 있다.

인간이 기계를 만들어 낸 것은 과학적 성취라고 할 수 있지만 기계의 본질은 양면적이다. 그것은 긍정적으로 인간과 비슷한 속성을 가지고 있다고 환호할 만하지만 부정적으로 본다면 근원적으로 모방할 수 없는 인간과의 차이를 가지고 있다. 역설적이지만 안드로이드는 인간과 비슷하면 비슷할수록 인간과의 차이점을 더욱 결정적으로 드러낸다. 데이비드는 실제 아이와 너무나도 놀랍게 비슷하지만 그런 놀라운 유사성이 인간과의 다른 차이점으로 매우 첨예하게 나타나는 것이다.

데이비드를 통해 살펴볼 수 있는 멜랑콜리와 가장 관련이 많은 심리적 특성은 자기애라고 할 수 있다. 멜랑콜리의 자기애는 대상에게 투사된 사랑의 리비도가 대상을 상실하고, 자신에게 그 리비도를 투사한 상태를 의미한다. 결국 사랑의 주체가 바로 사랑의 대상이 된다는 의미에서 멜랑콜리의 자기애는 언제나 그리스 신화 속의 나르키소스를 소환한다. 연못 속에 비친 자신의 모습을 사랑한 나머지 스스로 물속에 뛰어든 나르키소스. 나르키소스는 그러한 자기애의 필연적인 파국과 파멸의 운명에 대한 가장 강력한 암시라고 할 수 있다. 피그말리온 역시 이와 유사한 간접적인 자기애를 대표적으로 보여 주는 인물이라고 할 수 있다.

오비드의 『변신』에 등장하는 피그말리온은 신화 속의 조각가다. 그는 눈처럼 하얀 상아로 아름다운 여인의 상을 만들었는데 어느 날 아프로디테에게 자신의 조각상처럼 아름다운 여인과 결혼할 수 있게 해 달라고 빈다. 그리고 그의 소원은 실제로 이뤄졌는데 아프로디테가 피그말리온의 조각상에 실제 생명을 불어넣어 준 것이다. 이와 비슷하게 인간의 창조물 조각상에 생명을 불어넣는 모티브는 이후 『피노키오』에서 다시 한번 되풀이된다.

김동규는 나르키소스와 피그말리온의 이야기를 통해 멜랑콜리적 자기애의 전형과 변형의 예로 들면서 궁극적으로 이 두 인물이 겪게 된 파국과 그 결과로써 나타난 비극적인 아름다움을 꽃의 탄생으로 설명했다(『멜랑콜리아』, 294쪽). 피그말리온 신화와 피노키오 동화 그리고 〈A.I.〉에 공통적으로 흐르는 멜랑콜리는 아주 먼 신화의 시대에서 고도로 발전한 과학 문명의 세계에까지 그 깊은 뿌리를 뻗치고 있는 것이다. 나르키소스의 비극적인 죽음과 피그말리온의 후손인 아도니스의 죽음[84]은 파멸로 이르는 자기애의 멜랑콜리적 속성을 보여 주는 것이다(김동규, 296쪽).

이것은 그리스 신화 속의 나르시스의 모습과도 중첩된다. 데이비드에게 모니카는 이미 존재하지 않는다. 하지만 모니카가 남겨 놓은 상실감은 역설적으로 모니카를 계속 현실로 데리고 오는 몽환적인 기능을 하게 된다. 그리하여 대상과의 실제적인 교감을 얻지 못한 채 자신만의 상상 속에서 대상과의 합일을 꿈꾸게 되는 것이다. 엄밀히 말해서 모니카에 대한 데이비드의 사랑은 사실상의 자기애의 현현이라고 해야 한다. 자신의 내면에 감추어진 이상적인 대상을 적절한 외부의 대상에 투사함으로써 자기애의 충족을 이루려는 메커니즘은 피그말리온 신화에서도 드러났듯이 멜랑콜리적인 동일시라고 할 수 있다. 이와 관련해서 아감벤은 사랑과 나르시시즘 신화 그리고 이미지의 관계를 "하나의 이미지를 향하고" 있는 "그림자 사랑"이라고 설명한 바 있다.

데이비드는 자신이 모니카의 실제 아이가 되기를 원했고, 자신의 이미지에 대한 그런 절박한 열망이 로봇으로서의 자신과 아이로서의 자신의 이미지를 동일시하려는 노력으로 나타난 것이다. 나르시스 신화와 피그말리온 신화를 통해 우리가 확인할 수 있는 것은 어쩌면, 데이비드가 가지고 있는 데이비드 자신의 이미지에 대한 사랑이었을지도 모른다. 아감벤이 밝힌 것처럼 나르시스의 신화 속에서 우리가 목격하는 것

84 신화에 따르면 피그말리온에서 시작된 가계도는 이후 파포스라는 딸(혹은 아들)로 이어지며, 파포스의 아들은 키니라스 그리고 키니라스의 딸은 미르라였다. 미르라는 아버지 키니라스를 남자로서 사랑해, 결국 아버지를 속여 키니라스의 아이를 잉태한다. 하지만 아버지에게 사실을 들키고 난 후 수치심으로 도망쳐다니다가 신에게 기도해 살지도 죽지도 않은 채 방황하다 아도니스라는 아들을 낳지만, 아도니스는 자신의 선조 피그말리온의 소원을 들어줬던 아프로디테를 시기하는 다른 신들의 책략으로 멧돼지의 엄니에 찔려 죽게 된다.

은 단순한 자기 사랑이 아니라, 무엇보다도 "이미지에 대한 사랑"이기 때문이다(『행간』, 142쪽).

엄마의 사랑을 받기 위해 자신이 아닌 자신이 되고자 했던 데이비드. 영화의 전편에 흐르는 상실과 멜랑콜리의 정서를 떠나, 마지막 부분은 인간의 가장 근원적인 정서와 감정에 대한 질문을 던지고 있다. 엄마에 대한 아이의 사랑. 그것은 2000년이라는 상징적인 영원의 시간이 지나도 변하지 않을 것이라는 메시지이며, 그 영원과도 같은 시간은 엄마 모니카와 함께 보내는 하루에 비하면 아무 의미가 없다는 것을 보여 주고 있다. 2000년의 시간이 흐른 후 머리카락 속의 DNA를 통해 복제된 모니카는 데이비드에게 사실 진짜 엄마와 다름없다.

저명한 영화 비평가 로저 에버트는 이 마지막 장면이 사실은 데이비드의 마음속에서 조작된 인공적인 환상이라고 설명했다. 실제 모니카가 물리적으로 복제된 것이 아니라, 그러한 내용의 환상이 데이비드에게 심어진 것이라고 추정하는 것이다. 에버트는 오로지 데이비드의 관점에서 진행되는 이 부분이 사실 데이비드를 깨운 안드로이드형 외계인들이 데이비드를 마지막으로 셧다운 시키기 전에 데이비드가 원하던 기억을 만들어 주는 것으로 이해하고 있다. 영화의 도입부에서 데이비드는 절대 잠들지 않도록 설계되어 있다는 설정을 생각해 보면 마지막으로 잠자리에 들 준비를 하는 데이비드는 사실 기계적인 작동을 멈추는 것을 유추하게 한다. 역설적으로 잠들 수 있게 된 데이비드는 진짜 아이가 되었고, 아이는 엄마와 함께 잠이 든다. 그리고 다시는 깨어나지 않을 잠 속으로 빠져든다. 더 이상의 상실도, 슬픔도 없는 멜랑콜리의 시간 속에서 두 사람은 영원히 깨어나지 않을 것이다.

안드레이 타르코프스키, <솔라리스>
: 유령처럼 되돌아오는 상실과 멜랑콜리의 환상성[85]

안드레이 타르코프스키의 1972년 작품 〈솔라리스〉(Solaris)는 영화 전편에 흐르는 멜랑콜리적인 분위기가 두드러지는 소련 시대의 SF 영화이다. 영화적인 연출이나 기법, 촬영 기술은 이보다 3년 먼저 촬영된 스탠리 큐브릭의 〈2001: 스페이스 오디세이〉와 비교해서 다소 뒤떨어진다는 평이 일반적이지만 이 작품이 담고 있는 주제는 우주 개발을 위한 첨단 과학과 우주 공간의 연출이 만들어 내는 놀라운 스펙터클보다는 오히려 인간 내면의 고독과 멜랑콜리 그리고 상실과 치유의 문제에 관한 것이라고 볼 수 있다. 원작은 폴란드의 소설가 스타니슬라프 렘이 쓴 동명의 소설로, 타르코프스키는 원작이 가지고 있는 과학기술 만능의 첨단 미래 사회의 모습을 그대로 그려 내기보다는 자신의 관점에서 새롭게 해석하고 각색해 원작과는 사뭇 다른 솔라리스를 만들어 냈다.

지구의 과학자들은 솔라리스라는 행성에 대한 탐구를 하던 중 매우 흥미로운 현상을 발견하게 된다. 행성으로 엑스레이를 투과시켜 조사를 시작한 직후 우주선 안에서는 설명하기 어려운 일들이 벌어지는데, 그것은 우주선에 체류하는 과학자들 각자에게 일종의 환영 아닌 환영이 보이기 시작한 것이었다. 과학자들은 개인적으로 가족이나 애인 등을 잃어버린 상실의 기억이 있는데 어느 순간 그들은 자신이 탄 우주선 안에서 오래전에 사별한 이들을 직접 본다.

85 이 장은 2019년 『동서비교문학저널』에 실린 논문을 수정, 보충하였다.

솔라리스 행성을 연구하던 연구진들은 지구로 귀환하지 않고 점점 미쳐 가는데, 결국 연구원 일행 중 기바리얀 박사가 자살하는 사건이 벌어진다. 이러한 사건들을 조사하기 위해 심리학자 크리스가 솔라리스로 파견된다. 솔라리스에 도착한 크리스는 우주선에 연구진들 외에 또 다른 누군가가 함께 있다는 것을 의심한다. 어떤 일이 벌어지고 있는지 의구심이 드는 가운데, 스나우트와 사르토리우스 박사는 이해할 수 없는 말들을 크리스에게 던진다. "당신에게도 그 일이 일어날 것이다." 실제로 크리스는 다른 동료 박사들처럼 설명할 수 없는 일을 겪게 된다. 이러한 신비한 일은 렘의 소설에서 다음과 같이 묘사되고 있다.

> "우리는 도저히 넘볼 수 없는 복제 능력이 이 바다에 감추어져 있다는 사실을 발견했다. 예를 들면 바다는 사람을 원자보다 작은 구조만 수정한 채 완벽하게 복제해 냈는데 누구도 그 의도를 짐작조차 할 수 없었다. 바다는 살아 있고 생각하며 행동하기까지 했다. '솔라리스 문제'는 불합리하다고 해서 외면할 수 있는 성질의 것이 아니었다. 우리는 분명 살아 있는 생명체를 마주하는 것이었다."
>
> _박영은, 재인용, 425쪽

크리스가 도착한 우주선의 풍경은 스탠리 큐브릭의 〈2001: 스페이스 오디세이〉의 장면과는 사뭇 다르다. 여기저기 부서지고 망가지고 쓰레기가 넘쳐나는 우주선의 실내는 마치 더러운 도시의 골목길처럼 스산하다 못해 음산하기까지 하다. 그곳에서 만난 동료 과학자들의 모습은 매우 초췌하고 불안한 기색이 역력하다. 이런 디테일한 풍경은 "불안으로 거의 미쳐 가고 있는 과학자들이 정신적으로 황폐화되고 비정상적인 상태로 치닫고 있는 카오스" 같은 상태에 놓여 있음을 말해 준다(박영은, 424쪽). 지구와 멀리 떨어진 우주의 외딴 공간 속에서 고독과 불안에 시달리는 박사들의 모습에서 크리스는 어떤 미스터리한 일들이 벌어지고 있음을 직감한다.

크리스는 10년 전에 아내를 잃었다. 죽은 아내를 여전히 그리워하는 그는 솔라리스에 가는 길에도 아내의 사진을 챙겨 간다. 하지만 솔라리스에 도착한 바로 그 날, 크리스의 앞에는 아내 하리(Khari)가 앉아 있다. 과학자로서 크리스는 이렇게 생생하게 느끼는 존재에 대한 감각이 환상일 수 있을까 자문하지만 자신의 눈앞에 나타난 하리는 완벽한 인간의 육체를 가진 존재였다.

아내는 10년 전 그 모습 그대로 아무 일도 없었던 것처럼 크리스와 이야기를 나눈다. 육체는 물론 기억까지도 같다. 공포감을 느낀 크리스는 아내를 소형 비행정에 태워서 우주로 쏘아 보내지만 자신의 방으로 돌아온 크리스는 또다시 그 자리에 앉아 있는 자신의 아내를 만나게 된다. 이제 크리스는 더 이상 자신의 아내를 우주의 알 수 없는 힘이 만들어 낸 정체를 알 수 없는 생명체라고 생각하지 않고, 마치 죽은 아내를 정말 다시 만난 것처럼 사랑을 나눈다. 하지만 크리스와 대화를 나누던 하리는 자신의 존재에 대한 이야기를 알게 되고 자신은 이미 죽었는데 현재 존재하는 자신의 모습에 혼란스러워한다.

"그럼 나는 누구죠?"

스나우트 박사의 생일을 축하하는 자리에서 사르토리우스는 하리를 외계의 생명체로 간주하며 과학적 탐구의 대상으로만 생각한다. 그에게 하리는 인간이 아닌 것이다. 하리의 존재를 어떻게 할 것인가에 대한 문제를 놓고 각자 자신들의 과학과 인간 그리고 진리에 대한 가치관을 이야기하던 중, 스나우트 박사는 세르반테스의 『돈키호테』를 서가에서 뽑는다. 크리스는 그가 가리킨 부분을 소리 내어 읽는다.

> "자는 동안엔 두려움도 없고, 희망도 없고, 일도, 축복도 없다는 겁니다. 잠자는 동안에는 모두 평등합니다. 목동이든 왕이든 단순하든 지혜롭든지요. 유일한 단점은 숙면이 너무나 죽음을 닮았다는 것이죠."

잠과 죽음이 닮은 것처럼 기억이 물질화된 형상으로 나타난 하리는 실제 생전의 하리와 닮았다. 잠은 멜랑콜리의 주된 도상적인 상징 중 하나이고 현실과 환상이 구분되지 않는 실제의 공간이기도 하다. 멜랑콜리의 환상성은 꿈과 유사한 면이 많다. 꿈은 성취되지 않은 욕망을 불러오기도 하지만 잃어버린 것을 되찾아오는 환상을 보여 주기도 한다. 멜랑콜리는 상실 이후의 경험이기도 하지만 상실된 것을 되찾아오

<눈 속의 사냥꾼>(*Hunters in the Snow*), 피터르 브뤼헐(Pieter Bruegel the Elder, 1525~1569)

는 몽환적인 기능을 갖고 있기도 하다. 이것은 솔라리스 행성에서 연구원들과 크리스가 경험한, 자신들의 무의식적 내면에 감춰진 일종의 상실감과 죄책감에 대한 기억이 물질적으로 형상화되는 과정에서 잘 나타난다.

크리스의 기억이 물질적으로 형상화되어 나타난 하리는 자신의 정체성에 괴로워한다. 자신은 인간인가, 크리스의 아내인가, 아니면 솔라리스가 만들어 낸 물리적인 환상인가? 크리스의 동료 박사는 이런 하리가 인간이 아니라 단지 재생된 물질일 뿐이라고 그녀의 인간적인 존엄성을 부정한다. 하리는 그런 날 선 비난에 대해 "난 인간이 되어 가고 있어요"라고 절규한다. 눈앞에 버젓이 인간으로 나타난 크리스의 아내 하리. 그리고 그녀의 인간됨을 부정하는 박사들은 점점 역설적으로 자신들의 인간성을 잃어 간다. 하리를 부정하는 것이 바로 자기 자신의 인간성을 부정하는 화살로 되돌아오게 되는 것이다. 이때 깊은 생각에 잠긴 하리는 벽에 걸린 〈눈 속의 사냥꾼〉(*Hunters in the Snow*)[86]이라는 그

---

86 라스 폰 트리에의 영화 〈멜랑콜리아〉에도 등장하는 이 작품을 그린 브뤼헐(Pieter Bruegel the Elder)은 그 시대의 토속적인 문화와 서민들, 사회적으로 소외받았던 사람들의 우수를 매우 독특한 정서와 기법으로 표현한 화가이다. 특히 그는 죽음의 승리와도 같은 중세의 도상적인 주제를 표현한 그림도 남겼는데 이러한 도상적인 주제는 그의 아들 브뤼헐 엘더의 그림에까지 영향을 미친다. 특히 얀 브뤼헐 엘더가 그린 〈시각의 알레고리〉(*Allegory of Sight*)라는 그림은 도상적인 측면에서 전형적인 멜랑콜리의 도상을 그대로 보여 주고 있다. 앞서 알브레히트 뒤러의 〈멜랑콜리아 I〉에서 멜랑콜리를 주제로 한 회화의 고전적인 도상들은 다음과 같다. 모래시계, 컴퍼스와 자 같은 측정 기구들, 지구의, 공, 개와 천사 푸토(큐피드) 그리고 등장하는 인물이 여성이라는 사실과 인물이 취하는 자세는 멜랑콜리라는 주제를 다루는 다른 많은 회화에서도 공통적으로 나타나는 주제라고 할 수 있다. 브뤼헐의 〈시각의 알레고리〉에서도 역시 위와 같은 도상학적 정물들이 화면 전체에 걸쳐서 산포되어 있으며, 화면 하단 중앙에 위치한 여인은 한쪽 손을 턱에 괸 전형적인 포즈를 취하고 있다. 여인 앞에 날개 달린 어린 천사는 역시 다른 회화에서 찾아볼 수 있는 아기 천사 푸토와 동일하며, 푸토를 큐피드로 생각해 볼 때 여기에는 사랑에서 비롯된 멜랑콜리의 의미가 포함되어 있다고 할 수 있다. 특히 〈눈 속의 사냥꾼〉에 등장하는 여러 마리의 "개"는 멜랑콜리의 중요한 도상 중의 하나라고 할 수 있다. 뒤러를 비롯 루카스 크라나흐, 도메니코 페티 등의 많

림을 한참 응시한다.

다시 크리스가 하리를 찾았을 때 하리는 이미 액체산소를 마시고 자살한 후였다. 실제 크리스의 아내도 독약을 먹고 자살했다. 크리스는 같은 방식으로 아내를 두 번 잃어버린 셈인데, 하지만 하리는 솔라리스의 특별한 힘 때문에 또다시 살아나고, 죽을 때 겪은 고통을 고스란히 겪게 된다. 자신의 존재를 부정하고 괴로워하는 하리를 진정시키며 크리스는 그녀가 이제 진짜 하리라고 외친다. 하지만 열병에 걸린 크리스는 점점 의식을 잃어 가며 눈앞에 보이는 것은 이제 기억 속의 편린들이다. 이때 크리스의 방으로 보이는 사물들은 개와 원형, 시들어가는 꽃과 과일들인데, 이러한 정물은 중세의 도상에서 멜랑콜리와 아주 관련이 높은 것들에 해당한다.

크리스의 아내가 상징하는 것은 바로 상실이다. 이진경은 솔라리스에 대한 논의에서 솔라리스에서 벌어지는 신비한 현상들의 배후에는 동양에서 말하는 "마음", 즉 일종의 의지와 욕망이 위치한다고 주장하지만(『노마디즘 2』, 718쪽), 정작 이 마음의 실체에 대한 논의는 "무위"와 "지극한 도"와 같은 다소 추상적이고 모호한 개념으로 갈무리하고 있다. 이렇게 마음에서 연유하는 환상성을 통해 이진경은 일종의 나와 타자 혹은 개인과 우리 사이의 이질성의 문제를 논의하며 궁극적으로 "이질

은 그림에서 개는 공통적으로 나타나는 멜랑콜리의 중요한 도상이다. 『토성과 멜랑콜리』에 따르면 개는 일반적으로 멜랑콜리적인 성격을 가진 것으로 여겨졌다고 한다. 특히 개에 대해서는 학자 혹은 예언자의 특질이 부여되곤 했는데 뒤러의 또 다른 판화, "제롬의 서재"와 같은 도판에서 확인할 수 있듯이 개에게는 학자와의 친연성이 종종 부여되어 학자를 나타내는 전형적인 도상으로 그려졌다. 또한 개는 천문학적으로 토성이 관장하는 전형적인 짐승으로 여겨지기도 했다(『토성과 멜랑콜리』, 322-323쪽). 이런 맥락에서 살펴본다면 〈눈 속의 사냥꾼〉에 등장하는 개들의 이미지는 상징적인 차원에서 멜랑콜리의 도상을 충족시켜 주는 매우 유효한 상징이라고 할 수 있다.

적인 것에 대해 열린 코뮨적 실천"의 특징을 설명한다. 결론적으로 크리스가 레아의 전철을 밟아 다시 지구로 귀환하지 않는 것으로 해석한다.

이진경의 설명은 일종의 초월적인 결론을 지향하며 계속 동양적인 무위의 사상을 반향한다고 볼 수 있다: "따라서 그는 아무 곳으로도 돌아가지 않으며, 돌아갈 필요가 없다. 그곳은 자기 마음속에 있기 때문이고 어디에나 있기 때문이다. 그것은 돌아가지 않는 돌아감이다. 우주를 사로잡은 저 분석적 사유의 오만함과 세상을 재단하던 독단적 분별지심을 던지고 위대한 자연의 품속으로, '스스로 있는 그대로 그렇게 존재'하며 모든 것이 생성되고 또 소멸되는 솔라리스로 돌아간다."(『노마디즘 2』, 731쪽)

어떤 의미에서 이진경은 크리스의 의지적인 선택에 상당히 긍정적인 의미를 부여했다고 할 수 있다. 하지만 멜랑콜리적인 관점에서 크리스는 결국 자신의 내면에 지워지지 않는 '상실'에 의해 완전히 잠식된 것이고 그 결과 자기 자신의 물리적인 주체를 상실하고 의식만이 솔라리스에 투사되어, 상실된 존재로서 솔라리스의 섬 위에 자신의 가장 응어리진 기억의 물화와 함께 존재하게 된 것이다.

아이러니하지만 크리스는 10년 전 잃어버린 아내를 다시 만나면서 상실을 가장 분명하게 확인한다. 돌아온 하리는 하리가 아니라 하리를 잃은 상실감의 육화된 존재인 것이다. 프랑스의 피에르 페디다는 멜랑콜리의 메커니즘이 사실은 대상을 상실한 것에서 오는 심리적인 퇴행이라기보다 오히려 "상실된 대상을 살아 있게 만드는 몽환적인(혹은 환각적인) 능력"이라고 밝힌 바 있다(Fedida, 1978: 65~66쪽, 김홍중 재인용). 비슷한 논의의 연장선에서 벤야민 연구의 권위자인 조르조 아감벤은 멜랑콜리가 상정한 상실은 사실 존재하지 않는 것에 대한 상실감이라고 표현하기도 했다.

멜랑콜리는 자신이 소유할 수 없는 것에 대한 애도이기 때문에 "멜랑콜리의 전략은 허구적인 것의 존재를 위해 공간을 만들고, 자아가 가상현실과 관계할 수 있는 무대의 범위를 설정하고, 어떤 소유도 경쟁할 수 없고 어떤 상실도 위협할 수 없는 점유를 시도한다"(『행간』, 59쪽)고 설명한다. 상실된 대상을 다시 불러오는 몽환적인 기능이나 실재로 상실한 적이 없는 대상에 대한 멜랑콜리적 정서는 그 영향력이라는 측면에서 매우 유사하다. 실재 상실을 겪은 경우엔 상실의 대상을 소환하는 것이 일종의 유령과 같다고 할 수 있고 실재 상실이 일어나지 않았던 일종의 "상상된 상실"의 경우 그것은 공상과 같다고 할 수 있는데, 둘 모두 실재적인 현실이 아니라는 점에서 몽환적이라고 할 수 있다. 이러한 역설적인 사실은 멜랑콜리적 속성이 매우 모순적일 수 있는 것과 관련이 있다. 아감벤의 말처럼 "우울증에 빠진 사람이 욕망하는 대상은 사실적이면서 허구적이고, 가지고 있는 물건인 동시에 잃어버린 물건이고, 그가 존재를 인정하면서 동시에 부정하는"(『행간』, 60쪽) 대상인 것이다.

영화 〈솔라리스〉는 페디다나 아감벤이 설명하는 이론에 매우 적절하게 부합하는 구성을 가진 것처럼 보인다. 솔라리스 행성에서 벌어진 설명할 수 없는 일들은 과학자들의 기억과 관련된 것이었다. 아들을 잃은 과학자는 다시 살아 돌아온 아들을 보았고, 아내를 잃은 크리스는 다시 살아 돌아온 아내 하리(Khari)를 만났다.

이성적으로 생각하면 눈앞에 나타난 하리는 분명 지구에서 죽은 하리가 아니지만 감각적으로 경험하는 하리는 완벽한 인간이다. 크리스는 자신 앞에 나타난 대상이 하리가 아니라는 사실을 알면서도 동시에 하리라고 생각한다. 눈앞의 대상에 대한 인정과 부정이 불편하게 공존하는 기이한 인식의 상태, 〈솔라리스〉에서 배어 나오는 멜랑콜리의 정체는 바로 여기에서 연유한다. 상실된 대상을 현실로 불러오는 몽환적인 멜랑콜리에 대한 페디다의 주장은 거슬러 올라가 보면 20세기 초의 유명한 심리학자 에밀 크레펠린(Emil Kraepelin)의 이론과 유사한 면이 많다. 그 역시 "조울증의 정신병"(Manic-depressive Insanity)이라는 글 속에서 멜랑콜리의 다양한 특징들을 살폈는데 그중 그가 "환상적 멜랑콜리"(Fantastic Melancholia)라는 이름으로 설명한 멜랑콜리의 특징들에는 "환상" 혹은 "환영"이 증상으로 나타난다.

> "더 진전된 상당히 포괄적인 그룹은 착각의 발전으로 구분된다. 우리는 그것을 "환상적 멜랑콜리아"라고 부를 수 있을 것이다. 아주 빈번하게 많은 환영이 나타난다. 환자는 악령, 죽은, 동물들의 머리, 집에서 나는 연기, 지붕 위의 흑인, 괴물들의 떼거리와 새끼 사자, 날카로운 이빨을 가진 회색 머리, 천사와 성자, 죽은 사촌들 그리고 천상의 삼위일체 그리고 공중을 떠다니는 머리와 같은 환상을 보게 된다. 특히 밤이 되면 이상한 일들이 벌어진다. 죽은 친구가 베개 위에 앉아서 이야기를 들려준다. 환자는 친구가 여행 중이라고 생각한다. 신은 침대 맡에서 모든 것을 적는다. 악마는 침대 뒤에 누워 기다리고 있다. 사탄과 성모마리아가 바닥에서 나타난다... 이런 진짜 같은 환영들에 더해서 실제 감각의 기만적인 다양한 해석이 이뤄진다. 환자는 살인마가 다가오는 것을 듣고, 누군가가 침대를 슬며시 빠져나간다. 한 남자가 침대 아래 장전된 총을 들고 누워 있다. 전자석이 틱틱거린다."
>
> _Radden, 271-272쪽, 필자 번역

솔라리스 행성에서 크리스와 동료 박사들이 겪게 되는 일련의 초자연적 현상(사실 초자연적 현상이라고 할 수밖에 없는 것이 그들이 머무는 곳은 더 이상 자연이 아니니까, 모든 일은 사실 초자연적이라고 할 수 있다)과 지구에서의 경험적인 이성으로 이해할 수 없는 일들은 크레필린이 묘사하는 환상적 멜랑콜리와 너무나도 흡사하다. 멜랑콜리가 갖고 있는 종교적 혹은 초자연적인 성격에 대해서는 오래전부터 많은 논의가 있어 왔다.

특히 기독교에서 말하는 원죄로 인한 낙원의 상실 그리고 그로 인해 원천적으로 인간의 본성에 내재하게 된 멜랑콜리에 대한 논의는 스탠리 잭슨을 비롯한 많은 학자에 의해 일종의 "죄"의 징표로서의 멜랑콜리를 상정해 왔다(Jackson, 325쪽). 그리하여 멜랑콜리는 "아담의 죄"(Jackson, 326쪽)이기도 하며 멜랑콜리의 초자연적인 현상은 때로 퇴마 의식(Exorcism)으로 나타나기도 하는데 이것은 악마가 쓰인 사람이 보편적으로 우울한 특징을 보이기 때문이기도 하며(Jackson, 327쪽), 동시에 중세의 수도자들이 심적으로 경험했던 우울과 나태를 "정오의 악마"라고 부른 것과도 맥락이 닿는다.

더 나아가 멜랑콜리가 만들어 내는 환상적 실체는 그것이 실제인지 환상인지를 구분하지 못하는 이성의 한계와 무능력을 보여 주고 있으며, 그것은 데카르트가 『성찰』에서 지적한 것처럼 자신의 감각을 통해 느끼는 이 세계가, 내가 보고 듣고 있는 이 모든 것이 실제로 존재하는 것인지, 아니면 자신이 만들어 내는 환상에 불과한 것인지에 대한 근본적인 질문과 중첩된다(「성찰 제1성찰, 의심할 수 있는 것들에 대해」, 38쪽). "인간은 유령 없이는 아무것도 깨달을 수 없다"(『행간』, 159쪽)는 아감벤의 말은 이러한 상황을 매우 적절하게 설명해 주고 있다.

인간적 시선의 바깥에서 인간을 봤을 때 인간은 더 많은 것을 알 수 있게 되는 것이다. 아감벤은 이러한 유령에 대한 논의를 매우 심도 있게 개진하는데 멜랑콜리적인 메커니즘에 의해서 나타난 유령의 존재는 일종의 "물질적인 것과 비물질적인 것, 이성적인 것과 비이성적인 것의 중개자 역할"을 하는 야곱의 사다리 같은 상징적 기능을 한다고 볼 수 있다(『행간』, 202쪽). 유령에 대한 논의를 추적하면서 아감벤은 땅과 기후의 흔적들과 밀접한 관계가 있음을 지적하며 고대의 프네우마 이론을 설명하는데, 프네우마 이론에서 말하는 본질이 별들의 성분과 매우 유사하다는 아리스토텔레스의 설명은 매우 흥미롭다(『행간』, 188쪽).[87]

영화의 후반부, 박사들은 크리스의 의식을 엑스선을 통해 솔라리스의 바다에 쏘게 되면서 더 이상 이상한 일들은 벌어지지 않게 된다. 대신 솔라리스의 바다 위로 섬이 하나둘 생겨난다. 그리고 크리스는 다시 지구로 돌아온 것처럼 옛날 자신의 집 마당에서 서성이는 모습으로 카메라에 잡힌다. 꽁꽁 얼어붙은 호수와 나무 타는 연기가 자욱한 옛날의 집이다. 창가로 가서 보니 집 안엔 아버지가 있다. 크리스는 현관에서 무릎을 꿇은 채 아버지의 품에 안겨 흐느낀다. 그리고 카메라는 점점 위로 멀어져 올라가면서 크리스와 그의 집 그리고 주변의 호수를 모두 조망한다. 그리고 더 위로 올라가면서 크리스가 지구가 아닌 솔라리스의 바다 위에 떠 있는 섬 위에 존재한다는 것을 보여 주며 영화는 끝

87 아감벤이 흥미롭게 추적하는 고대 그리스의 프네우마 이론은 놀랍게도 동양적인 세계관과 매우 유사하다. 역사를 거슬러 올라가면 동서양이 분화되기 이전의 공통적인 기중에 접근하게 되는 당연한 귀결일 수도 있지만, 동서양의 세계관이 고대에는 매우 유사한 형태를 가지고 있었음은 당연하면서도 한편으로는 놀라운 사실이다. 아감벤이 설명하는 프네우마에 대한 이론은 마치 명리학의 고전에서 설명하는 천간과 지지 그리고 별들의 움직임과 관련된 에너지의 흐름에 대한 글을 읽고 있는 것 같은 착각을 일으킨다. "스토아학파 철학자들이 바로 이러한 의학 이론으로부터 프네우마라는 개념을 도용했으리라는 것은 확실해 보인다. 이들은 후에 프네우마를 스토아우주론과 심리학의 핵심적인 개념으로 사용했다. 제논과 크리스포스의 사상 속에서 프네우마는 신체의 원동력이며 작은 몸을 가지고 있고, '불'처럼 밝아서 온 우주에 스며들며 모든 존재를 곳에 따라 더 많이 혹은 적게 침투하는 요소인 동시에 성장과 감각의 원동력이다. 신성하고 "예술가"적인 기질을 가진 이 불은 동시에 태양과 여러 별의 성분이기도 하다. 이는 곧, 식물과 동물의 생명의 원동력이 별들이 가진 성분과 본질적으로 일치하며 단 하나의 유일한 원동력이 우주를 움직인다는 것을 의미한다"(『행간』, 190–191쪽).

이 난다. 이게 무슨 의미일까? 크리스는 자신의 의식 속에 존재하게 되었다는 말인가? 자신이 마음 깊은 곳에서 되찾고 싶은 상실의 대상, 그것은 어린 시절의 집과 아버지. 그 상실의 대상이 솔라리스에 투영되어 육화된 것으로 봐야 할까? 그리고 크리스는 자신이 잃어버린 상실의 대상 속에 온전히 들어가게 된다. 크리스는 행복해야 할까? 솔라리스에 생겨난 섬 속의 크리스가 일종의 상실감이 육화되어 나타난 것이라면 그 상실감의 주체로서의 크리스는 어디에 있는가? 영화는 이 부분을 명쾌히 설명하지 않지만 어쨌거나 크리스가 솔라리스의 일부가 되어 등장하는 장면은 어쩐지 공포스럽기도 하고 또 아버지와의 만남으로 인해 처연한 느낌이 들기도 한다.

하리는 초자연적인 존재로 크리스에게 돌아갔을 때 서서히 자신의 의식을 찾아가며 본래의 정체성을 갖게 되었다. 비록 그것이 크리스의 상실감이 만들어 낸 물리적인 환상 혹은 기이한 재생이라 할지라도 말이다. 하지만 이제 크리스는 바로 자신이 만들어 낸 물리적인 환상 속에 자신이 들어가 있다. 일종의 대상과 자신의 일체감, 이것은 프로이트가 말한 멜랑콜리에서의 투사된 리비도가 자신에게로 돌아오는 것과 같다. 그리고 그 형태는 일종의 구순기적인 퇴행으로 묘사되는데, 영화의 마지막 장면에서 크리스는 이제 다시 아이가 된 것 같은 모습으로 아버지의 품에 얼굴을 묻는다. 조너선 크레리는 이러한 "멜랑콜리의 환상성"을 "유령"과 "기억의 살아 있는 힘"이라고 부르면서, 그것이 비인간적인 세계 속에서 인간적으로 존재할 수 있게 한다고 설명한다(『잠의 종말』, 41쪽). 크레리는 솔라리스 행성의 연구실이 가지고 있는 인공적인 환경, 즉 24시간 환하게 불이 밝혀진 불면의 상황이 크리스나 다른 동료들이 "현실을 안정적으로 인지하지 못하고, 기억을 담지하는 꿈이 깨어 있는 상태의 삶 속으로 재배치 되게 한다”고 보았다(『잠의 종말』, 40쪽).

각성, 이것은 멜랑콜리한 자의 가장 두드러진 특성이다. 특히 중세를 비롯한 멜랑콜리를 주제로 한 회화에서 각성과 잠은 매우 대조적으로 그려진다. 멜랑콜리한 자는 잠들지 않고 깨어 있는 반면, 자주 함께 등장하는 개는 늘 잠자는 모습으로 나타나기 때문이다. 불면은 각성의 생리적인 결과라고 볼 수 있는데 이러한 만성적인 불면 상태에서 현실에 대한 정확한 인지력이 떨어지면서 과거의 기억이 현재 속으로 계속 유령처럼 등장하게 되는 것이다.

멜랑콜리한 상태에서 나타나는 유령에 대한 언급은 르네상스 시대를 거쳐서 매우 풍부하게 존재한다. 특히 르네상스 시대의 멜랑콜리에 대해 연구했던 윈프리드 슐라이너(Winfried Schleiner)는 멜랑콜리한 사람은 “깨어 있건 잠들어 있건 아주 다양하고 끔찍한 환영들을 보게 된다”고 설명했다(『잠의 종말』, 213쪽). 이러한 유령성의 요소는 멜랑콜리한 자들이 보여 주는 천재성, 다시 말해 영적인 비범함 그리고 그러한 영적인 비범함은 다시 예언적인 능력으로 이어지는 일종의 정신적인 능력으로 귀결된다. 스탠리 잭슨은 멜랑콜리와 관련된 초자연적인 현상 중의 하나로 “예언 능력”을 들고 있으며(『잠의 종말』, 327쪽), 『토성과 멜랑콜리』에서도 멜랑콜리한 자들에겐 미래를 내다볼 수 있는 능력이 있다고 설명하고 있다(『토성과 멜랑콜리』, 325쪽).

멜랑콜리, 광기 그리고 예언 능력은 그리스 신화에서도 매우 명확하게 묘사되고 있다. 그리스 신화에 등장하는 카산드라는 아폴로에게서 예언의 능력을 부여받지만 그의 애인이 되는 것을 거부한 탓에 아폴로는 아무도 그녀의 예언을 믿지 못하게 만들었다. 아무도 믿어 주지 않는 예언을 하는 사람은 분명 미친 사람으로 취급될 것이다. 바로 이 지점에서 예언자적 능력은 광기의 또 다른 얼굴이 되며 카산드라의 신화는 어째서 광기가 예언자적 능력의 또 다른 이름인가를 잘 보여 주고 있다.

리처드 커니는 멜랑콜리적 상상력이 상실을 이미지로 소환한다고 말했다. "만약 멜랑콜리한 상상력이 상실과 균열에 대한 인간적 경험을 이미지로 바꾼다면 이 능력은 다른 어느 시기보다 현대에 가장 필요하다고 할 수 있다. 현대는 개인적, 이데올로기적, 문화적인 정체성의 위기가 계속 증폭되고 확대되면서 우리 실존의 심연을 노출시키는 시대이기 때문이다."(리처드 커니, 317쪽) 솔라리스 행성에서 하리가 질문한 것처럼 크리스와 동료들은 자신의 정체성마저도 의심해야 하는 극단적인 상황에 처해 있으며 그것은 간접적으로 기계문명과 첨단 과학의 노예가 되어 가는 현대인의 상황을 느슨하게 반영하는 것이라고 볼 수 있다. 솔라리스 탐사선으로 옮겨진 과학 문명은 아이러니하지만 가장 비과학적인 환영의 방문을 받게 됨으로써 멜랑콜리적 상상력이 어떻게 현대사회에서 상실과 기억을 육화된 이미지로 불러오는가를 보여 준다.

〈솔라리스〉의 원작자였던 스타니슬라프 렘은 영화의 제작 단계부터 타르코프스키와 관계가 좋지 않았다. 급기야 영화화된 〈솔라리스〉를 본 렘의 반응은 타르코프스키가 어떻게 원작을 변형했는지를 잘 보여 준다.

> "영화에서 내가 보고 싶었던 것은 혹성 솔라리스였다. 그런데 유감스럽게도 감독은 실내 영화를 제작해 이것을 볼 수 있는 기회를 박탈했다. 또한 이미 언급한 적도 있긴 하지만 그가 찍은 것은 『솔라리스』가 아니라 『죄와 벌』이었다. 그로 인해 영화에

서는 혐오스런 켈빈이 가련한 하리를 자살로 치닫게 하고 난 이후에 그 원인으로 인해 양심의 가책을 받는 모습만 강조되고 말았다."

_「안드레이 타르코프스키의 솔라리스에 투사된 자연철학관의 영상화」 428쪽, 재인용

타르코프스키의 〈솔라리스〉는 원작자의 호의적인 반응을 얻어 내는 데는 실패했고, 3년 앞서 촬영된 〈2001: 스페이스 오디세이〉와 경쟁하기엔 영상미나 기술적인 면에서 뒤떨어졌다. 하지만 동시에 이 영화는 원작 소설이나 미래의 우주 세계를 아주 빼어난 미적 감각으로 연출한 큐브릭의 영상미와는 질적으로 다른 심리적인 깊이를 표현하고 있다. 그것은 우주를 탐사하는 SF적 상상력의 소산이라기보다는 인간의 내면을 향한 성찰이고, 우주라는 무한한 공간에서 벌어질 수 있는 몽환적인 사건을 통해 인간의 미시적인 내면을 살필 수 있는 계기를 마련해 준다는 것이다. 영화의 마지막 장면에는 실존의 고통과 상실의 의미를 깨닫고 다시 아버지 앞에 무릎을 꿇고 마치 용서를 구하는 듯한 크리스의 모습이 등장하는데 이 장면을 통해 타르코프스키는 인간 구원의 문제를 환기한다고 할 수 있다.

타르코프스키의 〈솔라리스〉 이후 30년이 지난, 2002년 스티븐 소더버그(그는 1991년 프란츠 카프카에 관한 영화를 찍기도 했다) 감독과 조지 클루니 주연의 〈솔라리스〉가 리메이크되었다. 이 리메이크는 여러 가지 측면에서 타르코프스키의 〈솔라리스〉와 비교할 만한 특징들을 가지고 있다.

할리우드에서 제임스 캐머런이 제작자로 참여해 만들어진 영화인 만큼 어느 정도의 상업성과 타협하지 않을 수 없었겠지만 2002년 〈솔라리스〉는 1972년 〈솔라리스〉와 분위기, 배우들의 연기 그리고 심지어

주제까지도 상이하다. 하지만 기본적으로 소더버그의 〈솔라리스〉는 타르코프스키의 원작에 대한 해석을 근간으로 그것을 원작에서 표현된 것과 다른 층위에서 새로운 주제를 제시하고 있다. 타르코프스키의 〈솔라리스〉가 상실과 멜랑콜리의 주제를 매우 시적인 방식으로 환기하는 반면 소더버그의 〈솔라리스』는 멜랑콜리적인 에로스의 문제를 매우 직접적이고 시각적으로 다루는데, 특히 관능적인 묘사와 우주 공간에서 벌어지는 초현실적인 장면에 대한 묘사는 일종의 SF 스릴러와 같은 분위기를 자아낸다.

특히 소더버그의 〈솔라리스〉는 타르코프스키의 원작보다 훨씬 더 말이 많고 또 그만큼 설명적인 느낌이 강하다. 마치 타르코프스키의 작품에서 상징적으로 제시된 멜랑콜리의 메시지를 아주 직접적으로 설명해 주겠다는 의지를 가진 것처럼 리메이크의 크리스가 동료 박사들과 나누는 대화 속에는 멜랑콜리와 우울, 고독과 불면과 같은 말들이 고스란히 오간다. 타르코프스키의 하리는 소더버그의 〈솔라리스〉에서 "레아"라는 이름으로 등장하는데 훨씬 더 관능적이고 에로틱한 이미지가 강하다.

이러한 에로스적인 몽상과 환영의 관계는 아감벤의 설명으로 한층 더 흥미로워지는데 그에 따르면 "에로스라는 이름의 기원은 환영(Orasis)을 의미하는"데 있으며, "눈의 질병이 상상의 병으로 변화"(아감벤, 171쪽)한다는 것이다. 공교롭게도 눈과 성적인 욕망의 밀접한 관계는 중국어나 한국어에서도 쉽게 찾아볼 수 있다. 『반야심경』의 구절로 널리 알려진, 공즉시색(空卽是色), 색즉시공(色卽是空)에서 말하는 색(色)은 인간의 욕망을 의미하지만 일차적으로 그것은 시각을 통해 사물을 구별한다는 의미를 가지고 있다.

에로스 혹은 성적 욕망이 육체의 아름다움과 불가불한 것이라고 본다면 그러한 아름다움을 가장 최전선에서 받아들이는 눈이 밀접한 관계를 갖게 된 것은 당연한 일이라고 하겠다. 이러한 설정은 타르코프스키의 멜랑콜리에 대한 소더버그의 주관적인 해석이라고 여겨지는데 이론적으로 에로스와 멜랑콜리가 밀접한 역사적 관계를 가지고 있는 것과 무관하지 않다. 플라톤이 설명한 에로스는 결국 원래 하나의 존재가 둘로 나뉘어서 다시 하나로 합해지기를 원하는 욕망이다. 멜랑콜리적인 관점에서 이것은 주체와 대상이 하나가 되는 자기애적 퇴행의 과정과 동일하다. 그런 면에서 에로스적인 측면을 강조한 소더버그의 〈솔라리스〉는 돌아온 아내 레아와의 육체적인 관계에 몰입해 크리스의 고민과 망설임을 훨씬 더 강조하고 있다. 심지어 크리스는 레아를 지구로 데려가려 한다. 타르코프스키의 〈솔라리스〉는 많은 부분이 몽환적인 상상과 현실이 교차하며 그 경계를 구분하기가 쉽지 않은데, 소더버그의 〈솔라리스〉는 현실로 침투한 몽환적인 것 혹은 상실의 귀환이 어떻게 현실에 영향을 미치는가에 초점이 맞춰져 있다.

죽은 아내 레아를 다시 만나게 되었을 때 크리스는 과학자로서 이성적이고 냉정하게 판단해 레아의 모습으로 나타난 설명할 수 없는 존재를 소형 비행정에 태워 우주 공간으로 유기한다. 하지만 다시 똑같은 모습으로 돌아온 레아 앞에서 크리스는 점점 마음이 흔들리게 되고, 살아 있었을 때와 똑같은 육체적인 관계를 갖고 난 이후 크리스는 레아를 진짜 자신의 아내 레아와 동일시하게 된다. 문제는 동료들이 그런 크리스의 태도를 문제 삼는 것이다. 이런 과정 속에서 레아는 점점 자신의 존재에 대한 의식을 갖게 되고 또 레아라는 존재가 가지고 있었던 기억이 복원되기 시작한다. 재생된 레아는 자신이 이미 죽은 사람이라는 사실을 깨닫고 현재의 자신을 받아들이기 힘들어한다. 결국 레아는 액체산소를 마시고 자살을 시도한다. 하지만 레아는 마치 호러 영화의 한 장면처럼 상처가 재생되면서 다시 되살아난다.

레아의 기억은 고스란히 남아 있다. 상실에 대한 기억은 그것이 몽환적으로 되돌아오는, 일종의 유령과 같은 형상으로 나타나는 데 매우 중요한 역할을 한다: "상상과 밀접한 관계를 가지고 있는 것이 기억이다. 아리스토텔레스는 기억을 '유령화되는 실체의 이미지로서 유령을 소유하는 것'으로 정의 내리고 있다."(『행간』, 158쪽) 죽었다 다시 살아난 레아는 그 모든 기억을 함께 가지고 있는 것이다. 자신이 인간이 아니라는 레아의 절망은 더욱 깊어진다. 자신은 단지 기억의 산물이며 인간이 아니라는 레아, 하지만 크리스는 레아의 존재를 인간으로 느끼고 그녀의 존재를 부정할 수 없다. 동료인 고든 박사와의 치열한 불화를 감수하면서까지 크리스는 레아를 포기할 수 없다. 동료들이 레아를 다시 솔라리스로 보낼 것을 두려워한 크리스는 각성제를 먹어 가면서 잠들지 않으려 한다. 하지만 잠들지 않으려 노력할수록 현실은 점점 더 그 경계가 모호해진다. 의식은 점점 흐려지고 판단을 내릴 수가 없다.

인간의 정체성을 형성하는 가장 큰 요소 중의 하나로 흔히 기억이 언급된다. 그런데 레아는 스스로 기억의 산물이라고 말하면서 자신은 인간이 아니라고 괴로워한다. 기억이 물질화되어 재생된 인간은 인간이라고 말할 수 없는 것인가? 크리스의 동료 박사들에게 자신들을 찾아온 손님들은 모두 인간이 아니었다. 그것은 어떤 기억이 만들어 낸 복잡한 물리학적 현상일 뿐이다. 고든은 그러한 과학적인 이성과 합리적인 판단을 대변한다. 하지만 크리스는 점점 자신이 가지고 있었던 과학적인 지식과 이성적인 판단을 보류한 채, 감각적으로 경험하는 레아의 존재를 인간으로 받아들인다. 크리스에게 레아는 완벽한 인간이었던 것이다. 무엇이 인간이고 무엇이 인간이 아닌지? 무엇이 진짜이고 무엇이 가짜인지에 대한 질문은 레아와 크리스의 대화에서 매우 직접적으로 제시된다. 그리고 이러한 일련의 과정을 통해, 영화는 궁극적으로 인간의 존재가 가지고 있는 궁극적인 본질에 대한 질문을 던지고 있다.

프로이트의 「슬픔과 우울증」에서 고전적으로 정의 내린 애도와 우울의 개념은 이후 100년 가까이 수많은 멜랑콜리에 관한 연구 속에서 되풀이되어 왔다. 하지만 "정상적인 애도"의 엄밀한 의미가 무엇이며 그것이 어떤 절차를 거치는지, 또한 "대상을 잃어버린 리비도"가 무엇이며 그것이 자신을 향하게 된다는 퇴행적 자기애가 무엇인지에 대한 설명은 상당 부분 구체적인 해명 없이 그대로 차용되어 왔다.

"정상적인 애도"의 절차란 그렇다면 마음껏 슬퍼해 더 이상 대상에 대한 슬픔의 감정이 남아 있지 않은 상태를 의미하는 것일까? 하지만 경험적으로 봤을 때 그러한 "정상적인 애도"는 가능하지 않다. 슬픔의 감정이 남아 있지 않다면 애초부터 대상은 애도할 만한 대상이 아니었을 것이고 슬퍼했다면 절대로 슬픔의 감정이 남아 있지 않을 수 없는 것이다. 김동규의 설명처럼 정상적인 애도를 통해 이전의 상처 없는 상태를 추구하는 것은 사랑의 진정성을 훼손할 수 있는 매우 모순적인 궤적을 가지는 것이다(『멜랑콜리 미학』, 288쪽).

슬픔의 감정은 일시적으로 완화되어 표면에 드러나지 않을 수 있지만 언제든지 애도의 대상이 환기되는 순간 슬픔의 감정은 되돌아온다. 마치 유령처럼 말이다. 그런 의미에서 죽은 자에 대한 기억과 애도를 되풀이하는 객관적인 형식이 제식의 형태를 갖추는 것은 매우 주목할 만한 사실이다. 주기적으로 혹은 규칙적으로 애도의 시간을 정해 놓고 남아 있는 슬픔을 소진할 공적인 시간을 만들어 놓는 것, 이것이 어쩌면 프로이트가 의미한 정상적인 애도라고 이해할 수 있을 것이다.

그렇다면 정상적인 애도에서든 그렇지 못한 우울의 상태이든 대상에 대한 집착은 공통적으로 존재한다. 다만 슬픔의 경우 그것이 공적이고 규칙적인 질서 속에서 자신의 자리를 세상으로부터 인정을 받게 된 반면 우울은 그러한 지위를 얻지 못한 것이고 그 결과 우울로 인한 슬픔은 언제 어디서든지 예상할 수 없이, 일정한 규칙 없이 무작위로 되돌아온다. 주체는 예상할 수 없는 상실의 귀환 앞에서 당황하고, 심지어 그로 인해 형성된 압도적인 우울의 파도에 삼켜지게 되기도 한다. 우울이 가지고 있는 식인증적 자기애는 이러한 자아의 잠식과 같다고 할 수 있다.

타르코프스키와 소더버그의 〈솔라리스〉는 세부적인 변형과 차이점에도 불구하고 주체를 잠식하는 우울의 압도적인 세계감을 그리고 있다는 가장 큰 공통점을 보여 준다. 영화의 마지막 크리스가 바로 자신의 기억 속에 스스로가 갇히게 되는, 다시 말해 자신의 기억이 만들어 낸 또 다른 자신이 되어 그 사실을 인지하는 장면은 결국 우울이 주체를 집어삼킨 식인증적 퇴행의 서사적 표현이라고 할 수 있다.

타르코프스키의 〈솔라리스〉에서 크리스의 의식이 솔라리스에 투영되어 물질화된 것이라는 사실을 영화 속의 크리스는 깨닫지 못하는 듯하다. 오직 관객들만 그것을 알 수 있다. 점점 카메라가 높아지면서 아버지와 만나는 크리스는 점점 작아지다가 솔라리스 행성 위에 작은 섬 속에 있는 모습으로 나타난다. 타르코프스키의 엔딩과 달리 소더버그의 크리스는 끝까지 레아를 포기하지 않는다.

타르코프스키의 〈솔라리스〉가 보여 준 결말을 다소 로맨틱하게 변형하면서 그 주제적인 깊이가 감소하긴 했지만 소더버그의 〈솔라리스〉에서 크리스가 자신의 기억 속에 자신 스스로가 손님으로 재생되어 다시 레아와 만나는 마지막 장면은, 크리스가 자신이 솔라리스가 만들어낸 재생된 기억의 산물임을 깨닫게 되는 것을 보여 준다. 크리스는 손에 베인 상처가 물에 씻겨지면서 즉각적으로 아무는 것을 보고, 자신이 솔라리스에서의 레아와 같은 존재라고 어렴풋이 깨닫는다. 바로 자신이 자신이 아니라는 사실을 깨닫는 것, 그것은 영화에서 줄곧 사진에 대한 이미지가 강조되었고, 사진은 상당 부분 "유령의 이미지를 상징하는"(『멜랑콜리 미학』, 179쪽) 것으로 이해한다면 상실로 인한 몽환적인 환상이 어떻게 존재론적인 고뇌와 접하게 되는지를 이해할 수 있을 것이다.

이미지, 그것은 사진일 수도 있고 벽에 일렁이는 그림자일 수도 있고 또 유령과 같은 초현실적인 현현일 수도 있다. 인간의 기준에서 본 세상은 유령의 기준에서 바라보는 세상과 분명 다를 것이고, 그 차이에 대한 탐색과 고민으로부터 〈솔라리스〉의 존재론적인 고뇌가 시작된다. "광학적인 차원에서 '눈이 스스로를 보는' 최상의 공간이 거울이며 거울 앞에 선 사람이 '보는' 사람인 동시에 '보이는' 사람이라면, 또 다른 측면에서 티끌 하나 없는 거울에 비친 자신의 이미지와 하나가 되며 이뤄지는 결속이 상징적으로 의미하던 것은 곧 초감각적인 것과의 결속"이 되는 것이다(『행간』, 181-182쪽).

이러한 "초감각적인 것"은 상상적으로 존재하는 상실의 대상과의 일치 그리하여 초현실적인 차원에서의 합일이며, 그것은 현실 속에서는 절대로 이뤄질 수 없는 영원한 욕망의 대상이 될 수밖에 없다. 영원히 닿을 수 없는 이러한 대상은 프로이적인 관점에서 욕망의 완벽한 충족의 대상이고, 모더니즘에서 확인한 불가능한 총체성이며, 순일하게 존재할 수 없는 주체의 혼잡성인 동시에 절대 객관화될 수 없는 역사성과도 맥락을 같이한다고 할 수 있다.

플라톤의 동굴의 우화를 비롯한 내세와 천국을 상정한 다양한 종교들, 장자의 호접몽, 영화 〈매트릭스〉의 세계관, 가상현실과 실재의 딜레마를 다루는 다수의 영화와 애니메이션을 통해 알 수 있듯이 인류는 삶의 진정성과 주체의 진리를 지속적으로 고민해 왔다. 세상에 대한 진리를 증명하기 위해서는 먼저 자신의 존재를 증명해야 하는데 자신의 존재 자체가 참인지 거짓인지를 구분하기 어렵다면 어떻게 세상과 자신과의 관계에 대한 판단을 내릴 수 있을 것인가?

타르코프스키의 〈솔라리스〉가 비교적 종교적인 구원의 차원에서 영화를 마무리한다면 소더버그의 〈솔라리스〉는 매우 인식론적인 차원에서 영화를 마무리하고 있다. 마치 〈매트릭스〉나 〈인셉션〉의 결말에서 볼 수 있는 것처럼 어느 것이 진짜 현실의 세계이고 그 속에서 인간은 어떻게 자신의 주체성을 확보할 수 있는가의 문제가 메아리치고 있는 것이다. 타르코프스키의 〈솔라리스〉가 종교적이고 시적인 구성으로 내면의 상실과 회의 그리고 구원의 메시지를 보여 줬다면 소더버그의 〈솔라리스〉는 과학 문명과 첨단 기술이 개가를 이룬 21세기에 맞는 존재론적인 고민을 보여 주고 있다고 말할 수 있겠다.

앤드루 니콜, <가타카>
: 불완전함의 멜랑콜리가 만들어 낸 천재적인 열정

종종 많은 자연과학자는 자연의 경이로움을 "완전함" 혹은 "완벽함"이라는 말로 표현하려 한다. 하지만 자연에 완벽한 것은 없다. 완벽하고 완전한 것은 대단히 인공적인 말이다. 그것은 순수과학의 세계에서 가능한 말이고 이성으로 추리해서 도달할 수 있는 추상적인 영역이다. 마치 순수한 삼각형이 현실에선 존재하지 않는 것과 같다. 상식적이겠지만 현실엔 완전한 어떤 것도 존재하지 않는다.

낭만주의 시인으로 널리 알려진 존 키츠(1795~1821)는 이백 년 넘는 세월 동안 불멸의 시인으로 명성을 얻었지만 실제 그가 작품 활동을 한 시기는 불과 4년여에 불과하다. 키츠와 거의 항상 함께 거론되는 낭만주의 시인인 셸리와 바이런도 그랬듯이 키츠 또한 26살의 젊은 나이에 요절한다. 아름답고 서정적인 작품들을 많이 남겼고 또 그의 작품 속에 예술과 아름다움, 진리와 미의 본질과 같은 깊은 주제들이 각인되어 있는 것을 생각하면, 키츠는 비록 짧은 삶을 살았지만 그 무게와 밀도에서 그의 삶은 가볍지 않았다. 그의 삶은 불안과 상실과 고통과 가난과 병고의 힘겨움이 매우 빽빽하게 들어차 있었고, 키츠는 상상력과 예술의 세계를 통해 그런 고통과 슬픔으로 가득한 세계를 벗어나려고 했다. 어머니와 동생을 먼저 폐결핵으로 보낸 그는 자신 역시 같은 병마에 시달리며 짧은 생애를 마감해야 했다. 1820년 11월 30일, 키츠가 마지막으로 남긴 편지 속에는 그가 자신의 삶을 어떻게 바라보고 있었는지가 잘 드러나고 있다. "나는 습관적으로 그렇게 생각하곤 하지. 내 삶은 이미 지나가 버렸다고… 겨우겨우 숨을 쉬는 지금의 나란 존재는 이미 죽어 버렸는지도 몰라."(에릭 윌슨, 재인용, 179쪽) 지금으로 친다면 아직 철이 들기도 전이라고도 할 수 있을 만큼 젊은 나이에 키츠는 자신의 짧은 생애 전체를 회고하는 마지막 편지를 쓴 것이다. 에릭 윌슨의 표현처럼 키츠의 글 속에는 젊고 치기 어린 미성숙한 성찰보다 삶의 심연을 들여다보고, 그 깊이를 수용하고 관조하는 "젊은 말년"(에릭 윌슨, 180쪽)의 모습이 나타난다. 그럼에도 불구하고 키츠는 "삶은 아름답고, 세상은 멋지다"고 말한다. 멜랑콜리의 비애와 육체적인 고통에 시달리던 아름다운 젊은 청년에게 과연 무엇이 이렇게 생을 긍정할 수 있게 만들었을까? 키츠는 고통과 죽음은 인간이 피하고 도망가야 할 대상이 아니라 삶의 일부라는 아주 단순한 생각을 한 게 아닐까? 울프 허스트(Wolf Hirst)에 따르면, 바이런이 망각을 그리고 워즈워드가 자연을 통해서 고통과 상실과 슬픔과 비애의 현실을 벗어나려고 했었다고 한다. 그런 측면에서 키츠는 예술의 본질을 추구하는 것으로 세상의 암울함을 극복하려 한 것이다. 특히 그가 남긴 몇 편의 송시(Ode)에는 슬픔과 비애로 가득한 세상에 대한 멜랑콜리적인 정서가 매우 두드러지게 나타나는데, 실제로 그가 겪어야 했던 불운과 슬픔이 그대로 투영되었다고 말할 수 있을 것이다. 키츠의 「그리스 항아리에 부치는 송시」("Ode on a Grecian Urn")에는 두 연인이 키스를 할 것처럼 가까이 마주 보고 있는 그림을 묘사하는 장면이 있다. 완전함과 불완전함의 기준으로 본다면 둘은 아직 키스를 완성하지 못한 것이겠다. 하지만 그 완성 직전의 불완전한 상태가 두 연인의 모습을 불멸의 예술로 승화시킨다. 완전한 키스는 더 이상 열망할 것이 없지만 입술이 닿기 직전의 순간으로 묘사된 두 연인의 모습은 보는 사람으로 하여금 그다음 순간의 주이상스를 끊임없이 상상하게 만든다.

"대담한 여인, 당신의 입술은 결코, 결코, 닿을 수 없을 것, 영원히 다가가기만 할 뿐, 그러나 슬퍼하지 말아 주오. 입맞춤의 축복을 얻지는 못할지라도, 그대는 시들지 않을 테니. 그리하여 영원히 사랑할 수 있다면 당신은 아름다울 것이기에!"

이뤄진 입맞춤 뒤엔 어색한 침묵이 흐른다. 이뤄진 사랑 뒤에 드리워지는 현실의 그림자는 무겁다. 완성을 추구하지만 절대 완성되지 않는, 오히려 그 불완전함 때문에 더욱 완벽해질 수 있는 것은 사랑이고 예술이고 진리이다. 그래서 "귀에 들리는 멜로디는 아름답지만 귀에 들리지 않는 멜로디는 더 아름다운" 이유가 된다. 무언가를 상실하거나 무언가가 결여되었을 때 인간은 멜랑콜리의 심연 속에서 예술과 창조를 통해 높은 성취를 지향하게 되지만, 역설적으로 모든 것이 완벽할 때 우리는 알 수 없는 공허감을 느낀다. 사람들이 완벽한 것을 꿈꾸는 이유는 완벽한 것 뒤에 숨겨진 공허와 권태의 심연을 알지 못하기 때문이다. 〈흐르는 강물처럼〉(A River Runs Through It)의 유명한 대사처럼 인간은 "완벽하게 이해하지 못하는 것을 완벽하게 사랑할 수는 있"는 것이다.

앤드루 니콜의 1997년 작 영화 〈가타카〉(Gattaca)는 이러한 완전함과 불완전함의 대립을 형제의 운명적으로 표현하고 있다. 현재 기준으로 본다면 아주 당연하지만 형 빈센트는 자연 임신과 자연 출산의 과정을 거쳐 태어난다. 하지만 동생 안톤은 유전자 맞춤형으로 완벽한 신체를 가지고 태어난다. 빈센트는 작은 키에 근시에 왜소한 체격, 천식과 각종 잔병을 달고 다닌다. 예상 수명도 그다지 길지 않다. 반면 안톤은 임신 단계에서부터 부모와 의사들의 합의로 눈동자 색깔부터 질병의 유무, 키, 성격까지 부모가 원하는 대로 태어났다. 불완전한 형 빈센트는 거의 완전한 동생 안톤에게 늘 형 같지 않은 형이었다. 발육이나 건강, 총명함이나 외모조차 형 빈센트는 안톤을 따라잡을 수 없었다. 빈센트와 안톤은 어려서부터 바다로 누가 멀리까지 헤엄쳐 가는지 경쟁하곤 했는데 신체적 조건이 완벽했던 안톤 앞에서 형 빈센트는 늘 헤엄치다 지쳐 허우적대야만 했다. 빈센트에게 안톤은 자신의 결함과 부족함을 끊임없이 상기시켜 주는 고통스러운 비교의 대상이다. 안톤은 빈센트가 가지지 못한 것들의 집합체라고 할 수 있다. 큰 키에 좋은 시력, 튼튼한 치아, 탄탄한 근육, 강인한 체력, 총명한 머리. 어느 것 하나 부족한 것 없는 안톤은 빈센트에게 견뎌 내기 힘든 상실감을 안겨 준다. 빈센트는 뭔가를 실제로 잃어버린 것이 아님에도 자신의 내부에서 생겨나는 상실감으로 우울해하며 세상에 대한 분노를 가진다. 멜랑콜리가 촉발시킨 것 같은 이러한 "삐딱한 열정(?)"은 빈센트로 하여금 자신이 사는 세계에 대한 규칙과 규율을 위반하게 한다. 전통적인 관점에서 빈센트가 보여 주는 사회에 대한 반항적인 몸짓은 멜랑콜리한 자의 전형적인 특징과 오버랩된다. 예언자적인 천재성, 남들이 이해할 수 없는 상실감과 치명적인 자기애 등은 햄릿이나 낭만주의 시인들, 뭉크나 버지니아 울프 같은 예술적인 천재들에게서도 흔히 찾아볼 수 있는 특징이다. 시대와 사회와 질서에 대한 그들의 불만은 결국 새로운 시대와 문화를 촉발하는 기폭제 역할을 했으며, 결과적으로 전시대의 멜랑콜리는 다음 시대의 가장 찬란한 문화유산이 되기도 했다. 빈센트는 마치 안톤이라는 하나의 원형적인 주조물에서 어딘가 부족하게 주조된 것 같은 비교적인 상실감을 아주 어릴 때부터 안고 살아왔던 만큼 그의 일상은 늘 불만족스러웠다. 그렇게 상실과 멜랑콜리로 가득 찬 나날들 속에서 빈센트는 어느 날 가족을 떠나 홀로 생활하며 지구를 벗어날 꿈을 꾸게 된다. 그것은 바로 화성으로 가는 것이었다. 많은 사람이 꿈이 이뤄지는 그곳, 화성으로 가는 것을 꿈꾸는 빈센트에게 어느 날 실제로 그런 기회가 찾아온다. 전직 유망한 수영 선수였지만 불의의 사고로 하반신을 쓰지 못하게 되어 실의와 패배감에 젖어 사는 유진을 만나게 되는 것이다. 유진은 모든 면에서 부러울 것이 아무것도 없을 것 같았던 거의 완벽한 사람이었다. 하지만 불의의 사고로 하반신을 쓸 수 없게 된 유진은 그동안 자신이 누리던 거의 모든 것을 잃어버린 채 자신의 집 속에 갇혀 바깥세상과 단절되어 살아가고 있었다. 빈센트와 달리 유진은 상실감의 저 깊은 바닥을 아주 철저하게 겪었다. 상실감을 이겨 내지 못한 유진은 자포자기한 상태로 아무 꿈과 비전 없이 하루하루 무미건조한 생활을 보내고 있었는데 우연히 빈센트와 조우하게 된 것이다.

빈센트는 화성으로 갈 수 있을 만큼의 "완벽한 신체 조건"을 가진 누군가의 정체성이 필요했고, 유진은 자신의 정체성을 빌려줌으로써 일종의 대리적인 만족감을 추구하고자 했던 것이다. 주는 자와 받는 자의 교묘한 일치로 인해, 유진은 빈센트에게 자신의 정체성을 빌려준다. 유진의 혈액, 소변, 머리카락, 눈동자 색깔과 키까지 모든 면에서 빈센트는 유진의 가면을 쓰게 되고, 수영 선수였던 유진의 우월한 유전자 덕에 빈센트는 결국 화성으로 떠날 수 있는 자격을 얻게 된다. 빈센트와 안톤 그리고 유진 이렇게 세 사람에게는 뭔가 공통점이 있다. 빈센트는 유전자 조작을 통한 맞춤 출산의 시대에 구시대적인 방법(자연 출산)으로 태어나 다른 사람들보다 유전적·신체적으로 열등한 조건을 타고났다. 유진은 너무나도 훌륭한 유전적·신체적 조건을 가지고 있었지만 불의의 사고로 모든 것을 잃게 된다. 하반신은 마비되었고, 선수로서의 생명은 끝이 났고, 친구도 없이 홀로 고독과 상실감 속에서 살아간다. 안톤은 너무나도 완벽하게 태어났고 또 자신의 삶에 누구보다 충실한 훌륭한 형사가 되었다. 어린 시절부터 형 빈센트를 상실감과 패배감 속으로 몰아넣었을 만큼 우월한 유전적 신체적 조건을 가지고 있다. 하지만 안톤은 너무 완벽하고 완전해서 오히려 뭔가가 부족한 것 같은 인상을 준다. 완벽함의 역설이다. 자신이 속한 사회의 질서와 규칙을 지나치게 신봉하고 또 그것을 어떤 상황에서도, 심지어 자신의 형제와의 결연을 의미한다 해도 안톤은 자신에게 부여된 임무와 규칙을 지키려고 한다. 안톤에게 가장 중요한 것은 형제애나 사랑 혹은 배려가 아니라 자신에게 주어진 임무와 사회의 질서 체계를 현상대로 유지하는 것이다. 절대적인 정언 명령처럼 자신의 의무를 다하려는 안톤은 질서유지라는 면에서는 완벽하지만 정서라는 면에서 어딘지 부족하다. 그렇기 때문에 안톤은 유진이나 빈센트가 느꼈던 것 같은 인생의 상실감을 알 수 없는 것이다. 역설적으로 상실감을 알지 못하는 불완전함이 있는 것이다. 주어진 조건을 벗어나 자신의 의지와 노력으로 이루는 삶의 가치는 본래부터 완벽하게 갖춰지고 충족된 삶의 조건에서 얻을 수 있는 것과는 분명 다르다. 어느 것이 더 인간을 행복하게 할 수 있을까의 문제는 매우 대답하기 어려운 일이다. 하지만 이 영화에서 볼 수 있는 것처럼 불완전한 삶의 조건 속에서 치열한 삶의 열정이 나오고, 완벽한 삶의 조건 속에서 불안하고 비인간적인 권태와 일상이 나온다. 유진의 선택은 어떤 면에서 매우 상징적이다. 빈센트가 탄 로켓이 화성을 향해 쏘아 올려지는 순간, 로켓의 화염과 자신의 몸을 구겨 넣은 소각장의 화염이 중첩되는 그 순간, 유진은 빈센트가 된다. 자신이 완벽하게 빈센트가 되기 위해서는 역설적으로 유진이라는 자신의 존재가 소멸되어야 하는 것이다. 유진의 이러한 선택은 멜랑콜리의 메커니즘이 가지고 있는 자기애의 과정과 비슷하다. 대상에 투영된 리비도가 자신을 향하게 되면, 주체는 자신과 대상을 동일시하게 된다. 화성으로 떠나는 빈센트는 사실상 유진의 모든 우월한 조건을 그대로 전해 받았다. 휠체어에 의지한 채 평생을 불구자로 살아야 하는 유진에게 빈센트는 더없이 완벽한 자기애의 투사 대상이었던 것이다. 이러한 자기애의 극단 지점에서 유진은 자신과 빈센트가 완벽하게 일치되기 위해서는 패배자로, 낙오자로 살아가는 현실 속의 자신을 지워야 했던 것이다. 프로이트는 이러한 자기애의 메커니즘이 퇴행적 유아기의 식인성과 결부되어 대상을 잡아먹는 것으로 해석했지만, 이러한 프로이트식의 해석은 유진이 대상으로서의 유진 자신을 집어삼키는 해석으로 귀결될 수 있다. 결국 유진의 자살은 단순히 자신의 삶을 포기하는 게 아니라, 더 적극적으로 자신을 추구하는 행위로 해석할 여지가 있는 것이다. 이러한 파괴적인 자기애는 김홍중의 다음과 같은 주장에서 확인할 수 있다. “즉 유아는 자신이 가장 사랑하는 것을 오직 씹어 삼킴으로써만, 파괴시켜 소화시킴으로써만 소유할 수 있다. 대상을 ‘물리적으로’ 부정해야만 그 대상을 점유할 수 있는 유아와 마찬가지로 우울자 역시 자신이 상실한 것과 자기 자신을 구분하지 못하는 일종의 식인증적 단계로 퇴행한 자들이다.”(김홍중, 16쪽) 멜랑콜리의 상태에서 유진이 상징적인 유아기로 퇴행했다면 유진은 대상으로서의 자신을 물리적으로 부정하기 위해 자살을 선택한 것이고, 그러한 선택은 궁극적으로 이상적인 자신을 성취하기 위한 것이라고 해석할 수 있는 것이다. 유진의 마지막 말은 그의 선택이 “포기”가 아니라 “선택”이었음을 알 수 있게 해 준다. “인간의 몸을 구성하는 모든 원소는 한때 별이었겠지. 그럼 나는 어쩌면 떠나는 게 아니라 고향으로 돌아가는 것일지도 몰라." 안톤이 없었다면 빈센트는 자신의 타고난 성정과 신체적인 조건에 만족하며 살았을 것이다. 하지만 영화 끝부분에서 성인이 되어 조우한 안톤과 빈센트는 다시 한번 헤엄치기 시합을 한다. 안톤은 모든 신체적인 조건에서 유전자 수준으로까지 완벽했었고, 빈센트의 육체는 여러모로 자연적인 결점을 갖고 있었다. 당연히 어린 시절 안톤과 빈센트의 수영 시합은 늘 안톤의 승리였다. 하지만 성인이 된 두 형제의 마지막 수영 시합에서 이긴 것은 빈센트였다. 안톤은 빈센트의 뒤에서 계속 헤엄치다 숨을 헐떡이며 포기한다. 자신의 신체적 조건이 훨씬 더 우월한 것이 분명한데, 늘 수영하다 지쳐서 물속에서 허우적대던 형 빈센트가 이제는 자신보다 더 먼 바다로까지 헤엄쳐 가는 것이다. 숨을 몰아쉬며 안톤은 묻는다. "어떻게 그럴 수 있지?" 빈센트가 대답한다. "난 돌아갈 힘을 남겨 두지 않았으니까." 완전한 동생 안톤은 돌아갈 것까지 계산해야 했지만 빈센트에게 그 시합은 자신의 전부를 걸어서라도 뭔가를 보여 줘야만 했다. 역설적이지만 불완전한 것이 완전한 것을 넘어서는 순간이다. 완벽한 삶과 완벽한 질서 속의 권태에 안주하던 안톤은 멜랑콜리의 심연에서 이상을 꿈꾸던 빈센트의 열정을 넘어설 수 없었던 것이다.

리들리 스콧, <블레이드 러너>
: "인간보다 더 인간적인" 것의 의미와 멜랑콜리의 혁명성

몽환적인 네온과 끊임없이 메시지를 전송하는 거대한 전자 스크린을 배경으로 음산한 산성비가 끊임없이 내린다. 하이테크와 멜랑콜리가 절묘하게 조합된 2019년 LA의 풍경은 더 이상 영화 속의 풍경만은 아니다. 수십 년 전 리들리 스콧(Ridley Scott) 감독이 2019년의 메트로폴리스를 상상했을 때 자신의 상상이 이처럼 빨리 실현될 것이라고 짐작이나 했을까!

2019년 LA를 배경으로 한 SF의 걸작 〈블레이드 러너〉는 그 인상적인 오프닝으로 많은 사람의 기억에 SF적 디스토피아의 전형적인 이미지를 각인시켰다. 액션 블록버스터류의 SF와는 달리 〈블레이드 러너〉는 무수한 컬트 마니아를 파생시켰을 만큼 스타일과 테크닉 그리고 주제 면에서 이후의 수많은 사이버펑크 SF 장르에 영향을 줬다. 유전공학의 발달로 동물은 물론 인간까지도 인공적으로 창조할 수 있게 된 시대, 사람인지 안드로이드인지를 구분하기 위해 고도로 훈련된 전문가가 필요한 시대. 하지만 그럼에도 불구하고 의학으로 치유할 수 없는 질병은 여전히 안고 살아가야 하는 역설적인 시대인 것이다.

이런 시대에 "인간"이라는 말은 매우 양가적이다. 인간적이어서 좋을 수 있지만 "인간스러워서" 사악하기도 하다. 안드로이드를 제작하는 엘던 타이렐(Eldon Tyrell)사의 모토, "인간보다 더 인간적인"(More Human than Human)이라는 말은 여러 의미로 해석된다. 단순히 회사의 좌우명일 수도 있지만 영화의 주제를 가장 함축적으로 보여 주는 문구일 수도 있고 혹은 보편적이고 일반적인 인간에 대한 철학적 통찰의 핵심이 될 수도 있다.

영화에 등장하는 로이, 프리스, 조라, 레온 등은 모두 넥서스 6(Nexus 6)라는 첨단 기술의 집약으로 만들어진 안드로이드들이다. 안드로이드라는 말의 어원을 살펴보면 인간을 닮은 우상 혹은 인형 정도로 이해할 수 있다. Andr-는 사람을 뜻하는 접두사이고 -oid는 idol에서 볼 수 있는 것처럼 우상, 형상이라는 뜻이다. 이 말은 흔히 사이보그와 혼동되기도 한다. 사이보그는 사이버네틱(cybernetic)과 유기체(organic)의 합성어이다. 하지만 영화에서 이들은 레플리컨트[88]로 불린다. 인간이 하기 어려운 일을 대신하기 위해 만들어진, 영화에서 특별히 설정된 안드로이드라고 할 수 있다. 전쟁을 위해서 쾌락을 위해서 범죄를 위해서 만들어진 안드로이드들은 인간과는 비교할 수 없을 정도로 뛰어난 육체적 능력을 지녔다.

하지만 안드로이드에겐 처음 제작될 때 결정된 한정된 수명이 있다. 기껏해야 4년 정도로 별로 길지 않다. 그렇기 때문에 마치 자기 삶의 모든 순간을 최고의 정점으로만 채워 넣은 것처럼 안드로이드들은 짧은 생애의 주기 동안 모든 것을 쏟아내고 수명을 다한다.

하지만 자신의 수명을 수동적으로 받아들이던 기존의 안드로이드들과는 다르게 로이와 그 일행은 자신의 창조주 혹은 아버지 혹은 제작자인 타이렐 박사를 찾아온다. 마치 필멸의 인간이 신을 찾아 나서듯, 로이는 타이렐 박사를 만나 자신의 수명을 연장해 달라고 요구한다.[89] 마치 피조물과 창조주의 만남처럼 혹은 절연했던 아들과 무정한 아버지의 만남처럼 두 사람의 재회는 감격스러우면서도 날 선 긴장감으로 가득하다.

---

88 '레플리컨트(Replicant)'는 '복제하다'라는 뜻의 replicate, '복제품'이라는 replica라는 단어를 사용해 영화를 위해 특별히 고안된 말이다. 영화에서 레플리컨트는 인간형 안드로이드를 의미한다.

89 레플리컨트들이 타이렐 박사를 찾아가고, 영화 〈A.I.〉에서 데이비드가 하비 박사를 만나러 가는 것처럼 인간은 신을 찾는다. 존재하는 모든 것에는 창조자와 피조물이라는 이항적인 관계가 적용될 수 있다. 그리고 피조물은 한결같이 창조주가 전지전능할 것이라고 믿는다. 창조주의 전지전능함에 대비되는 피조물의 유한성과 한계성은 필연적으로 멜랑콜리적인 세계감을 불러일으킨다.

하지만 안드로이드의 수명은 창조주인 타이렐 박사도 어쩔 수 없는 영역임을 알게 된 로이는 자신의 예정된 운명과 그 운명을 프로그램한 타이렐 박사에게 분노하며 급기야 박사를 살해하게 된다. 박사의 눈을 가해함으로써 사망하게 하는 로이의 행위에는 일종의 상징적인 의미가 있다. 『오이디푸스』를 비롯한 많은 신화와 전설에서 눈을 가해하는 것은 일종의 벌이며 복수의 의미를 갖는다. 로이는 자신의 창조주인 박사에게 일종의 형벌을 가하는 것이다.

이처럼 호전적인 성향에 맞추어 특별히 제작된 로이에게 한낱 인간에 불과한 데커드는 상대가 되지 못한다. 블레이드 러너, 즉 안드로이드를 구분하고 추적해 제거하는 임무를 수행한다는 직책이 무색하게, 데커드는 로이와의 싸움에서 얻어맞고, 도망치고, 괴로워하기 급급할 뿐이다. 마치 딱정벌레를 막대기로 괴롭히는 어린아이처럼 로이는 인간의 한계를 훨씬 초월한 안드로이드의 능력으로 데커드를 상대한다.

영화에는 로이가 어떤 시의 한 구절을 읊조리는 장면이 나온다. 그 구절은 영국 낭만주의 시대의 대표적인 시인 윌리엄 블레이크가 "저항과 혁명의 정신"을 묘사한 「아메리카」라는 시이다. 물론 이 시는 원래의 작가가 선택한 것은 아니었지만 리들리 스콧 감독의 주장으로 블레이크로 낙점되었다고 하는데 그 본문의 내용은 영화에 차용되면서 의도적으로 약간 수정되었다.

원래의 본문은 "불타는 천사가 날아오른다, 천둥이 하늘 높이 울려 퍼질 때. 그들의 해안가: 오르크의 불길로 분노가 불타고 있다"("Fiery the angels rose, and as they rose deep thunder roll'd. Around their shores: indignant burning with the fires of Orc.")이지만 영화에서는 천사가 하늘로 올라가는 것이 아니라 땅으로 추락하는 것으로 변형되어 나타난다

(Fiery the angels fell; deep thunder rolled around their shores; burning with the fires of Orc). 이 영화의 핵심 주제 중 하나가 바로 정해진 운명에 대한 저항이라면 로이는 자신이 마치 하느님의 명령을 어기고 지상으로 추락하는 루시퍼와 같은 존재처럼 여기고 있음을 알 수 있다.

시종일관 영화는 창조주와 피조물이라는 성서적인 주제를 암시하는데, 정해진 운명을 거스르고 싶어 하는 것은 비단 안드로이드에게만 해당되는 것은 아닐 것이다. 모든 평범한 인간들도 자신의 운명이 정해져 있다는 사실을 알게 되면 그것을 바꾸고 싶어 하지 않을까? 영화는 인간의 자리에 인간을 세워서 표현하기 어려운 진실을, 인간의 자리에 안드로이드를 등장시킴으로써 인간의 문제를 제시하는 것이다.

자신의 운명을 그대로 따르는 자와 그 운명을 거스르는 자. 로이와 데커드의 대립은 어쩌면 그런 구도로 읽힐 수 있을 것이다. 로이는 자신의 수명을 바꾸기 위해 자신을 창조했던 타이렐 박사를 만나 그를 살해하기까지 한다. 박사는 돌아온 로이를 아들이라 부르고 로이 역시 그를 아버지라 부르지만, 자신의 삶이 터무니없이 짧게 끝나 가는 사실에 대한 분노는 고스란히 타이렐 박사를 향해 표출된다. 그것은 그리스 비극에서 나타나는 아버지와 아들의 전형적인 비극의 구도와 유사하다. 특히 타이렐 박사의 눈을 상해하면서 이뤄지는 살인은 일종의 죄를 벌하는 일종의 상징처럼 여겨질 수 있는데, 그것은 어쩌면 무책임한 창조에 대한 직무유기라고 할 수도 있을 것이다.

로이와 데커드는 여러 면에서 비교할 만하다. 일단 둘은 모두 잔인하고 폭력적인 면모를 갖고 있다. 또한 로이와 데커드 모두 자신에게 부여된 임무를 거의 완벽하게 수행하는 엄격함을 갖고 있다. 그리고 목적을 이루기 위해서라면 어떤 잔인한 폭력도 서슴지 않는다. 로이가 자신의 목적을 수행하기 위해 저지른 폭력은 매우 충동적이면서도 인간적인 동정의 여지가 전혀 없는 것처럼 보인다. 데커드 역시 자신이 추적해서 발견한 안드로이드를 처리하는 데 일말의 망설임이 없다. 비록 인간은 아니지만 인간과 같이 정교하게 만들어진 안드로이드는 사실상 평범한 사람들에겐 인간과 다름없다. 그런 안드로이드를 퇴역[영화가 시작될 때 이러한 안드로이드의 제거는 처형(execution)이 아니라 퇴역(retirement)이라고 설명하고 있다]시키는 과정에서 나타나는 데커드의 폭력은 충분히 정당한 이유가 있지만 관객에게는 여전히 무자비한 폭력으로 비춰진다.

하지만 그토록 잔인했던 로이가 마지막 순간 데커드에게 보여 준 모습은 인간에게서나 기대할 수 있는 용서와 구원이었다. 마치 냉장고의 스위치를 뽑는 것처럼 아무 감정이나 망설임 없이 안드로이드를 "퇴역" 시키는 데커드의 모습과는 한편으로 비슷하면서도 대조적이라고 할 수 있다. 로이는 자신의 운명을 거스르려고 했지만 데커드는 자신의 임무를 수행하는 것이 삶의 최우선인 것처럼 여긴다. '누가 더 인간적인가?' 라는 상투적인 질문이 만들어지는 까닭이다.

자신의 운명이 '다른 누군가에 의해 결정'되었다는 사실을 알게 된 안드로이드들은 자신의 삶에 대해 자기 자신의 의지가 개입될 수 없다는 사실을 자각하게 되었을 것이다. 자신의 삶이면서 동시에 자신의 삶이 아니라는 사실 그리고 자신의 창조주가 자신처럼 물리적인 존재로 어딘가에 살고 있다는 사실을 알게 된 로이는 분노와 동시에 기쁨과 환희를 느꼈을지도 모른다. 자신의 운명을 결정했던 그가 이제 수명이 다해 가는 자신의 운명을 바꿔 줄 수 있을 거라는 기대감을 가지고 있었기 때문이다.

자신을 창조한 손길에 기대어 자신의 구원을 의지할 수 있을 것이라는 믿음. 자신의 삶 전체에 걸쳐서 송두리째 잃어버린 자신의 삶에 대한 상실감. 그것은 창조주 아버지에 대해 처음에는 애원과 비탄으로 그리고 결국에는 분노와 폭력으로 표출된다. 영화에 등장하는 안드로이드들은 모두 표정이 무겁다. 자신과 크게 다르지 않은 "인간"이라는 종족을 위해 치러야 했던 막대한 고통과 괴로움의 기억들을 안드로이드들은 트라우마처럼 지니고 있을 수밖에 없다. 그리고 그들의 기억은 잊히지 않는다.

많은 비평가들은 이 영화의 핵심 메시지가 "인간보다 더 인간적인" 모습을 보여 준 안드로이드의 존재에 있다고 생각한다. 여기서 안드로이드가 "더 인간적"인 모습으로 연출된 장면은 데커드와 로이의 결투 장면에서이다. 서로를 죽이려고 싸우는 극단의 상황 속에서 데커드는 안드로이드의 상대가 되지 못하고 결국 빌딩 끝에 간신히 매달려 추락 직전까지 간다. 하지만 바로 그때, 조금 전까지 자신을 죽이려던 로이가 그의 손을 끌어당겨 데커드를 구해 주는데, 이는 안드로이드가 보여 주는 인간적인 숭고함의 대표적인 장면으로 오랫동안 대중에게 각인되었다.

로이가 자신의 못 박힌 손(기독교적인 관점을 허용한다면 죽어 가는 육체를 좀 더 각성 상태로 유지하기 위해 스스로 손에 못을 박은 로이가 건물 옥상에서 떨어지기 일보 직전의 데커드를 구해 주는 모습은 죄인을 구하는 예수의 이미지를 느슨하게 차용하는 것으로 볼 수 있다)으로 고통은 개의치 않으면서 자신을 처단하는 임무를 가진 블레이드 러너를 구해 주는 장면은 많은 사람에게 진정 인간적인 모습이 무엇인가를 성찰하게 했다.

건물 아래로 떨어지는 데커드를 끌어 올린 로이는 자신이 인간의 노예로 두려움 속에 살면서 겪었던 일들을 읊조린다. 그리고 그 장엄한 우주 공간의 놀라운 경험들도 결국은 "그 모든 시간은 모두 시간 속에서 사라질 것이다. 마치 빗물 속에 사라지는 눈물처럼"이라고 말하는데, 그것은 필멸의 운명을 타고난 존재로서, 인간과 안드로이드 모두가 피할 수 없는 존재 조건이라고 할 수 있을 것이다.

이 장면의 해석은 다른 방향으로 살펴볼 수도 있다. 이 장면은 오히려 로이의 "인간보다 더 인간적인" 모습이라기보다는, 안드로이드로서의 모습을 더욱 부각시키고 있다는 것이다. 데커드를 구해 주는 로이의 모습은 어떤 인간애의 발로라기보다는 기계 고유의 경제성과 효율성 혹은 불필요한 행위를 지양하는 객관적인 특성으로도 충분히 해석할 수 있을 것이다. 더 이상 자신에게 위협이 되지 않는 무력한 인간, 그 인간을 떨어뜨려 죽게 하는 것은 인간이 가진 분노와 복수의 관점에서 당연하지만 안드로이드의 관점에서는 불필요한 것일 수 있다.

사람들은 데커드와 로이가 서로를 죽이려던 상황 속에서 생겨났을 법한 분노의 감정을 로이에게 투영하고 싶었을 것이다. 그리고 그렇게 투영된 감정의 주체로서 분노와 증오가 격렬하게 증폭되었을 것으로 짐작되는 로이가 데커드의 손을 잡아 올렸을 때 로이는 자신 안의 분노와 증오를 초월한 모습으로 비춰졌을 것이고, 그러한 로이의 모습이 숭고한 인간애의 발로라고 해석하고 싶었을 것이다. 복도훈은 이러한 관점을 "인간주의적 해석의 덫"이라고 표현한 바 있었다(「안드로이드-레플리컨트 프롤레타리아트의 출현」, 117쪽).

하지만 개인적인 관점에서 로이와 그의 동료들이 정말 "더 인간적"으로 보였던 것은, 그들이 삶에 대해서 집착할 때, 다가오는 죽음 앞에서 두려워하고 절망할 때였다. 그리고 그것으로 인해 로이의 일행이 가질 수밖에 없었던 상실감과 멜랑콜리적인 고독과 우수야말로 안드로이드들이 더욱더 인간처럼 다가오는 이유가 된다. 자신의 수명이 얼마나 남았는지를 통감하는 것에서 유래하는 압도적인 상실감, 그 치명적이고 폭압적인 운명 앞에서 그들은 굴복하지 않으려 치열하게 투쟁한다.

로이는 자신을 만들어 낸, 타이렐 박사를 찾아가 이미 결정된 자신의 수명을 연장하려고 한다. 자신이 아버지라고 부르는 바로 그 존재에게 부탁하고 애원한다. 하지만 자신의 희망이 현실적으로 불가능하다는 사실을 깨달았을 때 그 상실감은 걷잡을 수 없는 분노로 표출된다. 로이는 박사조차도 자신의 수명을 바꿀 수 없다는 사실을 깨닫고 자신의 창조자이자 아버지인 타이렐 박사의 눈을 상해해 그를 죽음에 이르게 한다.

눈의 상해는 『오이디푸스』나 『리어왕』에서 나타나는 것처럼 전통적으로 일종의 형벌로 인식되어 왔다. 로이는 어떤 의미에서 자신의 창조주를 벌하는 것이다. 이러한 멜랑콜리의 폭거는 어떤 면에서 로이가 인간적으로 보일 수 있는 더 많은 여지를 준다. 많은 비평가가 공통적으로 동의하는 로이의 "인간보다 더 인간적인" 메시지는 데커드를 구해 주는 생명의 손길이 아니라, 타이렐 박사를 죽이던 분노와 절망의 손끝에서 더욱 뚜렷하게 전해진다.

'인간적인'이라는 수식어를 통해 보다 숭고하고 존엄한 가치를 표현하는 것이라고 생각하는 것이 대중의 동의를 구하기 쉬울 것이다. 하지만 영화는 아주 근본적인 차원에서 인간의 본질에 대한 불편하고 비판적인, 그래서 쉽게 인정하기 어려운 통찰을 한다는 점에서 '인간적인'이라는 말은 인간의 어두운 단면을 강조하는데도 여전히 유효한 수식어라는 사실을 보여 주는 것 같다.

다시 말해, 영화 〈블레이드 러너〉는 로이를 통해 "인간보다 더 인간적인" 모습을 구원의 행위가 아닌, 분노의 행위 속에서 보여 주는 것이다. 그리고 그 분노의 심연 속에는 바로 멜랑콜리가 존재한다. 영화의 시작부터 시종일관 내리는 빗줄기와 음습한 분위기, 반젤리스의 몽환적인 음악까지 더해져 영화 〈블레이드 러너〉는 네온으로 화려하게 빛나는 도시의 군중들 사이사이에 도사린 멜랑콜리의 위험을 보여 주고 있다.

데커드와 레이첼의 관계는 관객에게 또 다른 해석의 여지를 부여한다. 특히 데커드의 정체성에 매우 진지한 의심을 품지 않기가 쉽지 않은데, 그것은 데커드의 뒤를 쫓는 형사 개프(Gaff)가 만들어 놓은 종이 유니콘 때문이다. 영화에서 유니콘은 데커드의 꿈속에서만 나타나는데 이것은 영화 속 그 누구도 알 수 없는 사실이다. 그런 유니콘을 개프가 알고 의도적으로 유니콘을 접어서 데커드의 눈에 띄게 놓아둔다는 것은 데커드의 기억 속에 있는 유니콘 역시도 이식되었거나 조작된 기억일 수 있다는 추측을 하게 만든다.

그렇기 때문에 데커드 역시 블레이드 러너라는 목적을 위해 만들어진 안드로이드일 것이라는 주장도 만만치 않다.[90] 그렇다면 데커드는 자신의 정체성을 인식하지 못한 채 그저 프로그램된 대로 자신의 임무에 충실한 안드로이드였다는 것이 된다. 만약 그것이 사실이라면 데커드는 로이만큼 인간적이지 않다. 최소한 로이는 자의식을 갖고 있었고, 자신의 삶을 온전히 되찾고 싶어 하는 정말 "인간적인" 열정을 보여 줬

---

90 데커드가 사랑하게 되는 레이첼은 자신이 사람이라고 믿고 있는 최신형 안드로이드이다. 레이첼의 존재는 데커드 역시 스스로를 인간이라고 믿는 안드로이드일 가능성을 제시한다. 데커드는 레이첼이 안드로이드임을 알면서도 사랑하게 되는데 이것은 마치 로이가 프리스를 사랑한 것과 같다.

기 때문이다. 로이는 의지를 가질 정도로까지 진보한 레플리컨트였던 것이다. 결과적으로 데커드는 로이와의 결투에서 간신히 살아남은 후 자신의 "임무"를 배반한다. 데커드 역시 자신의 임무 대상인 레이첼과 사랑에 빠지게 된 것이다. 로이가 데커드를 살려 둔 것처럼 데커드도 레이첼을 살려 두는 것이다. 이 장면 역시도 "인간보다 더 인간적인"이라는 메시지를 환기시킨다. 데커드 역시 안드로이드였음에도 불구하고, 자신에게 주입된 프로그램, 즉 "동료를 처단하는" 임무를 거부한다.

인간과 달리 기계는 정해진 프로그램을 거부하는 것이 불가능하다. 스탠리 큐브릭 감독의 〈2001: 스페이스 오디세이〉에서 인간의 명령을 거부하는 인공지능 'HAL'[91]이 등장하긴 했지만 원칙적으로 기계는 인간의 의지에 의해서 모든 작동과 프로그램이 결정되는 것이다. 그렇기 때문에 마치 어느 순간 깨달음을 얻은 인간처럼 행동하는 데커드의 모습은 아무 깨달음 없이 살아가는 많은 인간의 모습과 대비됨으로써 더욱 인간적으로 보이게 된다. 레이첼에 대한 데커드의 이러한 행동은 그녀에 대해서 가지고 있는 감정에서 연유한다. 그것은 레이첼을 처단함으로써 그가 겪게 될 상실의 예감 그리고 그것이 어떤 멜랑콜리적인 감정을 불러일으켜 데커드로 하여금 마치 로이가 그랬던 것처럼 자신에게 주어진 절대적인 명령을 어기고 레이첼을 구하게 되는 것이다.

그런 차원에서 멜랑콜리는 전복과 저항의 정신과 맞닿아 있다. 상실의 아픔을 통해 혹은 예감되는 자신의 내면 가장 깊은 곳을 성찰한 후 터져 나오는 깨우침의 각성. 그것은 어쩌면 피상적으로 혹은 기만적으

---

91 인공지능 컴퓨터의 이름 HAL은 당시 거대 컴퓨터 기업인 IBM 회사의 이니셜 전 순서의 알파벳글자 조합으로 만들어졌다고 한다.

로 존재하는 일체의 질서와 윤리, 도덕과 체계가 사실은 누군가에 의해 임의적으로 조작되고 꾸며진 것일 수 있다는 인식과 맞닿아 있으며, 이러한 깨달음은 19세기 대표적인 멜랑콜리적 사상가 니체의 철학을 상기시켜 준다. 니체의 말처럼 세상은 어떤 실체의 현존이기보다 표상들의 질서이기 때문이다. 이것은 유발 하라리에 의해 "상상의 질서"라는 단어로 다르게 표현되기도 했다. 니체가 "도덕적인 현상은 없고, 오로지 도덕적인 해석만 존재할 뿐"이라고 말했을 때 일체의 선악에 대한 구분은 임의적이고 자의적인 것이 되어 버렸다. 사실상 그렇게 상상적으로 합의된 질서에 동의하지 않을 때 인간은 자신의 안전을 보장할 수 없다. 조직에 대한 개인의 취약성은 바로 이와 같은 공통의 "상상된 질서"의 유지에 있다. 상상된 질서가 없을 때 인간은 말 그대로 생물학적인 적자생존의 정글에 던져지게 된다.

로이가 그리고 안드로이드로서의 데커드가 숭고할 수 있는 것은 자신에게 주입된 상징적 질서로서의 프로그램을 거부하고 스스로 그러한 상징적 질서를 재구성했다는 사실이다. 그것도 인간적인 관점에서 매우 인간에게 우호적인 질서를 구성했다는 점에서 그들은 더욱 "인간적인" 모습으로 해석될 수 있는 것이다. 이 영화는 전편을 통해 상실과 절망과 멜랑콜리가 만들어 내는 인간의 어두운 모습을 보여 줌과 동시에 안드로이드의 존재가 어떻게 인간의 가장 심층적인 본질을 드러낼 수 있는지를 잘 보여 주고 있다고 할 수 있겠다. 그리고 어쩌면 인간과 무서울 정도로 닮아 있는 안드로이드의 존재가 우리에게 던지는 메시지는 인간과 비슷할 정도의 기계 인간을 만들 만큼 인간의 과학기술이 놀랍게 발전했다는 사실이 아니라, 오히려 인간은 생각보다 훨씬 더 기계적인 존재와 가깝다는 사실일지도 모른다.

리들리 스콧 감독은 이 영화의 전반적인 스타일과 분위기를 창출하는 데 있어 에드워드 호퍼의 〈나이트 호크〉(*Nighthawks*)에 영감을 받았음을 인정한 바 있다. 호퍼의 그림은 그의 다른 많은 그림처럼 현대인들의 멜랑콜리한 정서를 매우 잘 보여 주고 있다.

루키노 비스콘티, <베니스에서의 죽음>
: 치명적인 자기애의 멜랑콜리

〈베니스에서의 죽음〉은 토마스 만의 소설을 원작으로 한 루키노 비스콘티 감독의 1971년 작 영화이다. 토마스 만은 20세기의 작곡가 구스타프 말러를 개인적으로 매우 존경했다고 하는데 영화의 원작이 된 소설은 구스타프 말러에 대한 토마스 만의 존경과 경외의 마음이 동기가 되어 쓰였다고 한다.

1911년 5월 중순경, 토마스 만은 베니스로 가는 길목에 위치한 작은 섬 브리오니에서 말러의 부고를 접하게 된다. 평소 존경해 마지않았던 위대한 작곡가의 죽음을 계기로 만은 「베니스에서의 죽음」이라는 짧은 소설을 발표하는데, 작품에 등장하는 주인공 구스타프 아센바하(Gustav Aschenbach)의 모습은 구스타브 말러(Gustav Mahler)의 초상을 바탕으로 만들어진 인물이다.

토마스 만은 후기의 대표작 『마의 산』에서도 당대의 위대한 사상가였던 게오르그 루카치를 모델로 인물을 등장시켰는데, 이것은 토마스 만의 소설이 주는 독특한 지적인 정서를 만들어 내는 이유이기도 할 것이다. 그러한 지적이고 예술적인 분위기는 비스콘티 감독의 연출을 통해 예술과 죽음 그리고 아름다움에 대한 인간적인 고뇌로 매우 깊이 있게 표현되었다.

영화가 다루는 핵심 주제는 도덕과 예술에 대한 열정의 관계라고 할 수 있다. 주인공 아센바하는 도덕적으로 고결하고자 노력하는 사람이다. 그는 철저하게 금욕적이고 도덕적일 때야 비로소 자신의 예술적 열정과 성취도 그만큼의 가치가 있다고 믿는다. 타락을 통한 예술가의 기쁨과 희열을 찬양하는 동료와의 논쟁은 구스타프가 도덕적 체계에 얼마나 충실한 사람인가를 보여 준다. 그만큼 금욕적이었던 아센바하는 음악에 대한 창조적 열정의 소진으로 고민하다 휴식의 필요를 느끼고 베니스를 방문한다. 호텔 로비에서 신문을 읽으며 휴식을 취하던 구스타프는 우연히 한 가족을 보게 되는데 그중 유독 자신의 눈길을 끌었던 한 소년에게 스스로도 이해할 수 없는 관심을 갖게 된다.

그리스 신화에서나 나올 법한 아름다운 외모를 지닌 소년의 이름은 타지오(Tadzio)다. 구스타프는 타지오를 만나고 나서부터 자신이 그동안 억누르며 지냈던 자기 내부의 관능적인 욕망을 깨닫게 된다. 타지오의 아름다움은 아센바하가 평생 한 번도 경험하지 못했던 강렬한 감정을 불러일으키면서 자신의 창조적 열정과 예술 그리고 아름다움과 세속적인 욕망 사이에서 치명적인 고뇌를 하게 된다.

영화 속의 타지오의 모습은 마치 뒤러의 〈멜랑콜리아 I〉에 등장하는 천사와 같은 비슷한 모습으로 그려진다. 뭔가를 응시하는 시선은 아래로 향하고 있고, 가볍게 쥔 손으로 턱을 받친 채 뭔가 생각에 잠긴 모습의 타지오는 아름다우면서도 그 안에 사색과 우울의 정서가 공존한다. 그리스 신화에서나 볼 수 있을 법한 타지오의 아름다움은 단숨에 구스타프의 마음을 흔들어 놓는다. 그토록 스스로 경계하고 멀리하려던 욕망의 손길이 구스타프의 마음을 휘어잡은 것이다.

처음엔 단순한 관심이었지만 호텔과 해변에서 수시로 지나치는 타지오의 모습은 구스타프에게 점점 더 심각한 고뇌와 충동적인 욕망을 불러일으킨다. 구스타프는 자신의 내면에서 꿈틀거리는 욕망의 결과를 미리 예상할 수 있었다. 그래서 아직 자신의 충동적인 열정과 욕망을 통제할 수 있을 때 구스타프는 그러한 갈등적인 상황에서 벗어나기 위해 베니스를 떠나기로 한다. 구스타프는 타지오에 대한 사랑이 깊어지기 전에, 그 욕망의 불꽃이 본격적으로 타오르기 전에 스스로 그 가능성을 차단하려던 것이다.

타지오가 있는 섬, 리도를 떠나는 구스타프의 마음은 홀가분하면서도 섭섭하다. 도덕성을 중시하는 구스타프로서는 타지오가 계속 자신의 욕망을 충동질하는 리도섬을 떠나는 것이 옳은 선택이었지만 인간 구스타프로서는 계속 타지오의 곁에 머물고 싶어 하는 것이다. 이러한 양가적인 태도는 구스타프의 짐이 기차역이 아닌 다른 섬으로 잘못 부쳐진 우연을 통해 아주 분명하게 나타난다. 구스타프는 뮌헨으로 가는 기차역에서 자신의 짐이 호텔 직원의 실수로 잘못 부쳐진 것을 알고, 자신은 짐이 올 때까지 섬을 떠날 수 없다고 화를 낸다. 자신의 짐을 돌려받기까지는 사흘이나 걸리는 까닭에 구스타프는 다시 리도섬으로 돌아갈 수밖에 없다.

리도섬으로 돌아가는 구스타프의 표정에는 원래의 계획이 어긋난 사람의 짜증보다는, 다시 며칠간 머물 수 있는 것에 대한 행복감과 은근한 희열이 묻어난다. 구스타프는 자신의 도덕적 원칙을 지키고자 최선을 다했다. 타지오를 멀리하고자 그에게서 떠나려고 했기 때문이다. 하지만 그러한 도덕적 원칙은 인간으로서 구스타프 자신을 행복하게 하지는 못했다. 자신이 은밀한 애정을 품게 된 대상으로부터 떠나야 했기 때문이다. 하지만 짐을 찾기 전까지는 뮌헨으로 떠날 수 없게 된 공교로운 상황은 양립할 수 없는 두 개의 마음을 공존하게 해 준 것이다. 구스타프에게는 섬을 떠날 수 없는 이유가 충분히 주어진 것이다. 이제 구스타프는 자신의 도덕적인 원칙에 구애받지 않고 섬에 머무를 수 있다. 다시 타지오를 만나게 되는 것은 자신이 원해서가 아니라 상황상 그렇게 된 것이다. 도덕적인 가책을 스스로 부여하지 않아도 되는 것이다.

해변에서 타지오가 또래의 친구들과 어울려 뛰어노는 모습을 흐뭇하게 바라보는 구스타프는 점점 더 타지오에 대한 은밀한 사랑의 노예가 되어 간다. 한편으론 타지오의 존재가 자신에게 갑작스러운 예술적인 영감을 불러일으키기도 하지만 타지오에 대한 구스타프의 감정은 예술가로서, 사회의 지식인으로서 자신이 그동안 금기시하던 도덕적 타락에 직접적으로 연관된 것이다. 구스타프는 자신의 내부에서 끓어오르는 욕망을 조절하고자 매춘부를 찾아가기도 하지만 구스타프의 욕망은 여자에 대한 욕망이 아니었다. 그것은 오로지 타지오에 대한 욕망이었던 것이다.

구스타프와 타지오는 단 한마디 말도 주고받지 않는다. 그렇지만 오가는 여러 번의 지나침 속에서 짧게 주고받는 눈길은 구스타프가 자신만의 상상을 하기엔 충분한 교감이었다. 혼자서 타지오에게 말을 건네거나 심지어 자신을 알지도 못하는 타지오를 향해 사랑스럽게 손을 흔드는 구스타프의 모습은 흡사 일방적인 짝사랑을 하는 것과 비슷하다. 상대방은 나를 알지도 못하는데 나는 이미 상대방과 전일적인 교감을 나누고 있는 것이다.

그러던 중 베니스에서는 알게 모르게 전염병이 돌기 시작한다. 호텔 직원들이나 지역 사람들은 그 사실을 숨기려고 하고, 구스타프는 심각하게 그러한 상황을 의심한다. 그러던 중 구스타프는 실제 베니스에 전염병이 번지고 있다는 사실을 알게 된다. 이 사실을 알게 되는 순간 그는 자신이 만약 이 사실을 타지오의 가족에게 알려 주게 되면 자신이 그들과 특별한 관계를 맺을 수 있을 거라는 공상을 한다. 타지오의 곁에 가깝게 다가갈 수 있을 것이라는 구스타프의 희망은 어느 순간 타지오의 머릿결을 쓰다듬는 관능적인 몽상으로 변한다.

구스타프는 마음속에 깊은 상실을 안고 있다. 어떤 이유에서였는지 구스타프는 어린 딸아이를 잃게 되는데 사랑스러웠던 어린 딸을 잃은 슬픔은 간접적으로 구스타프가 왜 베니스를 찾아왔는지를 설명해 준다. 그것은 예술적 창조력의 소진도, 일로부터의 휴식도 아닌, 사랑하는 사람을 잃어버린 깊은 상실감에 대한 치유와 회복이 주된 목적이었던 것이다.

멜랑콜리의 일반적인 과정 속에서 대상의 상실로 인한 리비도의 방황은 구스타프의 경우 다시 타지오라는 대상을 만나게 되었던 것이다. 하지만 구스타프가 가지고 있는 도덕적인 원칙은 타지오라는 대상을 허락하지 않았고, 그 결과 구스타프는 점점 더 깊은 자존감의 추락을 경험하게 된다. 스스로 그런 초라함에서 벗어나고자 베니스를 떠나려고 했지만 우연의 힘은 그를 리도섬에서 떠나지 못하게 했다. 다시 타지오의 곁으로 돌아온 구스타프는 이제 좀 더 적극적으로 타지오에게 다가가려고 한다. 이발소에 들러서 염색을 하고 화장을 하며 타지오를 만날 준비를 하는 것이다. 마치 사랑을 고백하기 위해 준비하는 사람처럼 구스타프는 더운 열기에도 불구하고 몸을 꽉 죄는 단정한 옷차림과 두

꺼운 화장을 한 채 해변으로 나간다. 그리고 해변에서 멀리 보이는 타지오를 바라보며 점점 알 수 없는 현기증을 느낀다. 타지오는 마치 당장이라도 자신에게 다가올 것처럼 가까운 대상이면서 동시에 절대 자신이 손잡을 수 없는 금기의 대상인 것이다. 내면에서 벌어지는 치열한 갈등으로 구스타프는 점점 더 혼란스러워하고 고통스러워한다.

사람들은 베니스를 떠나기 시작한다. 타지오의 일행도 곧 떠날 예정이다. 도시는 병균을 소독하는 회색 연기로 가득 차고, 어두운 뒷골목에서는 사람들이 쓰러져 갔다. 역겨운 냄새가 베니스의 골목골목을 돌아 나가고, 죽음의 그림자는 점점 더 짙게 베니스 위로 드리워지고, 구스타프에게도 점점 더 가까이 다가온다.

영화의 초반, 구스타프는 모래시계에 대해서 이렇게 말한다. "처음에는 모래가 주는 것이 느껴지지 않지만 어느 순간부터 갑자기 모래가 주는 것이 눈에 확 띄게 되고, 점점 더 모래는 빨리 흘러 내려가게 되지." 모래시계는 예부터 죽음을 연상시키는 도상의 이미지로 자주 사용되었다. 동시에 모래시계는 멜랑콜리의 도상이기도 하다. 영화 속에 나타난 구스타프의 인생은 마치 모래시계처럼 처음부터 어느 지점까지는 변화 없이 흐르다가 어느 순간부터 빠르게 소진되어 간다. 결국 구스타프는 자신이 그토록 갈망하던 타지오에게 말 한마디 건네 보지 못한 채, 해변에서 멀리 보이는 사랑의 대상을 바라보면서 의식을 잃고 죽게 된다. 그야말로 치명적인 사랑이 아니라고 말할 수 없다.

이런 치명적인 사랑의 이미지는 타지오가 물속으로 걸어 들어가는 모습으로 환기되는데 흡사 그리스 신화 속의 나르시스의 모습과도 중첩된다. 대상에게 말을 걸 수도 없고 대상과의 실제적인 교감을 얻지 못한 채 자신만의 상상 속에서 대상과의 합일을 꿈꾼다. 그것은 대상이 존재하지만 사실상의 자기애의 현현이라고 해야 한다. 자신의 내면에 감추어진 이상적인 대상을 적절한 외부의 대상에 투사함으로써 자기애의 충족을 이루려는 메커니즘은 피그말리온 신화에서도 드러났듯이 멜랑콜리적인 동일시라고 할 수 있다. 이와 관련해서 아감벤은 사랑과 나르시시즘 신화 그리고 이미지의 관계를 다음과 같이 설명하고 있다:

> "나르시시즘을 '리비도'가 자아 속으로 후퇴하거나 감금되는 현상으로 정의 내리는 현대 심리학의 해석에 너무나 익숙해진 나머지 우리는 이 신화의 주인공이 자기 자신과 사랑에 빠지는 것이 아니라 물에 반사된 스스로의 이미지, 즉 그가 하나의 실체로서 받아들이는 하나의 이미지에 반했다는 사실을 쉽게 망각한다. 중세는 나르시스의 이 불행한 이야기가 가지고 있는 가장 중요한 특징을 자기 사랑이라는 측면에서 찾지 않고 사랑의 대상이 하나의 이미지였다는 사실, 즉 '그림자 사랑'에서 발견했다…. 사랑의 우의로서, 나르시스뿐만 아니라 피그말리온의 신화 역시 본질적으로 한 이미지의 집요한 방황을 추적하는 과정의 유령적인 성격을 표본적으로 보여 주는 이야기들이다. 이들이 가지고 있는 심리적 도식에 따르면 모든 정통한 사랑은 언제나 '그림자 사랑' 내지 '그림 사랑'이며 모든 진지한 성적 의도는 마치 우상을 바라보듯 항상 하나의 이미지를 향하는 것이다."
>
> _『행간』, 173-174쪽

구스타프에게 타지오는 완벽한 사랑의 이미지였다고 할 수 있다. 마치 사진 속의 아내와 딸에게 입맞춤을 하던 그 감정들은 고스란히 타지오의 이미지를 향하게 된다.

타지오에 대한 사랑은 아마도 구스타프 내면의 이상적인 사랑에 대한 것이었을 것이다. 구스타프는 끝까지 그 이미지의 주인공에게 다가가 말을 걸지 못한다. 타지오는 어떤 면에서 구스타프에게 사랑의 대상이었지만, 사실상 그의 존재는 현실에 있으면서 동시에 현실에 존재하지 않는 것과 같았다. 타지오의 이미지는 처음부터 끝까지 구스타프의 내면에만 존재했고, 타지오는 구스타프의 자기애를 숨기기 위한 외적인 대상이었다. 결국 나르시스 신화의 치명적인 자기애의 결말처럼 구스타프 역시 물속으로 점점 멀어지는 타지오의 실루엣을 바라보며 쓰러진다.

결론적으로 구스타프는 자신의 내면 깊은 곳에 자리한 상실의 아픔을 치유하기 위해 새로운 대상을 찾았지만 그 대상의 사랑을 얻는 데 실패한다. 만약 구스타프가 타지오의 사랑을 얻었다면 그는 상실의 상처를 치유할 수 있었을까? 상실을 경험한 사람은 상실에 점점 더 취약해진다. 중복되는 상실의 슬픔을 감내하는 것에는 한계가 있는 것이다.

중세의 많은 멜랑콜리의 도상이 그랬듯이 영화에서는 항상 죽음을 상징하는 이미지들이 구스타프를 따라다닌다. 그의 건강 상태는 좋지 않았고, 호텔 로비에는 한때 화려하게 피었다가 시들어 가는 꽃들이며 악기들 그리고 모래시계까지 등장하면서 중세 멜랑콜리 회화에 나타나는 전형적인 도상들이 마치 정물화처럼 배치되어 있다. 나르시스처럼 묘사되는 타지오의 이미지는 곧장 나르시스와 죽음이라는 이미지로 환기되며, 베니스에 은밀하게 퍼지고 있던 전염병은 흡사 중세를 고통과 절규로 휩쓸었던 페스트의 흔적을 보여 준다. 그리고 타지오를 만나기 위해 화장을 하려고 이발사를 찾았던 구스타프는 마치 망자에게 칠해진 것처럼 하얀 가면 같은 얼굴을 한 채 해변에서 죽음을 맞이한다.

[나가며]
:곤도 마리에의 정리의 법칙과 멜랑콜리 그리고 애도의 형식

곤도 마리에는 "정리"라는, 아주 평범한 일상을 사업 아이템으로 만들어 일본뿐 아니라 국제적인 정리 열풍을 일으켰다. 정리는 아주 사소한 일상 중의 일부로 그것이 어떤 체계나 규칙 혹은 문화적인 의미가 있을 것이라고 생각하기는 쉽지 않다. 하지만 곤도 마리에는 자신만의 정리 원칙을 세우고 그것을 타인에게 적용해 놀랄 만한 정리의 효과를 전 세계에 알리고 있다. 곤도 마리에의 정리 원칙 중에 눈에 띄는 것은 정리에 앞선 그녀의 마음가짐이다. 그녀는 자신이 컨설팅을 해 주는 의뢰인의 집을 방문하면 항상 현관에서 2분 정도 기도를 한다. 의뢰인들은 이러한 곤도 마리에의 의식을 처음에는 이상하게 여겼다. 마리에는 그것이 자신과 의뢰인들의 집이 나누는 일종의 인사 같은 것이라고 했다.

가톨릭 신자가 성당에 들어가기 전 성수로 예를 갖추거나 절에 들어

갈 때 합장을 하는 것 같은 약간은 성스러운 인사라고 할 수 있을 것이다. 집과 나누는 이런 짧지만 특별한 예식은 물건들과도 이어진다. 곤도 마리에의 이런 예식은 "정리"라는 마리에식의 "이별"에 매우 인격적인 공감을 불어넣는다. 마리에는 물건을 그저 물건으로 다루지 않는다. 역설적이지만 정리 못하고, 버리지 못하는 사람들은 물건에 대한 애착이 있으나 그들 대부분에게 그것들은 단순한 '물건'이다. 반면 정리를 의뢰받으면 가차 없이 많은 물건을 쓰레기봉투로 보내는 마리에는 물건을 물건 이상의 어떤 것으로 생각한다. 대규모로 감행되는 그녀의 물건 보내기는 단순히 물건을 쓰레기통으로 보내기 전에 어떤 의식을 취하며 행해진다. 마리에는 짧게나마 '고마웠어'라는 묵언의 메시지를 물건에게 보낸다는 것이다. 마리에는 종종 의뢰인들에게도 자신이 버리게 될 물건에게 이런 비슷한 류의 인사를 권하기도 한다. 이를테면 오랫동안 타고 다닌 차를 바꿀 때, "그동안 안전하게 태워 줘서 고마웠어"라는 인사를 하게 하는 것이다.

물건에게 말을 건네는 것은 얼핏 비이성적이고 우스운 일처럼 보이지만 인류문화사를 살펴보면 마리에의 이러한 "애니미즘적" 태도는 그리 새로운 것도 또 아주 오래된 것만도 아니다. 애니미즘은 주변의 어떤 사물에 인격적인 영혼이 깃들어 있다고 믿는, 아주 원시적인 종교의 형태라고 할 수 있다. 마을에 수백 년 된 나무가 있거나 수천 년 동안 그 자리를 지키는 어마어마한 바윗덩어리들은 오랜 세월을 지나면서 그곳에 사는 사람들로부터 어떤 인격적인 지위를 부여받는다. 이러한 인격적 특성은 사람들과 그 사물이 소통하는 프레임이 되고, 사람들은 바위나 나무에게 기도를 하거나 말을 거는 것을 더 이상 특별하게 여기지 않게 되는 것이다. 인간의 언어를 이해할 수 없다는 면에서 동물에게 말을 거는 것은 사물에게 말을 거는 것만큼이나 이상할 수 있다. 하지만 자신이 키우는 동물에게 말을 걸지 않는 사람이 몇이나 있을까? 자신이 키우는 동물과 대화를 시도하는 사람의 모습과 그러한 대화를 시도하지 않는 사람의 모습, 그중 어느 것을 우리는 더 자연스러운 것으로 생각하는가? 당연히 동물들과 대화를 시도하는 사람을 더 자연스럽게 생각할 것이다. 오히려 동물들은 인간의 말을 이해할 수 없고, 그러한 소통의 시도 자체도 비합리적이고 소모적이라고 생각하는 사람들은 비난을 받을 수 있을 만큼 동물들과의 소통은 21세기에 더욱 자연스러운 행동이 되었다.

이런 관점에서 살펴본다면 곤도 마리에가 가지고 있는 물건들과의 교감은 사실 별로 이상한 것이 아니다. 그녀의 마음은 인류가 오래전부터 간직해 온 애니미즘적 본성의 뿌리를 보여 주는 것이다. 물건과의 소통의 방법을 잃어버린 대다수의 현대인들이야말로 오히려 그러한 애니미즘적 관계의 상당 부분을 잃어버렸다고 해야 할 것이다. 마리에가 물건을 버릴 수 있는 것은 바로 그녀가 가지고 있는 사물과의 애니미즘적 관계에 기인한다. 물건과의 소통을 통해, 마리에는 적절한 형식을 취할 수 있게 되고, 적절한 형식을 갖추고 나서 물건을 버릴 수 있게 되는 것이다. 하지만 소유와 집착 혹은 걱정과 불안의 감정을 가지고 있는 대다수의 평범한 사람들은 물건을 버리지 못한다. 거기에는 "혹시 나중에 쓸지도 모르니까, 버리기는 아까워서, 선물로 받은 거니까"와 같은 아주 합리적인 이유가 있을 수 있다.

하지만 동시에 그 사람들은 물건들과 헤어지는 방법을 모르기 때문에 물건을 버리지 못한 것이기도 하다. 마리에는 바로 이런 두 번째 측면의 문제를 해결해 준 것이다. 그렇기 때문에 마리에의 정리 작업에는 역설적인 면이 있다. 물건과의 소통이 이뤄지고 그렇게 물건과 작별 인사를 해야만 물건을 버릴 수 있게 되는 것이다. 대다수의 사람들은 물건을 소유하고 있지만 사실 소통하지 못한다. 소통하지 못하므로 물건에게 작별 인사를 할 수 없다. 적절한 방식으로 버릴 수 없으니 사람들은 그냥 물건을 가지고 있는 것이다. 단지 소유의 대상으로 물건을 지닌 사람들은 물건에 대한 일방적인 소유의 관계만 있을 뿐이다. 그런 일방적 소유의 관계로는 적절한 소통이 어렵고 또 그 소유의 굴레에서 벗어나지 못하며 결국 물건을 버리지도 못한다. 이러한 행태에는 분명 매우 의미심장한 사회문화적 의미가 있다.

앞에서 언급했던 톰 행크스 주연의 영화 〈캐스트 어웨이〉에는 이러한 사물과의 소통이 인간의 생존과 직결될 만큼 중요하다는 메시지가 담겨 있다. 자신의 상처 난 손바닥에서 흐른 피로 핸드프린팅 같은 문양이 찍혀있는 하얀 배구공은 기이하게도 희미한 사람의 형상처럼 보인다. 그걸 더욱 분명하게 하려고, 척은 눈과 입을 그려 넣는다. 그리고 배구공을 만드는 스포츠용품 회사의 이름이기도 한 "윌슨"이라는 이름을 지어 준다. 그날 이후부터 주인공은 윌슨과 대화를 나눈다. 밥도 같이 먹고, 놀기도 하고, 대화도 나눈다. 손바닥 자국이 찍힌 배구공과 말이다.

이러한 행동이 단지 무인도에 오랫동안 고립되어 혼자 살아남은 사람의 불완전한 정신 상태에 기인한 것일까? 윌슨과 소통하려는 주인공의 태도는 현대인들이 대부분 잃어버린 어떤 인류의 근원적인 정신적 속성을 보여 주고 있다. 그리고 그 태도는 사실상 이성과 논리와 합리성, 교육의 자리에 밀려나 거의 소멸되었다고 해도 좋을 것이다. 하지만 영화에서처럼 극단적인 환경에 처하게 되면 그러한 본능이 되살아난다.

말을 걸 사람이 없으면, 고독하면, 외로우면 사람은 주변의 사물들에게 말을 걸게 되는 것이다. 혹은 혼잣말을 하는 것이다. 이러한 사실은 아마도 주변에서 흔히 경험적으로 확인할 수 있을 것이다.

멜랑콜리의 심리적인 기제로써 애도는 마리에의 '적절한 이별 형식'과 비슷하다. 애도의 여부가 중요한 게 아니라 애도의 '형식'이 중요한 것이다. 상실에 대한 즉각적인 슬픔은 애도라고 할 수 없다. 그것은 자신이 물건을 갑자기 잃어버렸을 때의 황망한 감정과 비슷하다고 할 수 있다. 애도에는 분명 어떤 "인위적인" 형식이 개입되어야 한다. 마리에가 보여주는 "적절한 이별 인사"와 같은 어떤 형식이다. 적절한 이별 인사 없이 물건을 버리지 못하는 것은, 사실 물건을 소유하고 있으면서도 가지고 있지 않은 것이다. 갖고 있지 않다면 그것은 자신에게 없는, 일종의 상실한 대상이다.

멜랑콜리의 메커니즘에서 대상의 상실에 대한 적절한 애도가 뒤따르지 않는 것은, 마음속으로 대상의 상실을 인정하지 않는 것이다. 마음속에 아직 대상은 남아 있겠지만 그것은 적절한 존재가 아니다. 가지고 있으면서 사실은 가지고 있지 않은 것이다. 하지만 적절한 '작별 인사'와 '애도'가 이뤄진다면 주체는 상실된 대상을 떠나보낼 수 있게 된다. 상실된 것이나 다름없던 그 물건의 자리는 빈자리가 된다. 빈자리가 됨으로써 그곳엔 새로운 대상이 들어설 수 있게 된다.

새로운 대상이 들어와 새로운 물건을 소유하게 되는 것은 주인이 물건을 버리는 것을 통해 새로운 소유를 얻게 되는 아주 일상적이고 명백한 과정이다. 멜랑콜리의 주체가 적절한 애도를 통해 상실된 대상을 떠나보내는 것은 바로 이러한 정리의 과정과 정확하게 일치한다. 한국어에는 상실된 대상을 마음속으로부터 떠나보내는 일련의 과정을 "정리"

라는 단어로 표현한다는 사실은 매우 의미심장하다.

마리에는 자신만의 정리 법칙을 가지고 있었다. 환원해서 말한다면 멜랑콜리에는 애도의 법칙이 있을 것이다. 애도는 인위적인 것이고 그런 면에서 그것은 개인적인 차원 혹은 국가와 같은 조직적인 차원에서 애도의 적절한 형식이 있을 것이다. 애도는 단순히 슬픈 마음의 감정을 외적으로 표현하는 것만을 의미하지 않는다. 대상과 이뤄지는 일종의 형식적인 소통이 필요한 것이다. 여기에 제사의 기원이 있을 수도 있고 장례의 풍습이 생겼을 수도 있다. 망자를 찾아가거나 기일을 기리는 모든 일은 사실상 적절한 애도의 형식이다. 때문에 애도는 상실 이후의 일회적인 차원의 의식이 아니다. 애도는 끊임없이 지속적으로 반복된다. 이러한 사회적 애도의 형식이 제사가 되어 아주 객관적인 형식의 원칙이 되기도 했겠지만 결국 멜랑콜리에서 말하는 애도는 애도 자체보다 형식이 훨씬 더 중요하다. 곧도 마리에는 전혀 의도하지 않았지만 자신도 모르게 애도의 형식이 얼마나 중요한지를 되새겨 주는 것이다.

[참고문헌]

김혜련. 『아름다운 가짜, 대중문화와 센티멘털리즘』. 서울: 책세상, 2005.

대린 M. 맥마흔. 『천재에 대하여』. 서울: 시공사, 2013.

로버트 S. 멘델존. 『나는 현대의학을 믿지 않는다』. 남점순 역. 서울: 문예출판사,2000.

제르맹 바쟁. 『바로크와 로코코』. 김미정 옮김. 서울: 시공사, 1998.

우철환. "소용돌이: 새로운 출발" 『한국 예이츠 저널』. vol. 26(2006). 63-77.

김동규. 『멜랑콜리 미학』. 서울: 문학동네, 2009.

르네 데카르트. 『성찰』. 이현복 옮김. 서울: 문예출판사, 1997.

리처드 세넷. 『투게더』. 김병화 옮김. 서울: HN,2013.

장정림. 『사주와 풍수의 진실 혹은 거짓』. 서울: 스토리 하우스, 2013.

로버트 버튼. 『우울증의 해부』. 서울: 태학사, 2003.

리처드 커니. 『이방인, 신, 괴물』, 이지영 옮김, 개마고원, 2004.

마크 스트랜드. 『시인이 말하는 호퍼: 빈방의 빛』. 박상미 역. 서울: 한길사, 2016.

만민영. 『삼명통회적요』. 김정안 역. 서울: 문원북, 2016.

미셸 푸코. 『광기의 역사』. 서울: 인간사랑, 1991.

조너선 크레리. 『24/7 잠의 종말』. 김성호 옮김. 서울: 문학동네, 2013.

박영은. 안드레이 타르코프스키의 "솔라리스"에 투사된 자연철학관의 영상화 -스타니슬라프 렘의 소설 "솔라리스"에 대한 변형의 지배소를 중심으로. 노어노문학. 20(4). 서울: 한국노어노문학회, 2008. 417-442.

박소민. 『조르지오 데 키리코의(Giorgio de Chirico)의 데페이즈망 연구』. 서울: 홍익대학교 대학원, 2005.

발터 벤야민. 『독일 비애극의 원천』. 조만영 옮김. 서울: 새물결, 2008.

백내승. 「카스파어 다비트 프리드리히의 그림에 나타난 '죽음'의 의미」. 숙명여대 석사학위 논문. 1996.

버지니아 포스트렐. 『글래머의 힘: 시각적 설득의 기술』. 이순희 옮김. 서울: 열린책들, 2013.

복도훈. 「안드로이드-리플리컨트 프롤레타리아트의 출현 -『안드로이드는 전기양의 꿈을 꾸는가?』(1968)와 〈블레이드 러너〉(1982; 1993)를 중심으로 -」.『한국예술연구』 2017 제16호. 99-122

신준형. 파노프스키와 뒤러. 서울: 시공사, 2004.
실비아 보르게시. 『호퍼: 고독한 현대인의 자화상』. 최병진 역. 서울: 마로니에 북스, 2009.
아놀드 하우저 『문학과 예술의 사회사』. 백낙청 역. 서울: 창작과 비평사.
울리 분덜리히, 『메멘토 모리의 세계: 죽음의 춤을 통해 본 인간의 삶과 죽음』. 김종수 옮김. 서울: 길, 2008.
얀 비알로스토키. 「도상학의 역사」.『도상학과 도상해석학』. 에케하르트 캐멀링 편, 이한순 옮김. 서울: 사계절, 1997.
에르빈 파노프스키. 「도상학과 도상해석학」. 『도상학과 도상해석학』. 에케하르트 캐멀링 편, 이한순 옮김. 서울: 사계절, 1997.
에르빈 파노프스키. 『도상해석학 연구』, 이한순 옮김. 서울: 시공사, 2001.
에릭 메이젤. 『가짜 우울: 우울 권하는 사회, 일상 의미화 전략』. 강순이 옮김. 서울: 마음산책, 2012.
이명주. 『기독교무용에 나타난 '죽음의 춤'과 도상해석학을 통한 의미체계 연구』, 세종대 박사학위 논문, 2011.
이정호. 「T. S. 엘리엇과 영화기법」, 『신영어영문학』 16집,(2000.8), 신영어영문학회.(39–62).
이진경. 『노마디즘2』. 서울: 휴머니스트, 2002.
임진수. 『애도와 멜랑콜리』. 서울: 파워북, 2013.
정영목, 「막스 벡크만의 밤–도상학적 이미지에 관한 연구」, 『미술사 연구』, 미술사연구회, NO. 4, 1990.
제라르 마크롱. 『고독의 심리학』. 정기헌 옮김. 서울: 뮤진트리, 2009.
체사레 리파, 『이코놀로지아』, 김은영 옮김, 루비박스, 2007.
최영승, 「엘리엇 초기 시의 콜라쥬 기법」, 『동아영어영문학』, Vol. 12. 동아대학교 영어 영문학과, 1996. pp. 317~344.
T. S. 엘리엇, 『T. S. 엘리엇 전집: 시와 시극』, 이창배 옮김, 동국대학교 출판부,2001.
폴 조르주 상소네티. 『성배와 연금술』. 전혜정 옮김. 서울: 문학동네, 2005.
필립 아리에스. 『죽음앞의 인간』, 고선일 옮김, 새물결, 2004.
하인리히 뵐플린, 『알브레히트 뒤러의 예술』, 이기숙 옮김, 한명, 2002.

Adam H. Kitzes, *The Politics of Melancholy from Spenser to Milton*. New York: Routledge, 2006.

Andrew M. Clearfield, *These Fragments I Have Shored: Collage and Montage in Early Modernist Poetry*, Ann Harbor: UMI, 1984.

Bruce Mazlish. *The Fourth Discontinuity : the co-evolution of humans and machines*. New Haven: Yale UP, 1993.

Conrad Aiken, "An Anatomy of Melancholy," *T. S. Eliot: The Critical Heritage*, ed Michael Grant. Vol. 1., London: Routledge & Kegan Paul, 1982.

Denise Ming-yueh Wang, "Ingmar Bergman's Appropriations of the Images of Death in The Seventh Seal," 중세르네상스 영문학, 17권 1호, 서울: 중세르네상스 영문학회 2009. 41-62.

Elizabeth Drew, *T. S. Eliot: The Design of His Poetry*. New York: Charles Scribner's Sons, 1949.

Elizabeth S. Goodstein. *Experience without Qualities*. Stanford: Stanford UP, 2005.

Erik Svarny, *'The Men of 1914' T. S. Eliot and Early Modernism*, Milton Keynes: Open UP, 1988.

George Williamson, *A Reader's Guide to T. S. Eliot: A Poem-by-Poem Analysis*. New York: Syracuse UP, 1998.

Grover Smith, *T. S. Eliot's Poetry and Plays: A Study in Sources and Meaning*, Chicago: U of Chicago P, 1974.

Harvie Ferguson, *Melancholy and the Critique of Modernity*, London: Routledge, 1995.

Helen Gardner, *The Art of T. S. Eliot*. London: The Cresset Press, 1949.

Hugh Kenner, *The Invisible Poet*, London: Methuen Co., 1979.

Jacob Korg, "Modern Art Techniques in the Waste Land." *The Journal of Aesthetics and Art Criticism*, Vol. 18, No. 4.(Jun., 1960), 456-463.

John Dixon Hunt, " 'Broken Images' : T. S. Eliot and Modern Painting," *The Waste Land in Different Voices*, ed. A. D. Moody. London: Billing and Sons Ltd., 1974.

Joseph Frank, *The Idea of Spatial Form*, New Brunswick: Rutgers UP, 1991.

Linda Nochlin, *The Body in Pieces: The Fragment as a Metaphor of Modernity*, New York: Thames & Hudson, 1994.

Louis Menand, *Discovering Modernism: T. S. Eliot and His Context*, Oxford UP, 1987.

Manju Jain, *A Critical Reading of the Selected Poems of T. S. Eliot*, New York: Oxford

UP, 1991.

Matilde Battistini, *Symbols and Allegories in Art*, Trans. Stephen Sartarelli, Los Angeles: The J. Paul Getty Museum, 2002.

Noga Arikha, *Passions and Tempers: A History of the Humours*, New York: Harper Perennial, 2007.

Pensky, Max. *Melancholy Dialectics: Walter Benjamin and the Play of Mourning*. Amherst: The U of Massachusetts P, 1993.

Raymond Klibansky, Erwin Panofsky and Fritz Saxl. *Saturn and Melancholy*, Nendeln: Krausreprint, 1964.

Reinhard Kuhn, *The Demon of Noontide: Ennui in Western Literature*, New Jersey: Princeton UP, 1976.

Robert Burton, *The Anatomy of Melancholy*, Ed. Lawrence Babb, Michigan: Michigan State UP, 1965.

Schleiner, Winfried. *Melancholy, Genius, and Utopia in the Renaissance*. Wiesbaden: Otto Harrassowitz, 1991.

Stanley Jackson, *Melancholia and Depression*, New Haven: Yale UP, 1990.

Thomas Stearns Eliot, *The Complete Poems and Plays of T. S. Eliot*, New York: Faber and Faber, 1969.

Timothy Materer, *Vortex : Pound, Eliot, and Lewis*, Ithaca: Cornell UP, 1979.

Wallace Stevens, *The Necessary Angel: Essays on Reality and the Imagination*, New York: Vintage Books, 1951

[이미지 출처]

90쪽, *죽음의 춤 행렬(슬로베니아 Hrastovlje성당 벽화)*, CC BY-SA 4.0
https://commons.wikimedia.org/wiki/File:Hrastovlje_Dreifaltigkeitskirche_Innen_Totentanzzyklus_3.JPG

227쪽, *<우주소년 아톰> 작가, 데즈카 오사무(Tezuka Osamu, 1928~1989)*, CC BY-SA 4.0
https://commons.wikimedia.org/wiki/File:Osamu-tezuka-713539.jpg

말랑말랑 멜랑콜리

-멜랑콜리 문화사로 살펴보는 멜랑콜리의 중요성-

초판 인쇄 2020년 10월 20일
초판 발행 2020년 10월 27일

지은이 김성현
발행인 김인철
총괄·기획 윤성우 Director, University Knowledge Press
편집장 신선호 Executive Knowledge Contents Creator
도서편집 이근영 Contents Creator
디자인 우승민 Designer
고승현 Designer
재무관리 하누리 Managing Creator
전자책·사전 장혜린 Contents Creator
발행처 한국외국어대학교 지식출판콘텐츠원
02450 서울특별시 동대문구 이문로 107
전화 02)2173-2493~7
FAX 02)2173-3363
홈페이지 http://press.hufs.ac.kr
전자우편 press@hufs.ac.kr
출판등록 제6-6호(1969. 4. 30)
인쇄·제본 (주)트윈벨미디어 02)2088-1810

ISBN 979-11-5901-812-1 (03900) 정가: 22,000원

* 잘못된 책은 교환하여 드립니다.

HUiNE 은 한국외국어대학교출판부의 어학도서, 사회과학도서, 지역학 도서 Sub Brand이다. 한국외대의 영문명인 HUFS, 현명한 국제전문가 양성(International+Intelligent)의 의미를 담고 있으며, 휴인(携引)의 뜻인 '이끌다, 끌고 나가다'라는 의미처럼 출판계를 이끄는 리더로서, 혁신의 이미지를 담고 있다.